Konan Institute of Human Sciences

心の危機と臨床の知 11

暴力の発生と連鎖

上村くにこ・編

人文書院

まえがき

今日ほど暴力が身近な問題となって我々にせまってきたことはない。新聞をひろげると、紙面は暴力の記事でうめつくされているといっても過言ではない。資本主義と共産主義との対立構造が終焉したとき、われわれはつかのま戦争の終焉を夢見たが、それは結局やってこなかった。戦争の脅威はやむどころか、コソボ、北朝鮮、パレスチナ、中近東、アフリカで、資本主義の一枚岩の裂け目から、戦争の火が燃え続けている。日本の政治家たちの間では、六〇年続いた平和憲法を改定し、戦争へのフリーパスを手に入れようとする動きが活発である。

また今日の暴力は日常生活のあらゆる側面に忍び込んできている。まずは家庭。DVの数は増す一方であり、児童虐待、高齢者虐待もあとを絶たない。また親が子を殺し、孫が祖母を殺すといった、親族が親族を殺す事件は、ニュースにもならないほど頻繁に起こっている。そもそも家庭は、パワー・ポリテックスが、影に日向に強くはたらき、目にみえぬ暴力の温床となっていた場であったが、それが今日、痛ましい形であらわになっている。街に出れば、無差別殺傷事件や、弱者のなぶり殺し、子供の誘拐、殺害などのニュースが毎日のように飛び込んでくる。また今日の早急な問題として、学校におけるいじめや暴力事件は、子供たちの心はもちろん、教師や親の心にも重くのしかかっている。職場ではセクシュアル・ハラスメントやパワー・ハラスメントという言葉が重くのしかかり、目にみえない暴力についての意識が高まっている。

ひとつの暴力が発生すると、それは水面に投げられた石の波紋のように広がり、その影響力は目にみえなくなっても、さまざまな形で長いあいだ力をふるい続ける。暴力が別の暴力を産み、その傷と痛みは幾世代にもつながって、その連鎖が歴史をつくってきたといえる。

考えてみれば「暴力」という日本語は実に意味があいまいである。広辞苑をひいてみると、「乱暴な力・無法な力」と、頼りない。実はこの言葉は、「社会」や「哲学」と同じように明治時代の造語であった。かといって外国語がこの暗くて熱いエネルギーをうまく表現しているかというとそうでもない。ドイツ語の Gewalt にはもともと正当な権力という意味あいが含まれているが、英語やフランス語の violence は、ラテン語の「猛烈な力」という意味の vis を語源とし、主体の統御がきかないような猛烈な力という意味から出発している。暴力は「支配し統制するための権力」と、「統御不可能な力の噴出」という矛盾したふたつの意味をはらんでいる。この矛盾こそ暴力の特徴といえるだろう。

叢書《心の危機と臨床の知》の第11巻として刊行されることとなった本書『暴力の発生と連鎖』は、暴力が発生する源はどこなのか、それはどのようなメカニズムで連鎖してゆくものなのかを、臨床心理学、表象研究、精神分析学、哲学、神話学という異なった立場から問う。なによりも暴力を人間の心の問題としてとらえ、暴力をふるうもの、ふるわれるものの実態を見据え、その心理的構造はどのようなものなのか、また暴力はどのように図像や神話で表現され、説明されているのかを考察する。

第一部は、「暴力の臨床」と題して、暴力をふるう者の側に寄り添う臨床の現場から、手探りの創造的な実践の報告を集めた。臨床心理学は、クライエントがどのように暴力と向き合っていくのかを観察してきた。加害と被害の双方のメカニズムを把握することが、今日ほど重要になったことはない。

藤岡は、少年鑑別所や少年院に収容されている「非行少年」たちが、暴力という「力」に訴えなければならない実態を活写している。濱田論文と千葉論文は、DV加害者をサポートする活動からの報告と考察である。濱田は、一二年の経験をもつ「『男』悩みのホットライン」という電話相談サーヴィスの体験について、真にせまった報告をしている。暴力における加害者と被害者のあいだには、ジェンダーの溝がいまだに深く横たわっていることが痛感される。

千葉は関西のヴォランティアグループ「メンズサポートルーム」を拠点に、男性が暴力をふるわないためのグループワークを一〇年間試みてきた体験から、DV加害者のサポートシステム構築のための創意工夫にみちた理論と実践を紹介している。DV加害者は段階をへて変化しうる存在であり、最終的には「傷ついた癒し人」にまでなれる希望が示されている。

第二部は、「暴力の構造論」と題して、哲学、宗教、ジェンダー・イメージ、そして精神分析学などの切り口で、暴力が社会的情況のなかでどのような働きをするかを扱う。

森は、映画監督の立場から、オウム信者たちが心優しく穏やかな心を保ちながら、暴力へと加速的に走っていった事実から出発して、残虐な大量虐殺をするのは、やさしい普通の人であるという戦慄的な普遍性を追求している。

港道は、この残虐性を「苦しむために苦しむ」ことと定義づけ、フロイトの精神分析がこれにどう対応しているのかを追求する。フロイトの「死の欲動」論がはらむパラドックスを追求する論の進め方はスリリングである。

北原は、第一次世界大戦期のアメリカのプロパガンダ・ポスターのなかで、戦争への攻撃性を鼓舞するために女性ジェンダーがどのように使われたかを分析する。戦争のイコンは伝統的に女神が使われてきたのだが、この時期のアメリカには、女神や「銃後を守る母や看護婦」像のほかに、戦争へと誘う「セクシーガール」という新しいイメージが作られたことは注目に値する。

第三部は「暴力の神話学」と題して、神話が暴力をどう説明してきたかを研究する。神話とは神（々）の暴力がいかにして宇宙の覇権を握ったかという「暴力の物語」といえる。そこには暴力と権力が分かちがたく絡みあっている。

篠田は比較神話学の立場から、もともと神は暴力的なものであり、神の原型は万物を焼き尽くす統御不能なエネルギーを具現化したものであったとする。暴力の暴走を統御できるのは、対抗勢力ではなく、いたずら者で遊び好きなトリックスターたちであるという結論は深く考えさせるものがある。

饗庭は、暴力の源を求めて、前七〇〇年ころ古代ギリシアの詩人ヘシオドスによって書かれた『神統記』と『仕事と日』を精読する。そこに描かれた母なる大地《ガイア》が、暴力性と温和性を併せ持つことに注目し、ヘシオドスはそのバランスをとることの必要性を説いていることを強調する。支配的な天系《ウラノス》の神々と、傍系に押しやられた海系《ポントス》の神々の対比も興味ぶかい。

上村は、ギリシア悲劇に描かれた、女性に対する暴力、そして女性による暴力について論じる。元祖DVの研究といえよう。前四世紀は「法による暴力」が民主主義の名のもとに確立されつつある時代であり、悲劇における女性ジェンダーは、制度の理論に収容され尽くされない、根源的エネルギーの印を刻印されている。

暴力を問題にする以上、ジェンダーの視点を視野にいれないわけにはゆかない。それぞれの執筆者に、それぞれの立場でこの問題にとりくんでいただいた。特に神話研究にジェンダー概念を導入して、比較神話学の立場で共同研究する必要性はつとに説かれていたが、まだ手付かずであった。この本の企画と並列して、神話におけるジェンダーの問題を考えるべく、二〇〇七年九月二二日に「暴力の神話と女神」というタイトルのシンポジウムを、吉田敦彦氏をはじめ、四人の神話学者に集まっていただいて、開催することができた。そこで明らかになったのは、女神や女性には「暴力」と「豊饒」が分かちがたく結びついているということである。この試みを最初の一歩として、さらなる研究を深めるきっかけになればと願っている。

現代社会は暴力を絶えず生み出しながら、それに「悪」のレッテルを貼り付けることによってその本質を隠蔽し、暴力を語ることも、悲しむことも退けるようなシステムを作り上げてきた。暴力からくる苦痛を、しっかりと受け止め、表現することができない社会こそ、暴力を増殖する温床となるのではないか。

この本を通読して、暴力とは、「怒り」「残虐」「不安」「恐怖」「優しさ」「創造性」「活力」とがないまぜになった、複雑で定義しがたいエネルギーの総称であって、暴力が悪いものであり、なんとしてでも消去しなければならないものであるという考えは捨てざるをえないということを、読者の皆さんが納得してくださったら幸いである。

暴力と向き合い、冷静にそれを観察することによって得られるものは絶望ではなく、ほのかな希望と勇気であることを読みとっていただくことが執筆者一同の切なる願いである。

本書は、この叢書のすべての巻と同様、甲南大学人間科学研究所が開催した研究会で発表してくださった方、そして議論に参加してくださった方たちの共同作業の結実である。私は今回編者という大役をおおせつかったが、編者の努力などは実に微々たるもので、すべては、人間科学研究所のスタッフの皆さんとの協力から生み出されたものである。五回にわたる研究会と特別企画シンポジウムを企画する中で、活発に繰り返された議論が実を結んだといえる。なかでも森茂起さん、港道隆さん、斧谷彌守一さん、西欣也さん、川田都樹子さん、そして博士研究員の石原みどりさん、濱田智崇さん、昨年度三月まで博士研究員だった明石加代さん、そして今年度から博士研究員に加わった望月まさえさんには、企画から研究会やシンポジウム運営にいたるまで、甚大なご協力を得た。ここに深く感謝したい。それから研究会やシンポジウムに出席してくださった内外の方々、学生さんたちにもありがとうと言いたい。研究と教育がリンクする場に立ち会うときほど、大学教員の至福のときはない。また人間科学研究所という組織を支えてくれている甲南大学に感謝するしだいである。

最後に、研究会に欠かさず出席し、この本の制作のはじめから終わりまで、時にやさしく、時に厳しくリードしてくださった、人文書院の井上裕美さんに、とりわけ多くの感謝を捧げたい。

二〇〇八年一月一七日　阪神大震災から一三年目を迎えた宝塚から

編者　上村　くにこ

暴力の発生と連鎖　目　次

まえがき

第一部　暴力の臨床

犯罪・非行臨床から見た「暴力」　藤岡淳子　15

男性がこころに抱えるものをどう扱うか　濱田智崇　26

DV加害者への取り組み――「メンズサポートルーム」に関わって　千葉征慶　57

第二部　暴力の構造論

優しいままの暴力　森　達也　81

米国プロパガンダ・ポスターにみるナショナリズムとジェンダー　北原　恵　104

残虐性に彼方は？　港道　隆　131

第三部　暴力の神話学

暴力神の系譜　篠田知和基　181
ヘシオドスに現在《いま》を読む——暴力・争い・正義・ジェンダー　饗庭千代子　202
ギリシア悲劇における暴力と女性なるもの　上村くにこ　228

執筆者略歴

暴力の発生と連鎖

第一部　暴力の臨床

犯罪・非行臨床から見た「暴力」

藤岡淳子

1　はじめに

難しいこと、哲学的なことは書けないので、犯罪・非行心理臨床の実践で、犯罪者や非行少年の「暴力」を見聞した際に感じたこと、考えたことをつらつらと書いてみたい。

私事から始まって恐縮であるが、筆者は、特に犯罪・非行臨床を目指していたわけではけっしてない。というか心理臨床家を目指していたわけでさえない。何かを目指すということはなく、成り行きで手が届いた「公務員」になった。そして、「非行少年」に会うようになった。非行・犯罪行動で逮捕された人はそれまで周囲におらず、とはいえ社会や権威への反抗心は強かったので、心情的には勝手に「近しい」感じも持っていた。

最初の数年間は、「見れども見えず」であったのであろう。薬物乱用の話を聞いても、窃盗の話を聞いても、どちらかと言えば非行少年に同情的であった気がするし、暴力行為や傷害事件の話を聞いても、「悪い」行為とは思うものの、それほどピンときていなかったような感じが今となってはする。対象が「少年」であり、重大な暴力加害行為が前に出ているよりも、家族機能の問題や学校・社会での不適応感、あるいは虐待やいじめの被害者という面が目につきやすかったこともあるかもしれない。

感覚が変ってきたのは、一つは被害者が死亡している事件の鑑別を担当したこと、二つには加害者のグループに話を聞くようになったことが契機となったと思う。前者では、凄惨な集団暴行によって亡くなった被害者の遺体の写真、現場の写真を見る機会を得た。目の前にいる「おとなしそうな」少年の行った行為の結果としての「死」。被害者自身とその家族、親類、友人、知人に及ぼした取り返しのつかない破壊。そして、加害者とその家族、親類にも及ばざるを得ない衝撃。それを無視・軽視できない形で突きつけられた気がした。

後者では、それまで個別面接では聞くことができなかった彼らが生きてきた暴力的環境の実態の一端を垣間見ることができた。犯罪・非行行為は、それ自体が暴力であるが、その行為以前に、彼らが生活している環境や、体験している暴力的人間関係、そしてそこから身につけている暴力肯定的な価値観・態度が、わかちがたく張り付いていた。身体暴力を振るって誰かに怪我をさせて少年鑑別所に入所してきた少年は、それが初めての事件であっても、我々が思っているよりずっと暴力が身近にあるところで生きていることに気づいた。考えてみれば、駐車違反や速度超過で捕まるとき、それ以前に見つかっていない駐車違反と速度違反は山のようにあり、それがほぼ日常化したとき、やはり捕まるという感じがする。そういえば、女性としての私は、物心ついて以来、身体暴力とは遠いところで生きてきた。親に殴られたことも、教師や友人にどつかれたことも、身体的に喧嘩したり、自分が殴ったりしたことも滅多になかった。それが幸せなことだったと初めて気づいた。おそらくこの原稿を読んでいる方々は、少なくとも意識的な身体暴力からは遠いところにおられる方々であろう。まずは、少年鑑別所や少年院、刑務所で仄聞した「暴力」の実態から稿を起こしてみよう。それも「実態」とはほど遠いものであるとは思うが。

2　非行・犯罪における暴力の実態

非行集団との関わりの中でエスカレートする暴力

一人で行動していると「弱い」が、徒党を組み、集団を背景にすることで、威勢を振るうことができる。しかし、その集団内でも自らの強さを証明し、地位を確保する必要がある。初めは小・中学校の「校内不良生徒集団」くらいから始まり、そうした非行文化に憧れると、社会のルールを無視して暴走している暴走族の先輩たちがかっこうよく見え、校内で見かけたり、ギャラリーとして街に暴走行為を見物に行った際に、声をかけられ、仲間になっていく。

ある少年は、身体も大きく、喧嘩も強かった。小さい頃から父や兄たちに柔道のわざと称して鍛えられ、「喧嘩には負けるな」と教え込まれた。いつしか校内の非行生徒が集まるようになり、地元で喧嘩が強いと名が通ると、よその地域からも喧嘩を売りにくる人たちが出てきた。彼もよそに行って力試しをした。勝って名前が売れると気持ちもよかったが、もうやめたくても引っ込みがつかなくなっていったし、どんなに喧嘩しても、これで終わりということがなく、もっと強い者がいて、きりがなかった。

知能は非常に高いが、身体の小さい少年が、「強さ」に憧れ、暴走族に入った。彼は、自己の強さを証明するために暴走族同士での抗争となると常に先頭に立って、抗争相手の集団に突っ込んでいったそうである。そうなると勝つためには木刀を持つようになり、それが金属バットになり、すぐにナイフあるいは包丁になり、ついには暴走族集団同士の抗争で、包丁で刺し、少年院入院となった。

暴走族に属すると、他の暴走族集団と威勢を競うことになる。きっかけは何であったかわからなくなるくらいの些細なことで、集団同士の対立・抗争が始まり、あるいは全く意味などはなく、単なる勢力争いで対立・抗争が始まり、自分の仲間の誰かが拉致られ暴行されると、仕返しをしないわけにはいかなくなる。拉致られること、殴ること、殴られることが当たり前になり、「殺すぞ」が日常的に笑って飛び交うようになる。いつ敵に襲われるかわからないので、一人で行動することがますます難しくなる。いつでも仲間と徒党を組んでいる必要が出てくる。

校内不良生徒に暴走族が声をかけ、成員をリクルートするように、暴走族に入っていると今度は暴力団が接近してくる。より弱い者は金を脅し取られたり、暴力を受け続けることが当たり前になるので、それを防ぐためには、別のより強い集団に属したり、その庇護を求めることは当然の帰結かもしれない。暴力的階層構造の中でトップの位置にある暴力団に属すれば、他のより弱いものの犠牲の上に立って、成員は金と力と異性とすべてを一瞬に、労せずして手中に収めることができるかのように錯覚することもある。

ある中学生の少年は、校内の不良生徒集団にパーティー券と称して金銭を巻き上げられ続け、それをやめさせることをその中学校の卒業生で構成される暴走族に頼んだ。不良生徒から金を巻き上げられることは防げたが、今度はその暴走族から金を巻き上げられることになり、結局、彼は他の生徒から金を巻き上げて逮捕された。庇護を求めたことによって結局搾取されることになるがそれでも、「暴力はいけない」と言うばかりで、暴力被害を防いでくれるわけではない教師に相談するよりは、暴走族の先輩に相談する方が効果的であると彼は考えている。意外に思う人もいるかもしれないが、非行少年や犯罪者たちの中には、警察官に憧れる者もかなりいる。警察官の方が、力があるという認識があるのかもしれない。テーマは、誰がより強いか、他の運命に恣意的に影響を及ぼすことができるかである。

暴力肯定的態度があるからそうした集団に引き寄せられるのか、それともそうした集団に入って暴力肯定的態度が強化されるのか、おそらく両方であろう。人は他の人々からすべてを学ぶといっても過言ではない。暴走族や不良生徒集団で、集団暴行をして傷害を負わせたり、ひどい時には殺してしまったりした事件を聞けばとんでもない粗暴で極悪な少年と想像するであろうが、一人一人、少年鑑別所などの枠の中で会っている限り、あまり

「普通の少年」と変わりないように見えることが多い。見るからに「乱暴者」などということはほとんどない。

一昔前までは、非行集団と言えば、暴走族であった。今や「暴走族」は流行らないらしい。いろいろな決まりごとや制約があることは面倒なだけで、集団に属している意味が薄れてきたのかもしれない。暴走族や暴力団などの集団は、一般社会集団に対して、それに対抗する価値観を明示している。あるいは少なくとも社会からは対抗するものとしてレッテルを貼られることを覚悟しなくてはならない。一般社会集団に属していては、ほぼ確実に利が得られなかった人々がかなり多数存在した時代とは異なり、一般社会から外れてしまった方が、利が少ないと予想される現代日本社会の状況である。外れない方が、そこそこ安逸に暮らしていける見込みが高い。そう思う人が多くなったからこそ、暴走族や暴力団などの明らかな反社会集団が人気を集めにくくなっているのであろうか。

一般の社会でも権力構造、階層構造は確実に存在する。何が非行・犯罪集団におけるそれと異なるのであろう？　非行・犯罪集団では、身体的力が尊重されるが、一般社会では知力やコミュニケーション力などの社会的力が尊重されるという傾向の違いはあろうが、より本質的な相違は、おそらく一般社会の権力構造は、より上位に立ったからといって、より下位のものから、あるいは他の集団に属するものから、好き勝手に搾取することは許容されないということに違いがあるのではないかと考える。リーダーも含めて成員全員が従うべきルールが存在し、全員によるルールの遵守を保証するシステムがあるということなのかもしれない。

日頃「おとなしい」少年の「いきなり」暴発する暴力

集団を組む、非行少年たちが減少してきているように見える一方で、一人で行動する、「おとなしい」少年たちの「いきなり」の暴力の暴発が注意を引くようになってきているという印象がある。彼らの暴力は、集団で行使する暴力とは異なる様相を示す。

彼は進学校に在籍する「勉強のできる子」である。おとなしくて友達は少ないが、挨拶はちゃんとするし、いわゆる問題とされる行動はない。それがある日、「いきなり」親を殺害し、家出する……こう書いただけで、いくつもの事件が念頭に浮かんでしまう。逆に言えば、おとなしくて勉強のできる「よい子」以外に彼を形容する言葉がすぐには出てこないことの方に驚く。勉強をして挨拶をするという一般社会の大人の枠組みに表面的にでも従っていれば、注意を引くことはないのである。

事件後に見えてくることは、実際には、彼らには彼らなりに大きすぎると体験される負荷がかかっていたことである。成績をあげろという親の一方的期待であったり、級友とうまくいかないことであったり、家族内で厳しい体罰を受けていることもあれば、学校でいじめられていることもある。いずれにせよ、外から見る限り「問題ない」ように見えていた彼の生活は実際には非常にストレスフルなものであり、しかし彼は置かれた状況に対し、外に対して不満を表明したりするよりは、これまでやってきた適応の仕方を推し進めようとし、ますます内にこもる。時には、インターネットの暴力サイトや自殺サイト、アニメやホラー小説に入り込み、自分と同様な思いをもっている人たちがいることに気づく。あるいは、それぞれの内なる不満や攻撃的欲求が互いに共振し、増幅しあう。

彼らは育ちがよく（家族は反社会的文化からは縁遠い）、知能も高いが、それにしては奇妙なほどに、「人として育っていない」という印象を受ける。一番大きいのは、一〇代半ばから後半という年齢を考慮しても、社会的視点や社会的責任感というものがほとんど欠落していることである。前項に記した集団の中で暴力的価値観や態度を「学び」、暴力行為を行った少年たちは、一応「自分たち」という基準があり、自分たちの価値観や行動が、世間一般とは多少なりとも異なることをどこかで自覚している。その意味では、「それなりの」自分がある。というか少なくとも作ろうとしている。それに対し、反社会的文化とは無縁に育ち、それまでは社会の枠組みに従順に過ごしてきたいきなり大きな暴力を暴発させる少年たちは、身体ばかり大きくなった小学生のようである。

まず彼らはコミュニケーション・ツールとしての言葉をほとんど持たない。彼らの言葉をある程度引用してそのまま伝えたいのであるが、それが難しい。会話が発展しないので、話していてもつまらない。一対一で対面しても、集団場面で対面しても、言われたことには素直に従うので言葉は理解しているのだとわかるが、自らの状態をこちらに伝える言葉は極めて乏しい。伝える以前に、そもそも自身の欲求や感情状態について、ほとんどわかっていないという印象を受ける。衣食住には困らず、身体的・物理的な欲求は、黙っていてもというか本人が自覚するより前に充足されるからであろうか。

確かに彼らなりになんらかの「不快感」を体験していたには違いないとは推察されるが、助けを求めるなり、反抗するなり、それに対処するにはもっとさまざまな方法があろうに、何もそんなに激しい暴力で一気に「片付けようと」しなくてもいいのにと思うが、他の手段や方法は考慮されることさえないように見える。言葉は不適切であろうが、彼らは餌の心配のいらない動物園の檻の中の動物のようである。保護者の許容範囲内で行動しているうちは、生きていくことは保証され、自ら工夫したり、葛藤を解決する必要もなく、餌を与えられ、飼育される状態が当然のことと思う、というかそれ以外の生活があることを想像さえできない。もし、彼の状態が不満足なものになれば、それはその不満を解消してくれない、保護者や人々のせいとなる。

彼らは、家庭という保護状況（あるいは檻の中）でしか生きられず、学校や友達関係というより広い世界、あるいは自分で対処することを迫られる場面では身動きがとれなくなる。手順の決まりきった学校の勉強はできるが、決まった答えのない、仲間関係、特に葛藤解決は大の苦手である。仲間関係で必要な役割を果たすこと、責任を果たすことも苦手であるし、他の人の視点もとれない。そして彼らは何より「失敗」を忌避する。新しいこと、決まった手順のないことは、最初から失敗すると予想して、取り組もうとすることさえしない。こうした特質は、いわゆる自閉症圏の発達障害を連想させようが、残念ながらことはそう簡単ではない。保護者や教師は、子どもの傷つきを防ぎ、「成功」を願うことは自然であるが、おそらくは傷つきや葛藤を自力で乗り越えていかないと生きていく力を身につけることは難しいのであろう。

性暴力

性暴力は単に性的欲求を満たすための行為ではなく、性を通じての暴力であるという認識は広まってきている。そしてこれは、性だけではなく、自分とは異なる他者との関わり方の特質を端的に示していると、筆者は考える。これも印象のみであるが、前項の「いきなり型」の暴力少年と、性非行少年とはかなり共通項があるように思える。外側の条件としては、両者ともにいわゆる「中流家庭」で反社会的価値観や生活態度とは縁遠く育ち、本人も学校成績をあげ、社会で認められることに価値を置いて努力することができ、知らずに会っている限りはとても暴力を振るうような少年には見えないといったことであろう。もう少し内的、性格的な共通項としては、人との相互的で対等なコミュニケーションがとれないこと、自身の感情や欲求にさえ気づいていない、あるいは言語化できていないこと、ましてや他者の感情や欲求にはとんと無頓着であるか、まったく読み違えることなどである。

一つ違うのは、いきなり型の身体暴力の少年の場合、少なくとも意識的には関係を断つ方向に向かうのに、性非行少年の方は、少なくとも本人の方は持つ方向に向いていることかもしれない。その意味では、性暴力少年は薬物乱用少年と重なる部分がある。対等で相互的な関係性は持てないが、それでも何らかのつながりを欲し、それが薬物による感情状態の変化や一方的なつながりにすりかえられているのである。同じ身体暴力でも、DVになると、性暴力や薬物依存同様、関係を断つような行動をとっておきながら、それでもなお自分とつながってくれることを期待するという極めて甘えた状態が共通項となってくる。性暴力少年は自分より身体的に弱い存在、すなわち子どもや女性に向かうか、あるいは攻撃者であることが露見しにくいと考える間接的な攻撃、すなわち下着泥棒、覗き、わいせつ電話等などに攻撃行動が表れる。自分より強いと危惧される対象に、武器を使ってでも、攻撃を仕掛けるといった心性は少ないように思える。

3　暴力は効果的な方法か？

この原稿を書いていたら、NHKテレビの「クローズアップ現代」で「切れる大人」の特集を放映していた。病院で二〇分待たされただけで、切れて怒鳴り散らす男性、後ろから自転車のベルを鳴らされただけで、道を塞ぎ、ベルを鳴らされたことに対して怒りをぶちまける若い女性といった例があげられていた。どちらも筆者にはとても共感できる気がした。怒鳴られた方の嘆きではなく、怒鳴る方の気持ちがである。病院は、予約をとっていても三〇分でも一時間でも平気で待たせる。病人は皆暇だとでも思っているのだろうか？　あるいは医者はそんなに偉いのか！と言いたくなる。もちろん昼食もとらずに診察している医師に、先んじて待たせたことを謝罪されると、愛想笑いを浮かべながら、「大丈夫です。先生も大変ですねぇ」などと言っている自分がいるのではあるが。

先日娘ほども年の違う若い友人と歩道を歩いていたら、後ろから自転車のベルを鳴らされた。私はすぐに立ち止まって歩道からはずれるようにして道を空けたが、友人は、押し黙ったままかえって道を塞ぐようにことさら歩をゆるめた。自転車に乗った女性は、怪訝な顔をして、私の方を見た。娘のしつけはどうなっているのかといったことでも言いたかったのであろうかと推察した。なんだか自分が怒られたようで、自転車が通り過ぎてしまった後で、道を譲るべきか、譲らないべきかで、その友人と口論になった。意地になって道を塞ぐのもどうかと思うが、平然とベルを鳴らして歩行者が道を譲ることを期待し、譲らないと不満に思う方もどうかと思う。

コミュニケーションが大切とは言うものの、何でも話せばわかるとか、何とかなるというものでもないことも確かだ。不満を冷静に述べたところで、病院の予約システムが変化するとも思えないし、第一耳を傾けてなどもらえないという「確信」がある。「患者さま」などと呼ぶようにはなったが、実際には患者の立場は弱い。通りすがりの人と自転車で歩道を走ることの是非、後ろからベルを鳴らして歩行者をどかそうとすることの是非を論じ合う時間もエネルギーもない。相手の反応もわからないし、関わらず、とりあえず道を譲っておけばよいような気もする。

番組の中では、例えば電車内でのマナーなどを注意した人が言い返されて切れることが目に付くということを紹介し、NPO法人のガーディアン・エンジェルスに注意の仕方を学ぶ教師たちの様子を報道していた。筆者も若いころ、神社の拝殿の前の石に腰を下ろしたことを中年男性に叱られたことを未だに根にもっている。「自分は正しい」と思い、注意・指導することになんのためらいも持たず、それが無条件に聞き入れられると思っている年配者ほど若者にとって唾棄すべきものはない。行動を変化させようとするというより、注意・指導している自分を誇示したいだけなのではないかと邪推したくなることがある。

法律違反として逮捕されるような暴力行為は言語道断としても、「暴力」は日常生活のいたるところに存在する。人間が集団で生活している以上、相互に影響を与えないことはありえないし、そうなると影響を与える「力」も当然存在する。ある「力」が暴力であるか否かはそれほど明確に分断されるわけではない。

非行・犯罪にいたるほどの暴力を振るう人たちは、それが自分の欲求を充足するためには一番手っ取り早い手段であるとして用いているように思える。たとえそれが他の人の欲求充足や権利を侵害したとしても、また他からは非難され、露見すれば処罰を受けると理解していても、見つかれなければかまわないし、あるいは処罰されてもそれでもかまわないと思っている場合もある。彼らは他の欲求充足の手段を知らない。あるいは、「暴力」を振るった方が、結局は利になるとどこかで思っている。暴力は少なくとも一時的には、欲求を充足するとても有効な手段たりうるのである。

少年鑑別所で会う男の子たちは、暴力に対する感覚が自分とはかなり異なった。「あれこれ言われるより一発殴られた方がいい」、「タイマンは男らしい」、「へましたから殴られるのは当たり前」、「自分のためを思って殴ってくれた」等々。その度に違和感を覚えたが、彼らは自説をがんとして譲らず、私は納得することも納得させることもかなわなかった。家でも学校でも社会でも「暴力はいけない」、「暴力反対」と教えられ、特に疑問も抱かず生きていたが、明らかにそれとは異なる価値観・態度を持っている人たちがいる。それは「男性」だからなのか？　男の子たちは強さに憧れ、鑑別所の居室内でも腕立て伏せや腹筋を行う少年もいて、子ども向けテレビのヒーローものを見ると、「（身体的）強さ」は圧倒的に重要な位置を占め、「正義」と称して、「身体的力」が振るわれ、誇示されている。実際、非行少年たちの生活圏では、「暴力反対」などと言う言葉は絵空事にしか聞こえず、学校でも職場でも、先輩や、へたをすると教師や雇い主の大人でさえ、「暴力」を振るっていて、それを生き延びなければならないという現実があるように聞こえた。

被害者に甚大な苦痛と損害を与え、自身の将来も困難になり、それぞれの家族にも大きな悪影響を及ぼすような非行・犯罪における暴力と、日常生活における暴力とは異なるものに見えて、やはり重なる部分が大きいようにも思える。おそらく日常生活の中で、葛藤や対立を経験し、それを暴力を乱用せずともお互いにとってよい影響と結果をもたらすような対処の手段を身につけていくことが、遠回りのように見えて、近道なのかもしれない。

男性がこころに抱えるものをどう扱うか

濱田智崇

1　身近な暴力の可視化と男性が抱えるもの

二〇〇一年のDV防止法[1]施行により、われわれの身近にずっと存在しながら見えていなかった男女間の暴力が、やっと「見える」ようになりつつある。それ以前は「痴話げんか」「犬も食わない」とまったく問題にもされてこなかったDV。被害者が被害者として認識され、救済される道筋ができ、まだ不十分な点は大いにあるにせよ、ようやく「解決」に向けて動き始めている。さらに最近は、デートDVと呼ばれる恋人間の暴力についても、若年層を対象にした講座が開かれるなど対策が講じられつつあり、社会の意識も変わり始めている。

しかし筆者は、DVが暴力として「見える」ようになることで、かえってその深層にあるものが見えにくくなっていく可能性も一方で危惧している。つまり、暴力に対する現実的な対処だけにエネルギーが注がれ、暴力そのものにばかり目を奪われてしまうと、その暴力の深層にある、当事者が内面に抱えているさまざまなものが見えにくくなりはしないかということである。

現在筆者が代表を務める『男』悩みのホットライン[2]（以下、ホットライン）は男性による男性のための電話相談である。ホットラインは二〇〇七年一一月で開設一二周年を迎えた。女性のための相談窓口（女性相談）は、従来から数多く存在したが、男性だけを対象にした相談窓口（男性相談）は、われわれの知る限り、ホットライン開設当時（一九九五年）ほかに存在しなかった。そしてホットラインは開設後数年間珍しいものとしてマスコミ等に取り上げられていった。しかし現在までに、まだ数としては決して多くないものの、自治体でも男性専用の相談窓口が開設されるに至っている。実はわれわれがホットラインを開設したそもそものきっかけは、男性による暴力をなくしたい、暴力をやめたいと思っている男性のために何か役に立ちたいという思いであった。また、自治体がようやく重い腰を上げ、男性のための相談窓口を開設し始めたのも、ＤＶ防止法の後押しがあってのことである。暴力の問題は、日本において男性相談が誕生し育っていく原動力でもあった。

ＤＶ加害者のサポートを目標の一つとして開設されたホットラインであるが、その意味においては時期尚早だった。当時はＤＶという言葉も一般にはほとんど知られておらず、開設から四年近くの間、ＤＶに関する相談は一件も寄せられなかった。本格的にＤＶの相談を受けるようになったのは、ＤＶ防止法施行以降である。そして、現在でもＤＶの相談がもっとも多いという訳ではない。しかし筆者は、男性の語る悩みに接すれば接するほど、そこに見える「男性がこころに抱えるもの」のありように、暴力の問題も、そのほかの男性が抱えるさまざまな問題も、共通して根ざす何かがあると強く感じるようになった。筆者はこれまで、ホットラインの相談員のほか、自治体の男性相談窓口の相談員として、また精神科クリニック等に勤務する臨床心理士として、さまざまな男性の悩みに接してきた。本稿では、それらの事例[3]をもとに、今の日本の男性がこころに抱えているものについて考察してみたい。つまり本稿は、本書のテーマである暴力の問題だけを直接取り上げるものではない。暴力の深層にあると思われるものを、男性の内面から探っていく試みである。そして身近な暴力の問題に対し、より根本的な解決に向かう一助となることを目指している。

2　ホットラインの歩み

男性が「強く、たくましく」といった旧来の「男らしさ」に縛られることなく、それによって女性を抑圧することもなく、いきいきと生活するにはどうしたらよいのか。こうした思いを抱いた男性数名が、関西でプロジェクトチームを結成したのは一九九四年五月であった。年齢や職業はさまざまであったが、全員が自らのジェンダーについて何らかの問題意識を持っていた。それまでにこのメンバーの一部は、妻や恋人に対する暴力をやめ、男性が暴力なしで生きる方法について書かれたアメリカのハンドブック *Learning To Live Without Violence*（4）を輪読していた。そして、DVをやめたいと思っている男性たちに、何かサポートをしたいという気持ちから電話相談を思い立ったのがホットラインの始まりである。なお、ここから非暴力グループワークを開催する方向へ発展していったのが、現在もホットラインと協力関係にあるメンズサポートルーム（5）である。

われわれの問題意識に理解のあった臨床心理士、黒木賢一（6）に相談員としての研修を依頼し、日本で初めての男性専用相談開設準備が始まった。「男性が男性から悩みを聴く」という、これまでありそうで誰もしてこなかった試みだけに、手探りでの準備だった。準備の過程で、相談の対象をDVだけに絞るのではなく、「男性が抱える悩み」を「男性自身が語る」場合に限り「男性の相談員が聴く」ことを、この電話相談の独自性として貫くことが決まっていく。それはメンバーの中でディスカッションを重ねるうちに、「男性として生きる上で抱える悩み」にはさまざまなものが想定されること、そしてそれを受けとめることの重要性と、受けとめてくれる窓口が存在しないことに改めて気づいたためである。

こうして一九九五年一一月、大阪でホットラインは誕生した。当初われわれは「男性から果たして電話がかかってくるのか」という不安を少なからず抱いていたが、それはすぐに吹き飛ぶことになった。現代日本の男性はわれわれが想像していた以上に悩みを語りたかったが、聴いてくれるところがなかったと言える。

ホットラインでは、開設からの一二年間に三四二回相談を実施し、のべ一四八〇件の電話を受けた。一回の受付時間は夜七時から九時までの二時間であるが、その二時間に平均して約四・三件の電話がかかってきていることになる。このペースは、開設以来現在まであまり変動がない。初期には、マスコミに取りあげられた直後一時的に件数が増えるなど多少の変動はあったものの、現在は定着したようで、コンスタントに電話がかかってくる。ホットラインは、相談員自身が会費を出し合って維持されているという事情もあって、電話回線は現在に至るまで一本である。そのため相談を終えて受話器を置くとすぐに次の電話がかかってくるということもしばしば起こる。

実際、相談者に「やっとつながった。ずっと話し中だった」と言われることも多い。つまり潜在的な需要は実際にかかってきている件数よりも多いことが推測できる。この需要の多さに少しでも応えるべく、開設から約七年間、月二回だった実施日を、二〇〇三年二月以降は月三回に拡充している。そして毎月一度、相談員の技量の向上のため、全員が集まって研修を行っている。開設時に六名だった相談員は現在一三名に増え、実施日には交代で常に複数名が待機するようにしている。相談員一三名中、臨床心理士と産業カウンセラーをあわせてカウンセリング関連の有資格者が六名いるが、男性としてあらゆるものを抱えながら生きている当事者として、相談者と同じ立場で悩みを聴くことがホットラインの基本的なスタンスである。そのため、ジェンダーの問題に関してある程度共通の意識を持ち、カウンセリングに関する研修とさまざまな男性問題に関する研修を、専門的に受けた男性が、相談員として活動している。

3　ハードルの高さ・滑走路の長さ・孤独な世界

　これまでホットラインにかかってきた電話のうち、全体の三割近くが無言電話である。何件か連続して無言電話があり、その直後にかかってきた電話で「あの…相談が…」とおそるおそる内容が切り出されることもある。「この電話相談は、どんな人がやっているのですか？」といった問い合わせの形をとって切り出されることもある。こうした場合、おそらく同一人物が、こちらの様子をうかがおうと電話をかけ、何度かこちらの対応を確かめた上でやっと話し始めているのであろう。同様の現象が女性相談にも見られるかどうかはっきりしたデータはないが、他の電話相談の状況を聞く限りでは、男性に特徴的な現象のように思われる。

　これは、男性が悩みを人に話すことに高いハードルを感じていることの現われと推察できる。悩みを人に話すことは、相手に自分の弱みを見せることにほかならない。自分の弱みを誰かに見せることは、「強くあらねばならない」という「男らしさ」を背負っている男性とっては、してはならないことなのである。あるいは悩みを持つことや、持ったとしてもそれを自分ひとりで解決できないことは「男の恥」という意識すらあるようだ。そんな男性にとって誰かに相談するということは「よほどのこと」であろう。その「よほどのこと」を託す以上は、相手がどんな対応をするのか慎重に確かめてからでなければならないと思うのはむしろ自然である。おそるおそる電話をかけ、相談員の様子を確かめてようやく意を決し、力を振り絞って悩みを打ち明ける。無言電話の後の相談者の息遣いには、そんな気迫を感じるのである。ホットラインの相談員は皆、受話器を片手に「よくかけてきてくれましたね」と言っていることが多い。男性のこうしたハードルを越える大変さを、電話越しに強く実感しているがゆえに、自然とそうした言葉が相談者に対して出るのであろう。

また、話し始めたとしても、すぐに本題に入れる人はむしろ少数かもしれない。「どんなつまらない相談でもいいですかね…」「くだらない話なんですけど…」といった言葉が挿入されることが多い。悩みを話し始めたと思ってしばらく聴いていても、周囲の状況説明などが必要以上に長いこともある。なかなか「離陸」して本題に入らない。男性の方が「滑走路」が長い人が多いというのは、さまざまな臨床場面で筆者が感じていることでもある。本題に入る前にいろいろと予防線を張らなければならないのは、自分が語る内容を相手に評価されることへの恐れの強さをも物語っている。自分が意を決して語った内容が、もしも否定されてしまったり、軽くあしらわれてしまったりすると、そんな「くだらない」ことで悩んでいる自分は「ダメな男」ということになってしまう。だからあらかじめ「つまらない」「くだらない」内容であると宣言し、自分はそんなに深刻に悩んでいるわけではないというポーズをとらなければならないのであろう。

さらに、悩みをひとしきり語った相談者からは「こんなことで悩んでいるのは僕だけですよね」「こんなことで悩んでいる私はおかしいでしょうか」といった発言をしばしば聴く。「こんなこと誰にも話せませんでした」と言われることも多い。聴いているわれわれにとっては、似たケースにしばしば出会うような内容であっても、相談者は「自分だけがおかしい」と思っていることがある。自分と似た悩みを持っている男性がほかに存在するということすら、まったく想像できない、といった様子のこともある。「弱みを見せてはいけない」「悩むことは恥」と思っている男性は、悩みがあってもそれを「誰にも話せない」と思って周囲と分かち合うこともできず、「自分で解決しなければ」と焦った結果、ますます孤独な世界に閉じ込められ、ひとり不安を抱えながら苦しんでいることが多いのであろう。

最も多かった時期にはホットライン全件数の四割を超えていた無言電話であるが、最近は一割程度に減少している。これは、ホットライン自体がそれなりに認知され、信頼されるようになったためでもあると思われるが、男性相談窓口の増加に伴い、男性が悩みを相談するということが、わずかずつではあるが社会に受け入れられるようになったという点が大きいと思われる。ホットラインの活動を通じてわれわれが目指しているのは、もちろん個別の相談を受けることでもあるが、同時に男性も気軽に相談ができる社会の雰囲気が形成されることである。地道ながらもわれわれの活動を続けることは「男性もつらい、しんどいと言っていいんですよ」というメッセージを社会に対して発信し続けることでもあると考えている。その意味では一二年経ってようやく成果が見えてきたと実感している。

4　男性相談に寄せられる内容

一二年間でホットラインに寄せられた一四八〇件の電話から無言電話などを除いた「男性が自らの悩みを語ったもの」について見ていく。相談者の年齢層は、一〇代から七〇代まで幅広い。ただし、年齢をこちらから尋ねているわけではないので、相談者が自発的に明かしたケースしか判明していない。しかし、あらゆる年齢層から相談があることは確かなようである。判明した範囲では、三〇代が最も多い。相談者の住所についても同様に全てのケースを確認できないが、北は北海道から南は沖縄まで例があり、耳慣れない方言に相談員が戸惑うようなケースが散見することからも、関西を中心に全国的に利用されていることが推測される。相談の内容別で件数がもっとも多いのは、「性に関する悩み」で、全体の約四三%を占める。次いで「自分の性格や生き方に関する悩み」約一五%、「夫婦関係（性やDVに直接関係するものを除く）・家族関係」約一四%、「DV」約一二%となっている。

二〇〇四年頃から自治体で男性向けの相談窓口（面接・電話）の開設が相次いだ。二〇〇七年現在、全国で十数ヶ所確認でき、ホットラインが受託して相談員を派遣、あるいは筆者を含めたホットラインの相談員が個人で受託して相談業務や相談員の養成に携わっている自治体は、近畿地方と中部地方の七つの県や市に渡る。こうした形でわれわれが関わっている自治体主催の男性相談[7]においては、どこも相談件数は増加傾向にあり、それぞれの地域に定着しつつあることがうかがえる。寄せられる内容については、それぞれ分類基準が異なるため単純な比較は難しく、また公開できるデータも限られるが、全体としてはホットラインと似たような相談が寄せられていると言ってよい。ただ、相談件数の比率が若干異なる印象はあり、性に関する悩みはホットラインほど多くなく、DVに関するものが三〇%程度にのぼるところもある。

自治体に寄せられる相談内容の傾向と、ホットラインにおける相談件数のこれまでの推移をあわせて見てみよう。ホットラインにおいてもDV防止法施行後しばらく、DVに関する相談が全体の三〇%近くにのぼった時期があった。しかし各地の自治体が男性相談を開設、定着していくのと時を同じくして、ホットラインで受けるDVの相談はやや減少傾向、代わりに、一時低下していた性に関する相談の比率が再び高くなってきている。やはりDVにまつわる問題は、離婚や保護命令[8]など法的な要素が絡む場合が多いこともあり、公的な機関に相談すべきものというイメージが強いのかもしれない。また、ホットラインでは行っていないが一部の自治体では実施されている面接相談で、DVの相談が多く、直接会ってじっくり、場合によっては継続的に相談したいという人が多いようである。これに対して性に関する悩みは、公的な機関には何となく言いづらく、また面と向かっては打ち明けにくいことから、ホットラインでの受付が相対的に多くなるものと想像できる。

性に関する悩み

性に関する悩みは、非常に重要な問題であるにも関わらず、男性相談の開設以前は、真剣に取り扱われて来なかった。「強く、たくましく」の男性文化の中では、性的なことを語るのはいわゆる猥談くらいしか許されてこなかったのである。男性が性のことで悩んでも、他人に語るのは恥とされ、性に関する悩みを持つこと自体が恥とされてきたのではないだろうか。また、こうした内容は、男性から女性相談員に対しては非常に打ち明けづらいことがある。単に恥ずかしいという思いがあるかもしれないが、自分が性の悩みを抱えているというのは重大な男の弱みであり、そのような弱みを女性に打ち明けるのはもってのほかという意識を持つ人もいるようである。性に関する悩みは、男性が男性の悩みを聴くというスタイルが、有効に作用している代表的な相談内容と言えよう。内容は多岐にわたるが、大まかに分類すると、性器、性的嫌がらせ、性行為、性的指向、性的嗜好に関するものがある。

自分の性器が他人のものより小さい、あるいは大きいのではないか、あるいは形がおかしいのではないか、と大きさや形状を気にするケースは多い。その多さは、男性の性器が単なる身体の器官のひとつではなく、「強く、たくましく」といういわゆる「男らしさ」のシンボルとして扱われてきたことを端的に示している。男性器に関して「大きい方がよい」「こういう形がよい」あるいは「こうでないと女性に嫌われる」といった情報はメディアに氾濫している。そうした「男らしさ」の「こうあるべき」の思い込みを否定し、その価値観に抵抗することはかなり困難と思われる。そしてそれを満たさない自らへの失望や傷つきは、深刻なものになり得るのである。

性器に関して一人で悩むだけでなく、実際に嫌がらせやいじめを受けてきたようなケースになると、事態はさらに深刻である。周りから、自分の性器について悪口を言われる、触られる、人前にさらされるなどの嫌がらせを受け、こころに深い傷を負ってしまった人は決して少なくないようだ。不登校や長期の引きこもりになってしまったケースもある。性的嫌がらせと言えば、加害者と被害者は異性であることが一般的には多いが、男性相談で受ける性的嫌がらせのほとんどが、加害者も男性である。思春期に周りの男性の性器の大きさや形が気になった、という経験は多くの男性に覚えがあるだろう。そうしたことに関心が向くのは特に思春期であれば至極当然のことであるが、一歩進むと、場合によってはいじめや嫌がらせに発展してしまう。こうした性器に関しての嫌がらせは、裏を返せば、加害者自身の性器についての不安の現れと考えられる。そしてそれは、日本に蔓延してきた「男らしくあるべき」という無言のプレッシャーから来る不安とも言える。また、最近少数ながら、男性による男性のレイプ被害の相談も寄せられるようになり、難しいケースが増加している印象がある。

性行為に関するトラブルは、相談や治療の対象になることとして徐々に社会的に認知されるようになっているが、性行為について相談に乗ってもらえる治療機関は少ない。男性相談にはしばしばよせられるテーマであり、中でも代表的なのは、勃起障害（ＥＤ）やセックスレスの問題である。ＥＤという言葉自体は、近年の治療薬の普及により、一般に認知されつつある。それでもまだ、男性が自分のＥＤについて相談することには、かなり大きな抵抗があると思われる。その理由の一つとしてやはり「勃起」と「男らしさ」の価値観が切り離せないことが考えられる。「勃起する＝男らしい」という思いこみゆえに、「ＥＤ＝男らしさを失った」、すなわち「男として価値がない」と捉えてしまい、一人苦悩するケースがみられる。こうした事態が、セックスレスへ発展してしまう場合もある。勃起がうまく行かないことに直面する恐怖から、性行為への恐れを抱き、さらにはパートナーと性的な雰囲気になること自体まで怖れるようになってしまうケース、あるいはパートナーを喜ばせなければならないという思いが強すぎてそれが精神的負担になり、性行為を避けるケースなどである。

性的指向についての相談には、自分が同性愛であることに気づいたがなかなか自分でそれを受け入れられない、自分は同性が好きなのだが出会いや情報がない、といったケースがある。相談者の意識や状況に合わせ、「自分はおかしい」という思い込みから少しでも解放されるように、あるいは差別的な現実のつらさに寄り添うように聴いていくことになる。

さまざまな性的嗜好をテーマとする相談も寄せられる。いわゆるフェティシズムや小児性愛などについて「自分はおかしいでしょうか」「やめたいけどやめられない」といった相談である。基本的には、法に触れず、他人に迷惑をかけず、自分の空想の中だけで満足できている範囲では、われわれもそれを受け入れる形で聴く。しかし、その範囲を超える可能性のあるケースは対応が非常に難しくなる。その場合電話対応ではどうしても限界がある（当然のことながらこうしたケースは面接にはなく、匿名の電話のみである）が、意味がないわけではない。犯罪につながるような事柄があればこちらからはっきりと指摘する。一方で、そうした性的嗜好を（頭の中で）持つこと自体を否定したり責めたりするのではなく、どうしてもやめられないつらさも含めて傾聴していくことになる。誰かに話すことで、欲望の圧力が少しでもガス抜きのような形で軽減され、実際に行動化しないで済む方向へ進んでもらえることを目指している。

自分の性格・生き方に関する悩み

これまで「男らしさ」の範疇に入れられてきた、実は男性にとって縛りになり得る価値観は、今でもあちこちに見出すことができる。「勉強（スポーツ）ができなければならない」「体が強くなくてはならない」「弱音を吐いてはならない」「泣いてはならない」「常に冷静でいなければならない」「仕事ができなければならない」「女性をリードしなくてはならない」「結婚して家族を養わなければならない」等々。これらはあくまでも、社会的に作られてきた「男らしさ」であり、決定的なものではなく思い込みであり、変えることができるものである。しかしその縛りは非常に強固で、強くあるべきという「男らしさ」に反する弱さの内在を、男性が認めるのは容易なことではない。

「自分の性格や生き方」に関して悩んでいるケースは、多かれ少なかれこうした男らしさの縛りと関わっていると考えられる。こうした要素が比較的わかりやすい形で絡んでいることもある。例えば「結婚相手を見つけるために稼ぎを増やしたい」「情けない奴だとバカにされたので強くなりたい」といった旧来の「男らしさ」を志向するケースや、逆に「本当は周りとの競争をやめたい」「自分はそういうタイプではないのに、周りに男らしくしろと言われて辛い」など「男らしさ」に違和感を持つ人の相談がそうである。

また、直接には「男らしさ」と関わりがないように見えるケースでも、背景に「男らしさ」の縛りが深く関わっていることがある。例えば職場での人間関係がうまく行かずに悩む相談者は多いが、その中には、他人が自分についてどう考えているかを必要以上に気にしてしまうがために、人間関係がギクシャクしてしまう人がかなりいるようである。こうした人は、裏を返せば自分のしていることに自信を持つことができていないと言える。自分で自分に高いハードルを課し、「もっと強く」「もっとできなければならない」と追い詰めることが当たり前になってしまい、ありのままの自分を認めることができなくなっているのであろう。さらに、こうした傾向が管理職の中にあると、矛先が自分だけではなく部下にも向くことがある。部下に対しても常に高い要求水準を突きつけ、部下を追い詰めてしまうのである。本人は仕事の効率や組織の利益を第一に考え、自らも犠牲を払っているつもりなのだが、実は自分自身が「部下に仕事の成果を上げさせる『男らしい』上司」であり続けなければ自信が持てなくなってしまうため、部下にプレッシャーをかけ続けることになっていると思われるケースが散見される。

夫婦・家族関係

さまざまな夫婦間の悩みに共通するのは「夫婦間のコミュニケーション不足」という背景である。特にお互いの感情についてコミュニケーションをとることは、人間関係を円滑にするのに重要な要素であり、生活を共にする夫婦間では重要なことであろう。ところが、「男は三年に一度片頬で笑え」という言葉に象徴されるように、旧来の「男らしさ」では、感情を表現することは避けるべきこととされてきた。そのため、妻に対して自分の気持ちを伝えるということをまるで禁止事項のように思い込んでいる男性は、中高年を中心に数多く存在する。

さらに、伝統的な男女の役割分担に従うならば、男性は結婚前から、女性をリードすることを求められ、結婚すれば一家の大黒柱として家族を養うのが当然とされる。もしも何らかの原因により、結婚生活の途中でその役割を果たしきれなくなったとすると、夫婦間の問題に発展する可能性がある。妻をリードできなければ、一家の大黒柱として家族を養うことができなければ、即、「男失格」と思いこんでいる人が多いからである。例えば、仕事がうまく行かなくなった、リストラされた、等の事情で、「男の役割」を十分果たせなくなる。すると、これまでのように「男としての」自信を持って妻に接することができなくなる。そして弱音を吐くことは元々男性には禁止されてきたことなので、妻に自分の困っていることを相談することもできず、イライラばかり募って関係がギクシャクしてしまう。

あるいは、たとえ定年まで勤め上げたとしても、退職した途端、妻に疎まれる存在になってしまう男性もいる。彼らは、長年妻とのコミュニケーションを怠ってきたからそういうことになるのだ、と責められることが多い。しかし彼らは、会社のために、そして家族を養うために、自分の感情や家族とのコミュニケーションを犠牲にして働くことをよしとしてきた従来の価値観に忠実に従ってきた優等生とも言えるのである。

親子や親戚関係にも「男らしさ」の縛りは影を落とす。「長男として」親や親戚の期待に応え、後を継いだり親の世話をしたりといった負担が重くのしかかっているケースもある。自分を「強く、たくましく」と厳しく育てた父親に対して、その期待に添えないからと自責的になる人、反発する人、「よい息子」を演じ続けることに疲れた人などもいる。また逆に、自分が父親として息子にどのように接したらいいのかという相談も最近増えている。

DV

男性相談には、さまざまなＤＶの加害男性から相談が寄せられる。「突然妻が子どもを連れて出て行った。探しているが居場所を誰も教えてくれない。妻を叩いたことはあるが、それが原因でこんなことになるのか」「妻を殴ってしまった。悪いことをした。出て行って欲しいと言われているが、何とか暴力をやめて、元の夫婦に戻りたい」「恋人を小突いてしまった。彼女は何も言わないが、ＤＶではないかと思い自分で心配になって相談した。どうしたらいいのか」等々。このように、相談に訪れる（または電話をかけてくる）時点の相談者の状況は多岐に渡る。相手からDVであることを指摘されたわけではないが自分で気づいたケースから、相手にDVを治して欲しいといわれているケース、離婚を切り出されているケースや、すでに保護命令が出されているケースまである。また、相談者自身の意識も、DVの加害者であるという自覚がない人から、何とかしてやめたいと思っている人までさまざまである。しかしいずれにしても、男性が自らの暴力行為を語ることは、決して簡単なことではない。DVの加害者になってしまったという自覚があっても、なかなかそれを直視できないこともある。妻が急に出て行ってしまった等の状況に衝撃を受け、混乱していることもある。

われわれの男性相談では男性を、まずはありのままに受けとめようとする。他のテーマの相談者と同様に、DV加害者の感情にもできる限り寄り添うよう努めている。なお言うまでもないが、それは暴力を正当化しようとしてのことではない。暴力は許されることではないし、われわれもその点は加害者に伝えている。加害者の声を拾っていくと、暴力をふるった背景に渦巻く複雑な感情が少しずつ見えてくるのである。例えば、加害者が何らかの傷つきや圧力を感じ、それに耐え切れなくなるところから、暴力に至ることが見えてくる。何もないところから暴力が生まれるわけではない。パートナーと言い争いになり、言葉で傷つけられ、自分の感情を言葉で返すことができずに暴力をふるってしまったケースもある。あるいは仕事で精神的に傷つくことがあり、そのしんどさをどうすることもできずに抱え続けているうちに、手が出てしまったケースもある。男性は、感情を言葉で表現できず、暴力をふるってしまうことがある。本当は伝えたい感情があるのに、うまく伝えられないことで、男性自身も苦しんでいる。たとえ怒りを感じていたとしても、自分が怒りを感じているということを言葉で表現でき、相手にきちんと伝えることができれば、暴力という行動に出さずに済んだはずである。われわれは、相談してきた男性の感情を傾聴し、できる限り受けとめる。そして、男性も感情を相手に対して素直に表現していい、ということを伝えている。人は誰でも怒りを感じることがあって当然であろう。暴力をふるわないためには、怒りの感情を押さえ込むのではなく、まずはそれと向き合い、その表現方法を暴力以外に求めていく必要があると考えている。

5　男性が抱えているものの扱われ方・われわれの受けとめ方

ここまでで紹介した男性相談の実態を振り返ると、全体に共通する、男性たちの内面に存在するある特徴が浮かび上がってくる。それは自分がこころの深層に抱えているものに対して「見ないでおく」「向き合わないでおく」「なかったことにする」といった扱いをしてしまう傾向が強いということである。抱えているものには、それぞれあらゆるものが含まれているが、中でも特にそうした扱いをしてしまいやすいのは、例えば「寂しい」「悲しい」「つらい」「苦しい」といった感情であり、そうした感情が発生してしまう自らの「弱さ」「ふがいなさ」「情けなさ」であり、それらがどうにもならず、自分の存在を脅かすことへの「怒り」「焦り」「不安」だと思われる。しかも、見ない、なかったことにする、といった扱い方は、人によっては、あるいは場合によっては、すでにいわばシステム化されており、本人が全く意識しないまま自動的に行われていく。ありのままの自分を生きるのではなく、その一部、すなわち自分にとって見たくなかったり都合が悪かったりする部分は、解離され、抑圧され、否認されてしまう。いわば「分別」されて「埋め立て処理」されていくのである。こうして埋め立てられたものは、その後必ずしもおとなしくしていてくれるわけではない。そこにはさまざまな矛盾や歪みが生じ、時にはガスが発生したり爆発が起きたりすることもある。それが男性たちの抱える悩みごとや問題であり、ときにはDVという形で現れるものであり、あるいは鬱や自殺につながるものもあろう。

このように考えてみると、こころに抱えているもののうち、自分にとって見たくなかったり都合が悪かったりするもの、例えば直面すると痛みを伴うような感情などは、性別に関係なく、人間誰しもなるべくなら見たくないし、関わらないで済むのであればそうした方が楽であり安全である。そうした、自我を守る一種の防衛機制と捉えれば、「見ないでおく」傾向は男性特有のものではなく、「男らしさ」とは関係ないはずである。しかしこの「分別処理」のプロセスにジェンダーの視点を持ち込んで捉えなおしてみると、従来の「男らしさ」は以下のように男性の内面で起きているプロセスに深く入り込み、男性を守ると同時に縛ってきたとも考えられるのである。

こころの深層にはもともと、さまざまなものが入り交じって存在しているはずである。それらは必ずしも本人にはっきり意識されるものばかりではなく、全貌はよくわからないままに渾然一体となって存在している。その中には、あまり直面したくないものも当然含まれている。ここに「男らしさ」の基準が導入されると、それがすなわち分別のわかりやすい基準になるのである。つまり「寂しさ」「苦しさ」「弱さ」「不安」といった「見たくないもの」「存在を意識すると痛みを伴うもの」「関わるとややこしいもの」は一括して「男らしくない」「女々しい」ものとして、その中身を十分吟味しなくてもラベルを貼ることができ、そのラベルによって簡単に分別できるようになるのである。そして「男らしさ」は「分別」をしやすくすると同時に、それらを埋め立て処理することそのものも促進する。「見ないで埋めてしまう」ことが、男らしい、正しい方策として社会的にも強化されていくからである。こうして「分別・埋め立て」は内的なシステムとして完成されていく。内に抱えているものの中で、本人が目指している（社会からの学習によって目指すようになった）「男らしさ」と適合しないものは、無意識的に埋め立て処理されていく。男性は「男らしさ」の名のもとに、こころの安定を（一見）保ち、自分を守ってくれるこのシステムを、代々学習により手に入れていくのである。

男性相談に救いを求めてきた男性は、自らの抱えているものをある程度意識することができ、見ないで埋め立てるシステムに何らかの疑問を感じた人たちであろう。あるいは、埋立地に発生した歪みに気づき、何とかしなくてはならないと感じた人たちなのであろう。たとえそうしたことに気づき、感じた人がいても、いざその疑問や問題意識を今の社会の価値観に改めて照らし合わせると、やはりそれはなかったことにして埋め立てておく方がいいように思えてしまうのではないか。周囲の状況を見ると、そんなことで困っている人はいなさそうだし、助けてくれるところもなさそうだからである。われわれの男性相談では、男性がそれぞれの気づきや感じたことをなかったことにするのではなく、それらに向き合っていくためのサポートをする、あるいは一緒に向き合っていく。そしてそのことで、ありのままの自分を受け入れて生きることに、その人が少しでも近づくことを目指している。

せっかく気づきがあって男性相談につながっても、なるべく突っ込んだ話は避け、相談員から必要な情報だけパッともらってあっさり済ませようとする人も多い。「男らしい」「優れた」男性は、埋立地も常にキレイに整地されていなければならない。そこに何か歪み（問題）が発生しても、それをなるべく迅速にかつスマートに処理し、もとのキレイな地面に戻しておく必要があるのだ。必要な情報だけ受け取り、知的レベルでスマートに処理しようとしてしまう、無意識的な知性化も、「男らしさ」が完成させ強化してきたシステムの一部と言えよう。

人間がもともと内面に持つ「見たくないものは見ないでおこうとする力」と社会的に推奨されてきた「男らしさ」が結びつき、強化されることにより、男性がこのシステムの縛りから抜け出すことは相当困難になっている。われわれは、男性たちが自分のこころに抱えるあらゆるものと向き合っていけるようになることのサポートを目指している。しかしそれ以前に、このシステムによって、向き合うことから男性たちが遠ざけられてしまっているということ自体も、受けとめられなければならないと筆者は考えている。つまり、「男らしさ」に縛られているからダメなのだ、そこを変えなくてはならないのだ、という否定的な発想からスタートするのではない。「男らしさ」の縛りから（それと意識していなくても）なかなか抜けられないということをひっくるめて、まずありのままを肯定的に受け止め、寄り添っていく。そうすることで初めて男性が変わっていくこともできるようになるのである。

6　DV加害者にとっての「分別・埋め立てシステム」

ここで話を一旦DVに絞って考えてみる。加害男性がDVに至るプロセスには主に二つの点で「男らしさ」が深く関わっていることが考えられる。一点目は、男性に「男らしく」生きるための「あるべき姿」が強く刷り込まれているということである。裏返せばそれはあるべき姿を否定されると自分自身の存在を否定されたように感じてしまう「弱さ」である。弱さに直面せず安心して過ごすために「男らしさ」を保とうと常日頃頑張っているという言い方もできる。二点目は、男性は長い間、好むと好まざるとに関わらず、「男らしく」競争社会を生き抜くために、力を示すことや相手を支配し優位に立つことを教えられてきた、すなわち暴力につながりやすい要素を学習してきたということである。この二点を踏まえて以下、DVに至るプロセスの例を示すが、これは先述の分別・埋め立てシステムのDV版とも言えるであろう。まず、男性が自らについて「こうあるべき」と思っていることが実現しない場面に遭遇する。例えば、妻が自分の希望する時刻に食事を作らない、などである。すると、自らのあるべき姿を否定されたように感じ、自らの存在が脅かされるのではないかという不安に襲われる（あるいは不安が意識されないまま、自動的に次のステップに進む）。そしてその不安から何とか自分を守ろうとするシステムが発動する。ここで不安を解消し、自らの弱さに直面しないためには自分の強さを意識できればよい。それにうってつけのものを男性はこれまで学び、社会ではその使用を推奨されてきている。すなわち力を示すことや相手を支配し優位に立つことであり、そこから相手に対する暴力という行動に結びついてしまうのであろう。弱さにつながる、自分の中にあるさまざまな感情を意識し、それとどこかで折り合いをつけて、「自分は自分なんだ。これでいいんだ」とありのままの自分を受け入れることができれば、DVには至らないと思われる。しかし、こうした場合、弱さにつながるようなものは男性に意識されないまま（しなくて済むように）分別され、埋め立てられてガス爆発（ＤＶ）を起こす。あるいはもっと短絡的に、埋め立てる前に火をつけて爆破処分（ＤＶ）するシステムができてしまっているのかもしれない。

７　ＤＶ加害者への対応

ＤＶ被害者への対応よりもかなり遅れてはいるが、ＤＶ加害者に対しての対応が複数の立場から試みられ始めている。そして、われわれが行う男性相談やメンズサポートルームのグループワークにおける、ＤＶ加害者への対応（加害者に対する基本的な姿勢に関しては、ホットラインとメンズサポートルームは同じところに立脚している）をめぐっては、メンズサポートルームとは異なる立場で加害者プログラムを実践している団体などからの批判がある。端的に言えばそれは、われわれのやり方が男を甘やかす生ぬるいもので、開き直りや暴力の正当化につながる危険なものであるといったことである。メンズサポートルームとは別の観点で加害者プログラムを実践している代表的なグループに東京のＲＲＰ（Respectful Relationship Program）研究会[9]がある。中心メンバーである信田さよ子は、内閣府男女共同参画課のＤＶ加害者更生プログラムに関するワーキングチームに参加し、内閣府が東京都に委託した試行的実施でファシリテーターを務めるなど、行政が主導する加害者更生プログラム開発に関わってきた人物であり、ＲＲＰの実践もこれらの実績に基づいている。筆者は、信田が講師を務めるワークショップ[10]に参加する機会を得た。そこで紹介された加害者への対応の仕方と比較しながら論じることで、筆者の考え方やわれわれの姿勢もより明らかにできるであろう。

ＲＲＰの基本的な姿勢において、もっともわれわれの姿勢と異なるのは「プログラム参加者の利益よりも、直接登場しない被害者の利益（安全を高めること）となることが目的。『真の』クライアントは過去・現在・未来の被害者である」[11]とする点であろう。信田は「目の前にいる加害者はクライアントではない。常に被害者のことを考えるべき」と強調する。被害者の安全を確保することの重要性については筆者も反論の余地はない。しかし、目の前にいるカウンセラーが「クライアントではない」と言ってしまったら、一体誰が加害者の内的な作業に寄り添い、彼の「非暴力」への道筋に伴走していくのであろうか。暴力をふるってしまったときの怒り、相手に理解して欲しいという気持ち、暴力をふるってしまったということに対する後悔、これからなんとかして自分を変えていきたいという願い、でも変えられるのかという不安。そういったあらゆるものを受けとめていくのがわれわれのやり方である。こうしたものが、誰にも受けとめてもらえない状況で、加害者はどう変わっていけばいいのだろうか。そんな不安定な状況に加害者を置いたのでは被害者の安全をも守れないのではないだろうか。「RRPの基本的立場」に「暴力という行為は否定されるが、加害者の人格は尊重されなければならない」と掲げられており、われわれもそれには賛成である。しかし、目の前にいるにも関わらず「クライアントではない」として、加害者に向き合おうともしないという態度が、果たして人格を尊重していることになるのであろうか、筆者は疑問を感じざるを得ない。

われわれも当然、加害者が暴力をふるわなくなることを目指している。そして加害者も本当はそれを望んでいるということが前提になっている。ところが、RRPで前提とされている加害者像は「隙あらば暴力を正当化し、自分が優位に立つことしか考えない」といった偏ったイメージに支配されているようだ。ワークショップの中で信田は、加害者対応の際に気をつけるべきポイントとして「加害者の中にある被害者性をできるだけ出させない、被害者性はできるだけ扱わない」ということを繰り返し強調した。「加害者を男性の世界に浸からせてしまうと、家にいる妻のことを忘れ、暴力を正当化し始める。だからメンズ（メンズサポートルームやホットライン）のやり方は危険である」とも指摘した。例えば筆者が本稿で取り上げた、DV加害者がDVに至るプロセスにある「傷つき」「弱さ」「不安」「怒り」といったものが、信田の言う被害者性に該当すると思われる(12)。そしてこれらは「暴力正当化のきっかけを与える危険な材料」とされる。

それに対して、こうした男性の抱えているものを本人とともに受けとめていき、彼自身がそれを「見て」「扱って」いけるようにすることこそ、DVをやめるために必要なことである、というのがわれわれの基本的な考え方である。それは、人間が根源的に持つ暴力性から目をそらさないことでもあると筆者は考えている。

8 「被害」と「加害」をめぐって

同じ加害者対応でありながら、男性たちの抱えるものの捉え方に、なぜこんなにも違いが生じるのか。暴力における被害者と加害者の間には深い溝が横たわっているとしばしば表現されるが、この捉え方の違いが、被害者・加害者間の溝の深さを象徴しているように思われる。メンズサポートルーム以外の、RRPをはじめとする加害者更生プログラムは、被害者の救済をベースにし、被害者の立場で成立している。加害男性の側から活動を発展させてきたホットラインやメンズサポートルームとは、そもそもの成り立ちを見れば溝の対岸同士である。われわれの行う男性相談は加害者側に固定した対応をしているわけではないが、おそらく被害者側からは深い溝の対岸に見えるのであろう。その溝の深さを考えれば、ホットラインやメンズサポートルームの姿勢の真意が、被害者の立場で加害者プログラムを進める人たちには理解されず、「男性の甘やかし」「暴力の正当化」と批判される理由がある程度は想像できる。被害者が負った深い心身の傷、加害者から植え付けられた強い恐怖感、絶対に許すことはできないという怒りなどによって、被害者のこころは加害者から大きく隔てられているであろう。だとすれば、そんな相手側のすることなど、到底信用できないのが自然である。被害者側からは、加害者の更生プログラムが加害者側の主導で行われるということで、喩えれば凶悪な殺人犯が、罪を償うこともせず、自分たちで自分たちに都合のいいように決めた「プログラム」の中で、同じ穴の狢同士、自分たちの殺人行為をなあなあに正当化して社会復帰してくるのと、まったく同じように見えているのかもしれない。確かにこれでは、わずかでも暴力の再発や正当化につながりそうな動きには、恐怖を感じてしまうだろうし、相手側に加害者対応の主導権を握られてはたまらない、という発想も無理はないのかもしれない。そして、そのような関係を作ってしまうDVという行為について、加害者の責任は非常に大きいし、われわれもこの点に関しては、常に真摯に受けとめなければならないであろう。

では、加害者の抱えるものを暴力の正当化につながる被害者性として排除し、扱わないとする立場では、どのようにして加害者に、暴力をふるわないための変化を促していくのであろうか。RRPの実践で中心課題とされているのは第一に「説明責任・謝罪、賠償責任の自覚と責任を果たす努力の継続」であり、加害者の動機をそこへ向かって高めていくことがファシリテーターの役割とされる。そして学習によって加害者の「反省」を引き出し「加害責任を自ら引き受けることを援助する」ことがプログラムの目標とされる。つまり、加害者に自分の「加害者性」と向き合わせ、それについての「反省」を原動力に行動変容を促していくのである。信田は、「加害者の中にある被害者性をできるだけ出させない」ということを強調するが、その意味がここでさらに明らかとなる。被害者性を扱わないことは、加害者に暴力正当化のきっかけを与えないだけではなく、加害者に自らの加害者性を徹底的に突きつけて行動変容を促すための力になるのである。

残念ながら、RRPのプログラム体験者に筆者は直接話を聞いたことがない。しかし、被害者の立場に立ち、反省や謝罪を中心に据えるという点でRRPと共通する、メンタルサービスセンター[13]の加害者プログラムを受けてきた男性のカウンセリングをしていたことがある。結果から言えば、彼はDVの再発があり、カウンセリングも中断してしまった。筆者自身の力量不足を棚に上げるつもりは毛頭ないが、少なくとも彼に関しては、加害者プログラムの影響と思われる要素が、むしろケースを困難にし、彼を暴力の再発へ追い詰める一助になったのではないかと考えられた。彼は徹底して反省と罪悪感を叩き込まれてきており、その態度は何かにおびえているようにも、卑屈にも見えた。カウンセリングで彼は、プログラムの主催者や妻に対して「頭が上がらない」ことを強調し、謝罪の言葉を連ねることに終始した。ところが自分の感情とどう向き合うか、そして暴力をいかにふるわずに生きるかという中核部分については、まるで誰かに口止めされているかのように、結局最後まで語ることができなかったのである。無論、この一ケースだけで何かを論じることはできない。ただ、このケースに関わって以来筆者は、加害者に「加害者性」と向き合わせることを徹底する手法が、本当に効果的かなのかどうか、疑問を感じている。

さらに、こうした手法は、暴力をなくす手段として、根本的に矛盾を抱えているとさえ、言えはしないだろうか。暴力の加害者は、加害が悪である以上、その「加害者性」の限りにおいては反論することができない。こうした手法では、加害者の加害以外の部分を徹底的に排除することにより、反論の余地を全くなくし、加害者を無力化する。そこへ反省や罪悪感を武器にして、被害者側の価値観に従わせているように見える。これでは、暴力をなくすために、それよりもさらに強い「力」を行使して押さえ込んでいることになりはしないだろうか。つまりＤＶの基本的な要素とされる「力」と「支配」をＤＶ対策として問題視しながら、同時にそこへ新たな「力」と「支配」を持ち込んでいることになりはしないだろうか。筆者は決して加害者の被害者に対する反省や謝罪が必要ないと言っているのではない。ただ、反省や罪悪感を、相手を自分の価値観に従わせコントロールするための「力」として使うことが正当化される危険性を指摘しているのである。加害者更生プログラムを主催する者が、この点に無自覚であれば、加害者が悪であり、被害者が救われるべきであるという単純な「正義」の価値観によって、「力」と「支配」が持ち込まれる流れが正当化され強化されてしまうのではないだろうか。

9　男性相談の実際に見る「被害」と「加害」の両岸

筆者は本稿においてここまで、DVの加害者が男性である場合について主に想定してきた。現在一般に問題にされているDVのケースと言えば、圧倒的に女性が被害者、男性が加害者のものが多く、「加害者＝男性」という前提にも疑問を持つ人はあまりいない。ところが、実はわれわれの受ける男性相談において、最近確実に、男性のDV被害者からの相談が増えているのである。妻から殴られた顔の傷も生々しく、妻に壊された私物を携えて現れる男性もいる。最近テレビでよく見かける、女子プロレスラーとひ弱そうな男性医師のタレント夫婦を地で行くような話もある。またDV加害者として相談に訪れる男性であっても、話をよくよく聴けば、妻の暴力で何針も縫ったことがあり、それでも長年我慢して自分は手を挙げずにいたが、ついに刃物で襲い掛かられて命の危険を感じ妻を押し返した、その一回をDVだとして妻から訴えられている、といったケースもある。こうした男性のDV被害は、このところわれわれ相談員にとって、特に珍しい、驚くに値するものではなくなりつつある。

そんなケースはDV全体からすればむしろ特殊で、男性相談で扱っている少数のケースは、ごく一部の特殊なものに過ぎない、という反論もあろう。確かに例えば、DV加害の自覚がない男性は、妻に強制される、妻が出て行ってしまうなどの事情で切羽詰まらない限り、われわれの相談にはつながりにくく、十分にDV加害者を拾いきれていないかもしれない。しかし、自分が被害者になったからと言って男性が積極的に相談に訪れているかと言えば、それも違うのである。「最終的に」DVの加害者とされているか被害者とされているかによらず、多くの男性は自らのDV被害体験を語りたがらない、あるいは客観的に見ればDV被害があってもその自覚があまりない。妻からの身体的暴力や暴言の類は、「我慢すべきもの」と捉え、それに耐えられない自分が悪い（人によっては「男らしくない」）と思っている男性は多いのである。それにも関わらずDVの被害を相談しなければならない男性が増えているということは、少数の特殊な男性被害者がこぞってわれわれのところへ相談に来ているわけではなく、男性被害者も潜在的にはかなり多いと考える方が自然であろう。

前節で、被害者と加害者の間にある深い溝について触れた。その溝は確かに実感できる。しかし一方で、DVの実態を当事者から聴いていると、溝のあちらとこちらが入れ替わることは、容易に起こり得ることなのである。ところが、現在の日本の社会では、「加害者＝男性」として固定しようとする見えない力があまりにも強く作用している。DVの被害女性にはシェルターがあり、保護して支援する人々がいるが、DV被害男性を救済するこうした現実的な手段はないに等しい。夫からのDVは警察も対応してくれるが、妻からのDVで警察の保護を求めても笑い者になるだけ。先ほど挙げたタレント夫婦が、妻から夫への明らかな暴力シーンを公共の電波に乗せても、視聴者は面白がるだけである。そうした感覚を多くの人が当たり前に持つ社会で、われわれは生活している。そして、「加害者＝男性」化の力動の中では、加害者に仕立て上げられる男性も実際後を絶たない。数年間妻からのDVに耐えた後の一度の反撃で加害者にされる男性のケースを挙げたが、こうした場合に、妻に周囲の人物がDV防止法をうまく利用して離婚を有利に進める方法を入れ知恵していることもある。中には、DVとは別の理由で離婚を望む妻から、夫がDV加害者の濡れ衣を着せられたケースも実在するのである。

被害者本人の感情という意味においては、加害者との間に存在する深い溝は、簡単に埋められるようなものではないだろうし、被害者支援はそれに寄り添ってこそのものであろう。しかし、支援者があえてその溝の幅を広くし、その両岸のうち自らのいる側を被害者側、他方を加害者側として固定しようとしている部分があるとすれば、それは当事者の実情に即さない、当事者不在の自己満足ということになりはしないだろうか。被害者の立場に立とうとするあまり、被害者を加害者から遠ざけて「安全」を確保することと、溝を拡幅して支援者が「安心」することとが、混同されてはいないだろうか。ましてやそこに、支援者自身の転移感情（例えば男性に対する怒りや復讐心といったものであろうか）が、本人も無自覚なまま含まれているとしたら、それはもはや当事者支援ではなくなってしまうだろう。

これこそが、筆者の危惧する「暴力の可視化によって当事者の内面が見えにくくなる」事態である。暴力をなくすためには、それを「見える」「扱える」形にすることがもちろん重要である。そして被害者の保護は何よりも優先されるべきであろう。しかし「見えている」（極端な場合、支援者のイメージによって「作り上げられている」事もあり得る）暴力に翻弄され、それを扱うだけに終わってしまっては、当事者の内面で本当に起こっていることに寄り添うことはできない。それができなければ、被害者も加害者も本当の意味で救うことはできないだろう。加害者更生プログラムも、ステレオタイプな加害者像を想定し、対応をマニュアル化して画一的に進めようとしたところでうまくいくはずがない。それはDVという一つの「分別・埋め立てシステム」を身につけてしまった男性に、それに代わって「被害者に従順なシステム」を身につけさせようとするすり替えに過ぎない。加害者更生プログラムに出席してさえいれば、自分はDVをやめる努力をしているのだと開き直る「狡猾な加害者」と呼ばれる男性が出現するのは、そのプログラムに、男性が自分の内面を見つめるという中身がなく、システムのすり替えで済ませようとするからである。それは男性に、自らが抱えているものと向き合わずに済む、新たな逃げ道を与えているだけになりはしないだろうか。

われわれの男性相談は、加害者の立場からスタートはしたものの、基本的姿勢に、相談者が被害者であるか加害者であるかによる区別は全くない。ただ、どこまでも真摯に、それぞれの当事者が抱えているものを、ともに受けとめようとしていくだけである。われわれにはそれしかできないし、その人が本当の意味で暴力の問題から抜け出すためにはそれが不可欠であると考えている。

10　そして男性を取り巻く社会の今とこれから

ホットラインが開設一〇周年を迎えたとき、新聞・雑誌・テレビ・ラジオなどで取り上げられた。「珍しいことを長年やってますねえ」という反応を含みつつも、大半がその取り組みを肯定的に評価するものであった。しかし各マスコミの取材が一段落した頃、後から一紙だけ、男性相談についてわれわれにとって残念な取り上げ方をした新聞があった。日本経済新聞である。[14] 記事の内容そのものは、ホットラインの相談員から取材したことを、自治体の取り組みなどとあわせて紹介するものであったが、それに添えられたコメントがそれを台無しにしてしまった。コメントの主は弘兼憲史。理想のサラリーマン像を描き出し絶大な人気を誇る漫画『島耕作』シリーズ[15]の作者として知られる人物である。彼は「実際に相談する男性がいることに驚いている」として、まるで相談をする男性が劣っているような言い方をし、相談に頼らずに自分で解決しなくてはいけないとも受け取れるようなコメントに終始したのである。取材を受けた相談員は担当記者に抗議したが、記者は何故抗議されているのかさえ理解できなかったようであった。サラリーマンと呼ばれる多くの男性に影響を与えるであろう日本経済新聞で、これまたサラリーマンに影響力のある人物の発言によって、男性相談を否定されたように感じ、筆者も残念な気持ちになった。

しかし考えてみれば、それが現在の社会の一つのスタンダードなのである。『日経』を愛読するジャパニーズ・ビジネスマンの世界観はいまだに「相談するな。自分で解決すべき。それが正しい男の姿」なのであろう。この取材を受けた相談員は自身がかつてモーレッツサラリーマンだった人で、ビジネス界にも知人が多い。そんな彼から企業のメンタルヘルス対応の現状を聞き、筆者はさらに目の前が暗くなるとともに社会の実情を思い知った気がした。ある企業内でメンタルヘルスを担当する看護師は、社内で社員に近寄ると逃げられ、話しかけないで欲しいと頼まれているそうだ。社員としては、メンタルヘルス担当者に話しかけられていると、自分が何か精神面での不調を抱えていると周囲に思われ、社内での評価に響くということらしい。その看護師は社内で行き場を失い、全く仕事にならない状態だという。現在、各企業が社員のメンタルヘルスに力を入れていることになっているが、実情はこうしたものかもしれない（すべての企業がそうだとは思いたくないが）。自殺者は毎年三万人を超え、その七割以上が男性であり、多くの人が誰にも相談しないまま命を絶っている。厚生労働省も対策に乗り出しているが[16]、社会構造そのものが変わらない限り、小手先の対策ではもはやどうにもならないのではないか。旧来の「男らしさ」が完全に崩壊したわけでも、社会全体が旧来の「男らしさ」の価値観を捨てる方向で一致して動き出したわけでもない。長年続いてきた構造はなかなか変わらない。変わらないどころか、近年構造改革のために労働条件がますます厳しくなる中で、仕事上は従来以上の強さを要求され苦しんでいる男性は多い。今もこれからも、やはり男性は「強くなければならない」「しんどいと言えない」のである。

一方、女性との関係においては、旧来の「男らしさ」を振りかざすだけでは、男性がもはや立ちゆかなくなっていることも確かである。また、男性も従来の「男らしさ」に男性自身が縛られていることに気づきつつある。ただ、これまでの方策が否定されても、それに替わる新たな道筋が示されたわけではない。女性の中でも価値観は当然さまざまである。男性相談において自らの「男らしい」強がりに気づき、「妻に対して弱みも見せ、本音で話すようにします」と言って家で実践した相談者が後日、「妻に男らしくないと言われ嫌がられた。やはり男は強くなくちゃいけないんですね」とさらに絶望したというケースもある。また、筆者は男性相談の取り組みについて大学生に話すことがあるが、ある女子大学で講演したとき「男性にもつらいことがある。相談して弱みを見せることがあるかもしれない」といった話をしたところ、約半数の女子学生が「相談する弱い男は『きしょい』」「悩みを打ち明けられたら『引く』」「男は強くないと嫌」といった反応だった。若い世代でもこのとおりであり、男性が内面に抱える弱さと向き合っていくのは、今後もそう簡単なことではなさそうである。男性はこれからも、ある場面では従来どおりの「男らしさ」を要求され、別の場面ではこれまでの「男らしさ」を否定されるような状況を生き抜く必要に迫られていくのではないだろうか。そんな男性たちを救うためには、やはりそのさまざまな思いを吐き出してもらえる場が不可欠であり、男性相談の拡充が求められる。

今の日本の社会を見回してみると、マニュアルがあふれ、ややこしいことはなるべく見ないで済むよう、わかりやすくシステム化されたものがもてはやされている。構造改革は、競争によって無駄を省くことを推奨し、目に見える結果や高い効率が何より重視される流れを加速した。「儲かればよい」「強ければよい」という価値観がまかり通りつつあり、格差は拡大を続ける。その状況を踏まえて「男らしさ」という言葉の意味を再考しようとすると、旧来「男らしさ」の範疇にあったものが男性の専売特許とは思えなくなってくる。「結果を出すべき」「競争には勝つべき」「ややこしいことは考えない」等々はかつて男性に叩き込まれた「男らしさの病」だったはずだ。しかしそれは今や性別を超えて「日本国民の現代病」にもなりつつあるのではないだろうか。そんな状況に対し、われわれにできること、これまでにしてきたこと、そしてこれからもしていくであろうことは、それぞれの人が抱えているものと、本人と一緒に向き合っていき、その人に寄り添っていくことである。これは本当に地道な作業であり、ほんの小さな力にしかならないかもしれない。しかし、目に見えやすいものばかり重視される社会において、それぞれの人が内面に抱えるものをそのまま尊重し、関わっていくわれわれのやり方は、大きな意味のあることと筆者は確信している。

（1）　配偶者からの暴力の防止及び被害者の保護に関する法律。二〇〇一年一〇月一部施行、二〇〇二年四月全面施行、二〇〇四年一二月、二〇〇八年一月改正施行。この法律の制定により、それまでなおざりにされてきた夫婦間の暴力を犯罪として認めることとなり、各自治体が初めて対策に乗り出した。「暴力の防止」を謳っているが、加害者への対応は具体的に盛り込まれておらず、実質的に被害者の保護についての法律である。

（2）「『男』悩みのホットライン」とは、男性専用電話相談の名称であると同時に、それを運営する民間ボランティア団体の名称でもある。相談電話番号は〇六・六九四五・〇二五二。毎月第一・第二・第三月曜日の夜七時から九時まで受付。祝日も実施。相談は無料。相談をする側、受ける側ともに匿名でプライバシー厳守。女性からの電話は、他の機関を紹介するなどして基本的にお断りしている。ウェブサイトはhttp://homepage3.nifty.com/MHL/

（3）本稿で考察の材料とした事例は、ホットラインに寄せられた相談内容、ホットラインや相談員が受託している自治体の男性相談（電話・面接）で受けた内容、および筆者が行っている男性クライエントのカウンセリング事例から、プライバシーに配慮して改変を加えたものである。なお、ホットラインではさまざまな立場の男性がボランティア相談員として活動している。匿名を前提に活動している相談員もおり、受託している自治体名は基本的に公表していない。また、本稿の内容は、筆者が個人として考察したものであって、団体としてのホットラインの統一見解ではないことを念のため申し添える。これまで活動をともにし、本稿執筆にあたっても多くの示唆を与えてくれたホットラインの相談員諸氏に、この場を借りて感謝を申し上げたい。

（4）Daniel Jay Sonkin, Michael Durphy: *Learning To Live Without Violence: a Handbook for Men*, Volcano Press, 1989. 一九九四年当時は邦訳出版に至らなかったが、後に他の訳者により出版された。中野瑠美子訳『脱暴力のプログラム――男のためのハンドブック』青木書店、二〇〇三年。

（5）ホットラインへ相談してきたDV加害者にメンズサポートルームを紹介することも多い。メンズサポートルームについては本書千葉論文を参照。また、ホットラインについては『男』悩みのホットライン編著『男の電話相談――男が語る・男が聴く』かもがわ出版、二〇〇六年も参照。

（6）現在、大阪経済大学大学院人間科学研究科教授。

（7）このうちの一部に関してホットラインのメンバーが、日本産業カウンセリング学会第一二回大会（二〇〇七年九月）で発表を行った。福江敬介、吉岡俊介「男性の悩み相談から見えてくるもの」。

（8）被害者が地方裁判所に申し立て、加害者に被害者から離れることを命じる民事裁判で、違反行為には刑事罰（一年以下の懲役または百万円以下の罰金）が与えられる。被害者に近づくことを六ヶ月間禁止する「接近禁止命令」と二ヶ月間住居から退去させる「退去命令」の二種類がある。

（9）信田さよ子（原宿カウンセリングセンター・臨床心理士）、妹尾栄一（東京都精神医学総合研究所・精神科医）、野本律子（女性ネットSaya-Saya・被害者支援員）、白石弘己（東洋大学・精神科医）、高橋郁絵（東京都多摩総合精神保健センター・臨床心理士）の共同実践である。

（10）日本心理臨床学会第二六回大会ワークショップ「ドメスティック・バイオレンス（ＤＶ）にどうかかわるのか――被害者支援と加害者へのアプローチ」二〇〇七年九月。

（11）註10のワークショップで配布された資料から引用。以下、この資料と当日の信田の発言から引用しながら考察している。

（12）註５に挙げた文献では、筆者もこれを加害者の中にある「被害者性」という表現で論じている。しかし本稿ではあえてこれらを極力「被害者性」と呼ばないことにした。それは一つには、被害者の立場から加害者更生プログラムを実践する人に誤解を与えやすいためである。もう一つは、われわれの男性相談が「加害」と「被害」を分ける姿勢をとらず、当事者の抱えるあらゆるものを色づけせず受けとめており、筆者自身も「被害者性」という表現が必ずしもしっくり来なくなったためである。

（13）主催者は東京の臨床心理士、草柳和之。草柳和之『ＤＶ加害男性への心理臨床の試み――脱暴力プログラムの新展開』新水社、二〇〇四年参照。

（14）『日本経済新聞』二〇〇七年四月一三日夕刊「生活コミュニティー」欄。

（15）『課長島耕作』は『モーニング』（講談社）に一九八三年から一九九二年まで掲載。その後のシリーズ作品に『部長島耕作』『取締役島耕作』『常務島耕作』『専務島耕作』『ヤング島耕作』（ヤングのみ掲載誌は『イブニング』）。理想のサラリーマン像として描かれる島耕作は、サラリーマンを中心に絶大な人気を博し、現在も企業のイメージキャラクターなどに使用されている。作者の弘兼憲史は二〇〇七年に紫綬褒章受賞、内閣官房「美しい国づくり」プロジェクトの企画会議委員にも選ばれている。

（16）「労働者の心の健康の保持増進のための指針」が二〇〇六年三月に公表された。これに基づき、厚生労働省からの委託で、以下のようなテキストが発行されている。中央労働災害防止協会編著『職場における自殺の予防と対応』二〇〇七年一〇月改訂。

DV加害者への取り組み
――「メンズサポートルーム」に関わって

千葉征慶

1　はじめに

ボランティアグループ「メンズサポートルーム」は、関西でDV（ドメスティックバイオレンス）加害男性を対象に脱暴力プログラムを行っている。会合はおよそ二週間に一度。脱暴力に取り組んできた男達と「暴力をやめたい」と思ってやってくる男達とのグループワークが中心である。そのグループ活動が始まった時から今春（二〇〇七年二月）までの約一〇年間、スタッフとして筆者はたいへん貴重な経験をさせていただいた。

本稿では、脱暴力のためにストレスや怒りのマネジメントがどのように役立つのか、筆者が行ったグループワークの一部を紹介し、またDV加害者が回復する過程とは実際どういうことなのか、経験してきたことを述べたい。

2　DVをどうとらえるか

DV加害者への取り組みは、DVをどう考えるかによって、取り組み方、活動の仕方に差異がある。逆に立場の違いがDVのとらえかたに違いをもたらすともいえる。

まず、DVを嗜癖、「ダメだ」とは分かっているのにやめられない病気ととらえる立場がある。薬物依存の問題を扱う精神科専門医や臨床心理の専門家、例えば関東では斎藤学氏のクリニックや臨床心理士信田さよ子氏の原宿カウンセリングセンターという機関が知られている。また、DVは犯罪、人権侵害、罰しなくてはならないという立場がある。司法関係、弁護士を中心にした市民団体、関西では、日本DV防止・情報センターの活動がそれにあたる。さらに、DVはジェンダー（心理社会的な性役割）意識から生じ、主に男性から女性に対する支配とコントロールという社会問題だととらえる立場もある。いくつかの市民団体が関係しフェミニズム運動の成果も大きい。メンズサポートルームは、フェミニズム運動に触発された「メンズリブ」活動、すなわち、男らしさの呪縛を解いて自分らしく生きようという活動から生まれた経緯がある。あえて分類するならば、「女らしさ」や「男らしさ」の問題に敏感な市民運動としてここに位置づけられるかも知れない。

このように、DV問題では、それぞれ立脚点の違う活動が相互作用しながら、被害者支援、加害者対策に取り組んでいる。「DVは犯罪です」「DV撲滅」「DV加害をやめさせる」「DV加害者を治療する」「DV加害者を罰する」「DV加害から被害者を守る」など、それぞれの立場からさまざまな発言がなされている。一方には、「DV加害者は変わらない」という言葉があり、もう一方には「DV加害者が変わる」というものもあって、加害者対策について述べられる言葉のトーンはさまざまである。変化する可能性や変化を促す力が誰にどのように

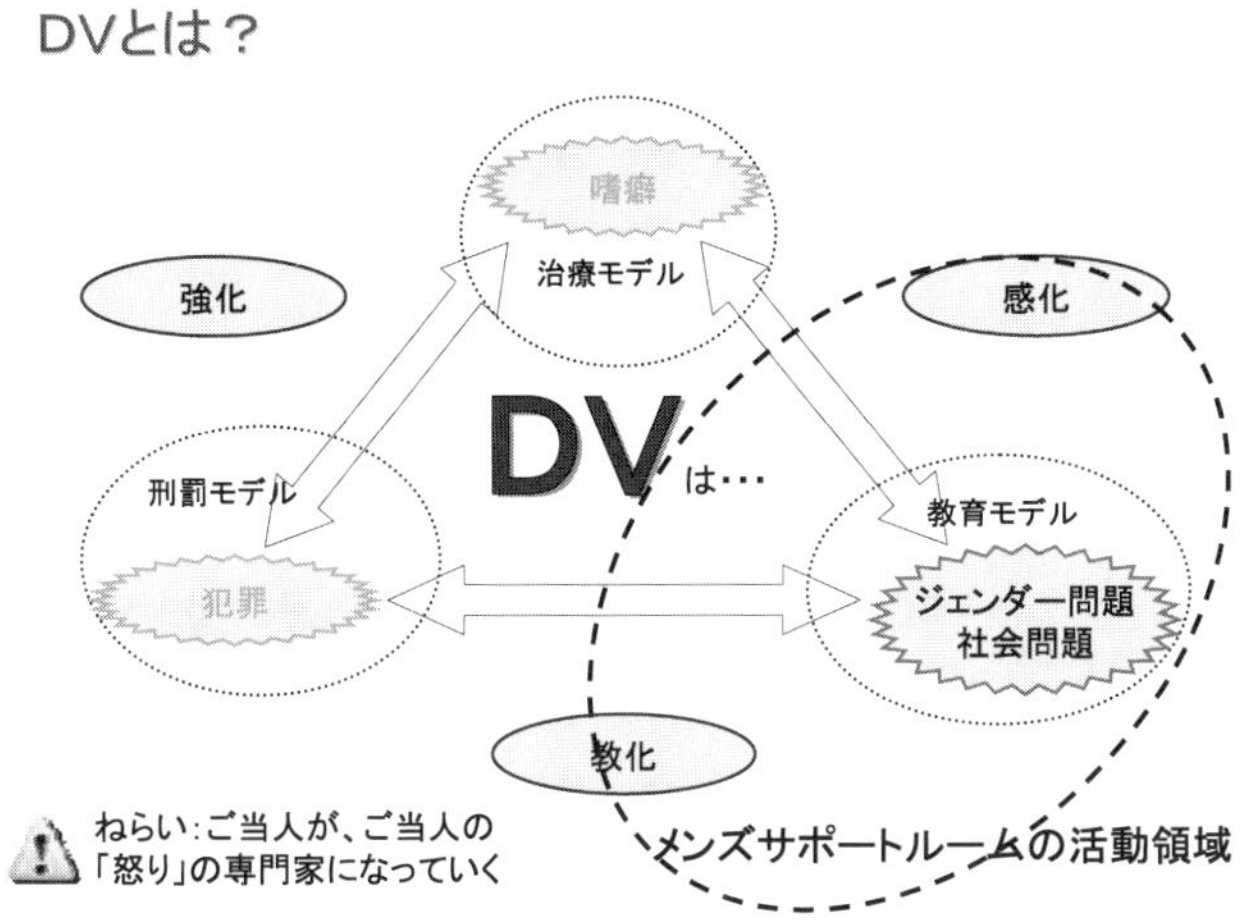

図1　DVとは

あると考えるかによって見解が分かれている。

たとえば、「DVは病気」ととらえる立場や「DVは犯罪」ととらえる立場では、薬物治療や刑法という何か力の強さが働く「強化」の要素がある。司法、矯正あるいは社会問題ととらえる立場には、加害者の再教育やDVに関する啓蒙活動という意味で、教え導く「教化」の要素がある。そして実際の教育現場や治療の現場に足を運ぶと、そこでは、先に回復してきた人や先に歩んでいる人と、後から来た人との出会いがあり、そこで、同じ苦しみを生きてきた人々の姿に接して何かこころに感ずるものが生まれるという「感化」の要素がある。

DV加害者へのアプローチには、図1のように、治療モデル、刑罰モデル、そして教育モデルという三つのモデルがあり、そのなかに、強める強化、教える教化、自分を変えてみたくなる感化といった三つの変化の促しが存在することになる。

メンズサポートルームが活動する領域では、暴力をやめたい男たちが集まって来る。新参の男性は、そこで、先に歩んできた男たちと出会い、その姿に感化され、互いに教えられながら、脱暴力の過程を進んでいくことになる。

筆者はかつて「メンズサポートルームの活動は、専門家による活動ではない」という批判を耳にしたこともある。しかし筆者は、たとえば、怒りの問題はＤＶ克服の大きな課題であり、それはこころの専門家に任せるというのではなく、むしろ当人が自分の「怒りの専門家」になって頂くのが何よりなのではなかろうか、と思っている。怒りという自分の感情の責任が自分でとれるようになる、これが自律した人間の姿だと考えるからである。

3　メンズサポートルームの歩み

メンズサポートルームの取り組みのきっかけは、一九九一年にさかのぼる。関西で黎明期にあったメンズリブ活動のメンバーが、アメリカの加害者プログラムのテキストを手にしたのが発端であった。それは *Learning to Live Without Violence*（ＬＬＷＶ）というテキストブックで、タイトルを直訳すれば「暴力を振るわずに暮すことを学ぶ」ということだが、邦訳は『脱暴力のプログラム』という題名である。[1]

一九九一年、大阪で「メンズリブ研究会」が始動した。最初「男と暴力」をテーマにこのＬＬＷＶテキストブックの「輪読会」が始まった。読み進む中で、メンバーは自分の感想や体験を語り始めた。そうなるのも自然の流れであったかも知れない。気づいたことを誰からも批判されないグループのなかで話し合い、そのうちに自分や社会の問題を自覚し、そのグループから変革のエネルギーを得ながら自分や社会を変えていく、いわゆるＣＲ（コンシャスネスレイジング）運動にもなったのだ。この研究会を母体にして一九九五年に「『男』悩みのホットライン」という電話相談が始まった。それと時を同じくして「男のコミュニケーション講座」も始まった。

どちらの活動もねらいは「男同士、ありのまま自分の感じている気持ちを伝え合う」ことである。『男は黙って○○○○』風に、どちらかと言えば日頃口にできない悩みや苦しみ、罪や弱さや惨めさ、その感情表現を少しずつできるようになることである。

その後、この地道な草の根運動のような男性への支援活動に裏打ちされて、「脱暴力のプログラム」をコミュニティで展開していくために「非暴力研究会」が発足した。はじめはメンズリブのメンバーを対象にした試験的なものであったが、効果の手ごたえがあった。それならば、一般市民に向けてこのプログラムを提供していってはどうか。水面下でDV加害に苦しむ男性は少なくない。誰でも参加できるプログラムのプロバイダーとなり実践していくことこそ社会的に意味がある。そこで名称を「研究会」から実践的なボランティア組織「メンズサポートトルーム」に変更した。チラシによる広報活動や自主的な活動を支援する地域の助成制度なども利用しながら、活動は現在にいたっている。

メンズサポートルームは、現在、大阪と京都のふたつの活動拠点をもつ。筆者が関与した大阪での活動は、当初、サポートルームのスタッフが案内役をつとめるグループワークのみであった。隔週一回一セッション二時間。一二回連続で数ヶ月続くワークショップであった。グループワークが恒例化して間もなく、新しい活動が生まれた。初参加OKのOB会である。グループワーク終了者が集まる会で、自助グループ的な性格をもち「非暴力を語る会」という名前である。グループワークでは、毎回スタッフがファシリテーター役をつとめるのだが、こちらの会ではスタッフは開催日をアナウンスするだけで、その場は、自由に語り合う場である。今、さらに、DV加害に特化せず身近な人々とのコミュニケーション不全や生きづらさが語り合える場として「男のぼやきカフェ」と名づけられた会合もある。活動のねらいは、一年を通じいつでも、脱暴力、非暴力の世界に浸っていられる環境を提供するということだ。なお最新の活動は「メンズサポートルーム」のホームページで確認されたい(2)。

4　エクササイズ

メンズサポートルームのグループワークは、「体験」や「自分の感情・感覚」「自分を語ること」を重視して、さまざまなゲームやボディワークを各セッションに取り入れている。ワークとそれをきっかけにした語りから、参加者のなかに、いわゆるグループダイナミックスが生まれる。

メンズサポートルームには、「後出し負けジャンケン」「名づけのワーク」「柳と風」など呼ばれる愉快なゲームがある。それらは参加者が自分の気持ちや体験を自由に語るための仕掛けである。この仕掛けを準備し、毎回交替でワークの案内役をつとめるのがスタッフである。

「愉快なゲーム」と筆者は述べた。「親密な間柄の相手を暴力によって苦しめながら不謹慎な」と憤りを感じられたかも知れない。じつは「暴力が問題」と言われた男性は、グループワークの参加に際し、この場で責められはしないかと不安を抱いている。平静を装うが緊張している。ガードを固めたくもなる。その「男の鎧」の固さを取り除くことが大切なのだ。笑いは緊張を緩和し、人を動きやすくする。これらのゲームは、長年にわたって当事者として「男の鎧」を脱ぎ捨てようと努めてきたメンズサポートルームスタッフらのノウハウでありツールである。

一九九九年、いよいよ市民向けのグループワークが始まろうとしていた時期、ＬＬＷＶの著者のダニエル・ソンキン氏を訪ねた。ファシリテーターとしてどのようなワークを参加者に提供したらいいか不安を感じている筆者に、「男が自分の問題に気づくことができるのであれば、どんなアプローチであれ、それはセラピーにとって有効だよ」と語ってくださった。今でも励ましの言葉として残っている。

実際、読者が暴力から自由になるために有益な「エクササイズ」が本書には沢山盛り込まれている。筆者が、ぴったりと身体の様子がわかる「ボディコン」と呼ばれる衣服の名称にヒントを得て、「ボディコン」と呼んだワークがある。これも「脱暴力のプログラム」のエクササイズを参考にしたものである。内容は、怒りの感情と同時に生じる身体の変化や兆候に敏感になるワーク、自分の怒りの程度と身体変化との関連に気づけるようになることがねらいである。

怒りには、むっとする、イライラする、という弱い怒りのレベルから、カチンときた、腹が立ってきた、爆発しそう、というレベルに強まるもの、ついには、ブチ切れしてしまうレベル、コントロールが効かなくなるレベルまで、強弱があるとする。怒りのレベルに呼応した、身体の徴候や自分の言動の変化を意識するワークである。日頃あまり意識されずとっさの反応になっている怒りの行動を自覚し、自分自身に対し距離をとることが出来るようになるためのワークである。

また、大阪では造幣局の桜の通り抜けが有名なので、「夜桜見物」と名づけたワークもある。これはシミュレーション形式のワークである。怒りが生じる可能性のある場面をいくつか設定しながら、各自が感じる怒りの程度とそれに対する身体兆候や言動について「もし自分がその場にいたらどうするだろうか」と仮想体験を語り合うワークである。

仕事帰りにパートナーと待ち合わせて夜桜見物に出かけるという場面設定で、例えば、パートナーと待ち合わせたが、待ち合わせに相手が遅れて来る（相手がこちらの期待どおりにならない場面）、しかし実はこちらが場所を間違っていると相手から指摘される（相手から責められそうになる場面）、自分と相手の目的地に違いが生じる（こちらの当てが外れる場面）、と、突然のにわか雨（不測の事態、自分の力ではどうしようもないことが起こる場面）などなど、移り変わる状況ごとに自分が感じるであろう怒りの程度と身体の兆候そして言動の変化を参加者同士が語り合い、気づきを深めていくワークである。こうしたワークやゲームを行いながら、数ヶ月続くセッションを通して、参加者は自分の気持ちを言葉で表現する機会を増やしていく。

5　活動の立脚点

メンズサポートルームの活動の立脚点として、筆者が着目した大切な点がある。まずひとつは「暴力は男の問題と密着している」という意識をもって取り組んでいる点である。つまり男の当事者性を重視していることである。暴力の問題は、他人事ではなく自分自身の問題であるという意識である。脱暴力プログラムの提供者が、まず自分自身の問題と思って取り組んできたからこそ、参加者の「自分を変えよう」という意識を刺激するものと思われる。二番目は「暴力とは学習された行動」と考えている点である。したがって「非暴力も学習可能である」と考える。具体的なスキルとして、後述する「タイムアウト法」を習得し、怒りが暴力にエスカレートすることのないよう、その手だてを身につけることを強調する。さらにストレス対策からのアプローチにも筆者は注目した。日本DV防止・情報センター編集の啓蒙書『知っていますか？　ドメスティック・バイオレンス一問一答』にもDVがストレスによって生じるという指摘がある。(3) 実際の問題として、一度DVが起こった家庭環境や人間関係は、「いつまた暴力が発生するのか」とヒヤヒヤドキドキで、まさに「地雷原を歩く」ようなストレスフルな状況にある。当事者がストレス状況にいることを踏まえた対策が必要である。

6　ストレス要因とジェンダー問題

DV発生にはジェンダーやストレスが関係しているという立場、そして、そこから加害男性の脱暴力を支援するアプローチは、認知行動モデルあるいは心理教育モデルと呼ばれ、暴力行為そのもの、そして暴力を引き起こす怒りの改善に焦点を向ける。(4) このアプローチでは「暴力とはストレスに対する反応」であり、「暴力はスキルや認知傾向が適切でないために生じる」と考える。

ストレスとその反応の関係については、ストレス構成要因つまりストレッサーとストレス反応、そこに介在する修飾要因、心理サポート、日常の生活習慣や行動パターン、そして認知的評価などが存在する。このストレス構成要因にジェンダーの問題（性役割意識の影響）を加えて考えてみたものが図2である。

「男は仕事、女は家事・育児」というジェンダー意識を一例にすると、これは「家は安らぎの場、妻は疲れて帰宅した夫をねぎらうべきだ」という心理サポートの面に影響する。また、職場のストレスをかかえて帰宅した夫には、「男は一家の大黒柱、男は家庭に仕事を持ち込むな」という日常の生活習慣ができている可能性もある。また、男らしくあるために、「一人で解決せよ、他人に頼るな、弱音を吐くな、負けるな、逃げるな」という行動パターンから逸脱すると意心地が悪くなる。逆にこれが行動規範としてプレッシャーとなり「ストレスのもと」にもなる。加えて、夫の側の、妻に対する期待はずれやアテはずれを「男の沽券にかかわる」とか「面子がつぶれる」「侮辱された」と認知的にゆがんで評価すると、怒り、屈辱感、被害感を増幅させることになる。

例えば、夫が疲れて帰って玄関を開けると、靴は散らかり、「ただいま」と言ってもテレビの音が邪魔をして聞こえない様子で「お帰りなさい」の返事もない。あるいは、「あら早いのね。連絡下さらないから食事は要らないのかと思って用意してないわ」などと言われるという状況が、DV加害男性にとって遂には不適切な対処行動（DV）に発展しうるストレスフルな状況として説明できる。

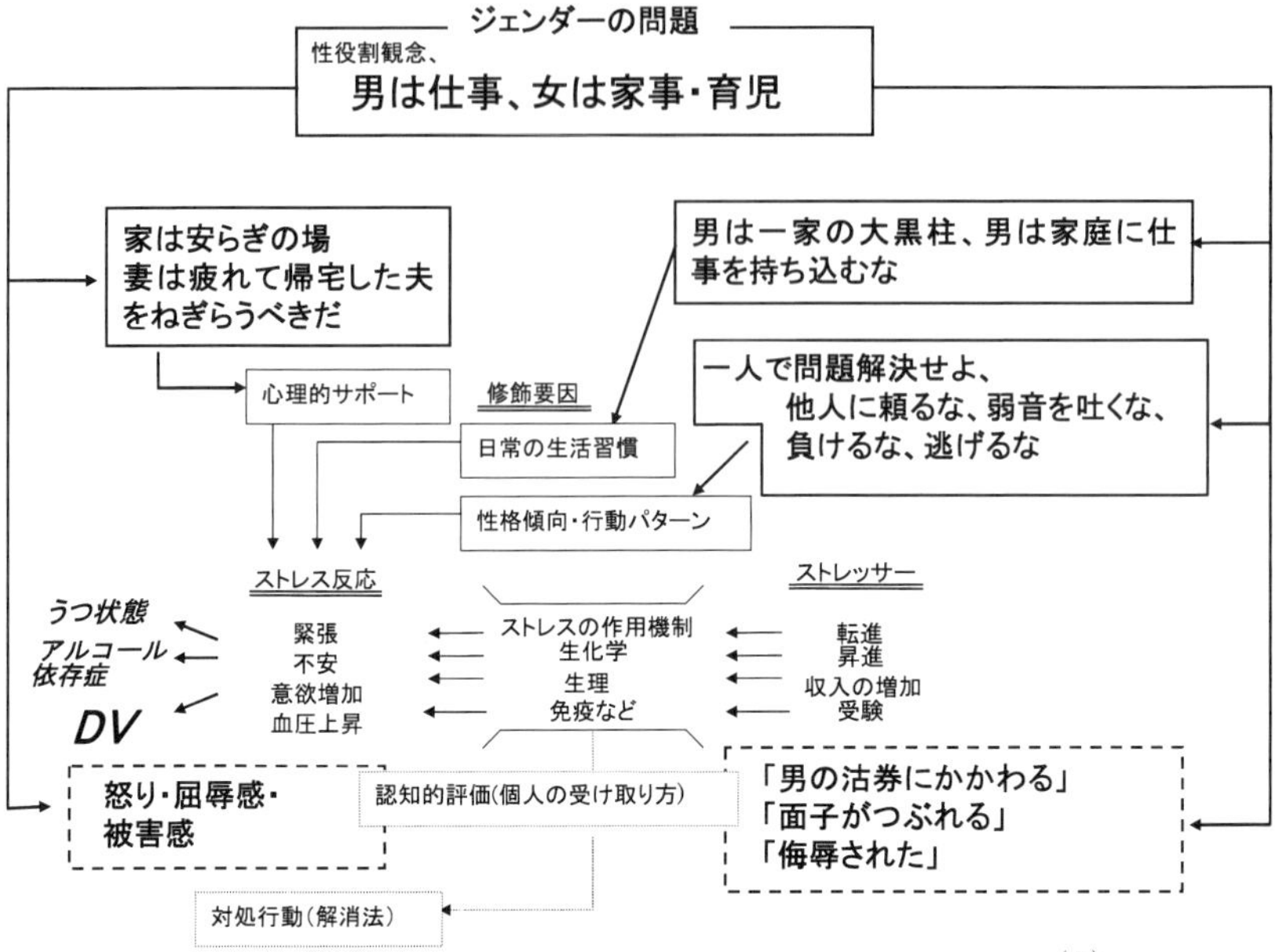

図２　ストレス構成要因（夏目；2000　中災防）[5]に、ジェンダーの影響を加筆

これが、「ジェンダーの問題がストレス構成要因のあらゆる面に関係しており、ＤＶ加害男性の周りには、男らしさのこだわりやプレッシャーが生じ、ストレスを多く抱え込むことになっていく」という仮説である。

7　ＤＶししおどし説

ただ、この仮説だけでは、「ＤＶの原因はジェンダー意識だ。ストレスが溜まればＤＶやむなし」という主張のようにも聞こえてしまう。しかしそうではない。ストレスがたまっても、ＤＶを回避する手立てを身に付けることができるのである。その手立てを図３のように「ししおどし」の喩えを用いて説明したい。

ＤＶ加害男性は、ちょうど水が溜まって、ある時点でバランスがくずれて、カタンと傾き、一気に水が吐き出され、また元に戻って水を溜めはじめ、その繰り返しを続ける「ししおどし」になっている。DV発生を回避するためのポイントは三つである。

まず、水の溜まり具合。すなわち、感情、ストレス度のモニター力をつける。加害男性の中には、自分の内面に今どんな感情が流れているか、モニターできない人がいる。モニターできない感情は表現できまい。言い表す言葉さえもっていないために、どんどん心に溜まっていく気持ちがある。二つ目のポイントは、水を溜め込まない工夫。すなわち、適切なコミュニケーション・スキルを身につけること。社会的に許された方法で、自分の気持ちを言い表すスキルを身につけることである。三つ目のポイントは、筒の傾きそのものを修正すること。アンバランスな心の状態から、健全な自尊心を取り戻すこと。加害男性は、より適切な方法でコミュニケーションができないために自己嫌悪に陥り自尊心をなくし、それが認知傾向をゆがんだものにする。

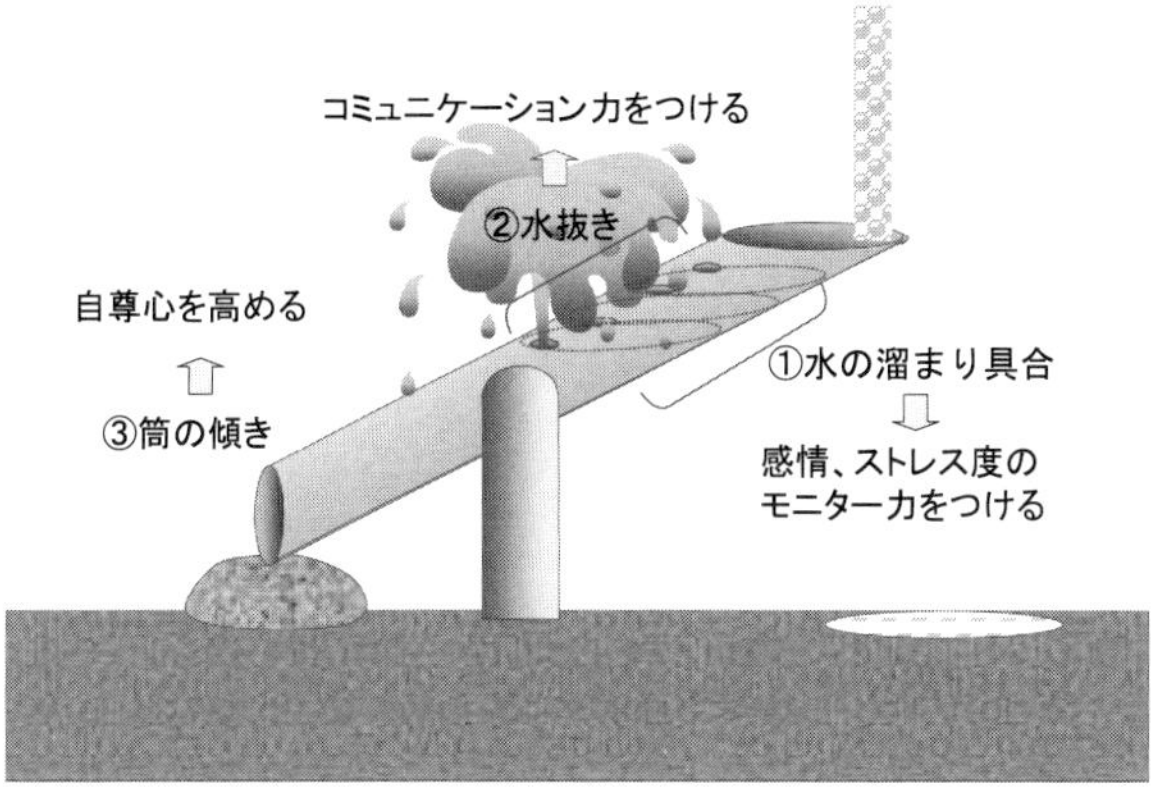

図3　ししおどし

前述の「ボディコン」と「夜桜見物」のねらいは、DVに至らない（ししおどしを倒さない）ために、怒りの感情が生じると身体や言動がどのように変化するのか、どのあたりで怒りが爆発しそうになるか、そのモニター力を高めることである。ここでタイムアウト法を紹介する。タイムアウト法は、怒りが増幅していくとき、その場から離れ、約一時間時間を置いてから、自分の気持ちを言葉にして相手に伝えるというものである。これは練習を繰り返すことによって身につくスキルである。タイムアウト法が身につけば、次々と発生するストレスフルな状況の中で、怒りがエスカレートしてDVになるのを回避する、新しい生活習慣ができたとも言える。まずは、怒りから暴力に至る、とっさのストレスに対処することを学習することで、ひいてはＤＶ行動によって、慢性的なストレス状態に陥っている生活全体にクサビを打ち込み、徐々に生き方全体、生活全体を変えていくのである。

「ししおどし」は「ＤＶ発生を防ぐにはいくつかのポイントがある。日々、とっさのストレス状況において、暴力を回避する手だてをとることによって、慢性的なストレス状態を改善していく。それが新しい生き方につながる」ということを示すメタファーである。

その他「ウルトラマン」のメタファーもある。胸のカラータイマーの点滅。これは自分の能力の限界に気づくという意味で、怒りのモニター力のメタファーになる。ただ実際の番組ではタイマーが点滅していても無理して怪獣をシトメようとするので、何がなんでも今ここで決着をつけようとする傾向は、ＤＶ克服ではマイナスのメタファーであることを申し添えておく。

さらに、ＤＶ加害からの回復過程に関し、ヴィクトール・Ｅ・フランクルという精神科医に筆者は注目している。彼はロゴセラピーを提唱し「人間はおのれの犯した罪に苦悩しようとも、その苦悩に意味（ロゴス）を見出しうる存在である」と述べ、刑務所の内で「苦悩する人間」をも援助してきた。(6) 彼自身ナチの強制収容所を生き残った際には「いつかこの過酷なサバイバルの記録を人々に伝えていく」という使命感や目的意識がストレス状況に耐える力になったという。これもＤＶ加害から回復しようとする――いわば生き延び生還しようとする――男たちにとって示唆に富むメタファーである。

8　批判とその補完

このアプローチに対して、ひとつは「このアプローチでは暴力による支配とコントロールについての視点がほやけているのではないか」という批判がある。夫婦、恋人関係という親しき仲に「恐れと怒り」が存在している。この批判に対して筆者は、女性に恐れをいだき弱みを握られまいと画策する男性の心理「サムソン＝デリラ・コンプレックス」という視点から補完したいと考えている。

これは、旧約聖書士師記一三章に登場するサムソンとデリラの物語になぞらえて命名された女を恐れる男の心理である。この男性心理について筆者は『夫のための結婚心理学[7]』という本を手にしてはじめて自覚した。結局のところ男性は男である自分に自信がもてないために、女性から支配されたり見捨てられたりする可能性におびえ、それだからこそ、経済的優位、支配的態度、暴力などを用いて女性を押さえ込もうとする。大抵の男性には多少はサムソン的要素があるとこの心理を公表したエバ・マーゴリスらは述べている[8]。

もうひとつは「ストレスがかかっても誰もが暴力を振るうというものでもない。その個別性はどう説明するのか」という批判である。ストレッサーとストレス反応という因果律、心身相関だけでは説明できない個人の自由と責任の問題である。

「刺激と反応のあいだには間がある。間には、私たちの自由すなわち、どう反応するかを決める力がつまっている。反応には私たちの成長と幸せが託されている」というフランクルの言葉がある[9]。つまり個々人の選択と決断が存在する。暴力を振るうのかやめるのか。DV加害男性は暴力をその都度選択しているのである。

個人には罪を犯す自由があり、取った行動に対してどう責任を取るのかも個人に拠る。そして脱暴力への変化が生じるのは、まさにこの「間」があるからに他ならない。「人間は自分自身を変えることができる。さもなければ、彼は、人間とはいえない。自分自身を形成し、また形成しなおすことができるというのが人間であることの特権であり、人間存在の構成要素である。換言すれば、罪を犯せるというのは人間の特権であり、罪を克服するのは人間の責任である。……人間は罪があると考えられ、そして罰せられる権利をもっている。いったんわれわれが、人間を環境とその影響の犠牲者として扱うならば、われわれはその人間を、人間存在として扱うのをやめるのみならず、彼の変化しようとする意志をかたわ（ママ）にしてしまう」とフランクルは述べている。[10]

9　加害男性の自己意識の変化

では、DV加害から回復するというのはどういう展開になるのか。グループワークの経験を通じ、DV加害からの回復過程で、加害男性の自己意識（自分をどのような存在だと思っているのか）に変化が生じる様子を、以下五段階の変化として整理してみた。[11][12]

第一段階――加害者性の否認

DV加害者性を認めない。むしろ自らを「被害者」だと思う。「悪いことをしている」のは相手だと批判する。この段階の人が、自発的にグループワークに参加することは、まずない。この段階では、なによりも被害者のエンパワメントが必要である。DVに対してNO！という力をつけること、そして、DVの犯罪化、犯罪として扱われるようになることが、第一段階から二段階に動く環境を作る。また、DVを克服しつつある男たちの姿にふれることも影響を与える。

第二段階――罪悪感と反発

「自分は悪いことをしている」という意識はあっても言い訳する。DV加害を指摘されると反論し、黙って「そうです」と指摘を聞き入れられない。配偶者に別居や離婚話をつきつけられ、それがきっかけでグループワークに参加した男性や、カウンセラーに勧められて参加した男性には、この段階からスタートの人が少なくない。参加するものの渋々であり怒りを抱きつつ参加するという場面がある。こうした新しい参加者に対して、これまでの古参の参加者らは、「昔の自分の姿を見ているようだ」という感想を漏らし新来者を驚かせる。彼らに「昔と変わる、今と違う状態になる」という示唆を与えることになる。

第三段階——加害の自覚と困惑

「悪い」と認め反論せず、加害の事実に「そうです」という。しかしDVをやめる手だてがない。途方にくれている。「何もできない自分」を思い知る。暴力を振るって活動的であるように見えるが、暴力をやめることについて、まったく無力である自分、そこに行き当たる。ここからが脱暴力の正念場である。

第四段階——加害自覚・克服の手応えと不安

「悪い」と認める。加害者である自覚がある。DVをやめる手だてを見つける。DV克服の手応えを感じる。しかし「またなるのではないか」というヒヤヒヤ感も同居しているのがこの段階の特徴である。

第五段階——加害自覚と安定感・発展的取り組み

DVそして過去の振る舞いを「悪いこと」と認める。加害者であったことを自覚している。DVを避ける手だてを取り続け、克服できた実感や安心感がある。この段階は発展的で、加害者性の自覚にもとづき一層「克服した状態」を保とうとする。カミングアウトによって、自他に向かって「DVは悪いことだ」と言う。罪を犯した人間として自らと向き合い自分を変えようとして生きていく時、人はこのような過程を経て変化していく。

10 回復過程の特徴と課題

こうした変化のプロセスは、アルコール症からの回復のプロセスにとても似ている。アルコール症からの回復過程には、「移行期」「回復初期」「回復中期」そして「発展期」がある。これはアルコール症の治療で有名な神戸元町の宋クリニックでの話である。筆者はミーティングルームに貼ってあるポスターを目にしたことがある。ポスターにはこう書かれてあった。

移行期——飲んで死ぬか、やめて生きるか。

酒のせいでこうなったことは誰に言われなくてもわかっています。けれど、酒なしの生活なんて考えられないのです。酒が切れると猛烈に苦しく、なんとしても飲む算段をして、また失敗するのです。周囲からみれば同じことの繰り返しに見えるこの時期が、酒への敗北を認める回復の大切なプロセスです。そして診断を受け、しらふの生活が始まるのです。

《移行期の課題》酒のために起きた問題に直面する。周囲からの介入（本人に断酒をすすめられる）。酒に対する敗北を認める。専門治療に出会う。診断を受け治療が始まる。

このポスターは酒の問題だが、暴力、ＤＶの問題にも通じるという印象をもった。そこでアルコール関連の用語をＤＶ関連の用語に置換してみた。

移行期——暴力で死ぬか、やめて生きるか。

ＤＶのせいでこうなったことは、誰に言われなくてもわかっています。けれど、ＤＶなしの生活なんて考えられないのです。口で負けそうになると、猛烈に苦しく、なんとしても勝つ算段をして、また失敗、暴力を振るってしまいます。周囲から見れば、同じことの繰り返しにみえるこの時期が、ＤＶへの敗北を認める、回復の大切なプロセスです。そして診断を受け「脱暴力」の生活が始まるのです。

《移行期の課題》暴力のために起きた問題に直面する。周囲からの介入。本人に対して脱暴力がすすめられる。ＤＶに対する敗北を認める。専門医に出会う。診断を受け治療が始まる。

ここで診断とか治療とかの言いまわしをあえて修正しなかったのには理由がある。つまり「あなたのやっていることは、まさにＤＶですよ」という指摘を受けて脱暴力の生活が始まるのだ。比喩的な表現として、ＤＶも特別の「常備薬と食餌療法」を持つ病気と言えるからである。ガン患者にはガンを生きる工夫がある。糖尿病の患者にも常備薬や食餌療法などの生きる工夫がある。「患者になること」で常備薬や食餌療法をたよりに治療が図れる。ＤＶの場合も同じことがいえるからである。以下、文言の置換を宋クリニクにお許しいただいた。

回復初期——どうやって暴力に頼らずに生きるか？

非暴力の取り組みを始めて、一年位は、イライラや不眠が続いたり不安や落込み、疲れやすく、体調も不良になりがちです。楽になりたくて自暴自棄も襲ってきます。「不安定」と「自信過剰」がこの時期のポイントです。「自分はやはりＤＶではないのではないか？」「ちょっとだけなら」と揺れる気持ちを抱えながら、ＤＶについて勉強したり、「メンズサポートルーム」「語りの会」などの自助グループを知ります。この時期を無事に乗り切るには、毎週・毎月のように脱暴力プログラムや自助グループに通うことが何よりも大切です。

《回復初期の課題》ＤＶについて知る。自助グループ（メンズサポートルームや語りの会）に出会う。脱暴力の決心をする。定期的な取り組みを続ける。心身の不調を暴力に頼らずに乗り越える。

回復中期——「非暴力」の人生を創る。

非暴力も、数年が経過すると軌道に乗り体も心も楽になってきます。生活の幅も広がってきます。けれど、脱暴力の楽しみが増える一方で、非暴力のツラサもしみじみ味わうのが、この時期の特徴なのです。家族や本人自身もＤＶの問題による、長年の疲れや心の傷がたまっており、慣れない非暴力の生活へのとまどいも、まだ完全に消え去っていません。息切れしないように、楽しんだり、リラックスする時間、家族と過ごす時間をたっぷり取って下さい。けれどもあくまでも、自助グループは生きるベースです。初期の頃ほど時間は取れないかも知れませんが、定期的に足を運び続けることです。グループ内での役割を引き受ける時でもあります。

《回復中期の課題》夫婦、親子関係の建て直し。周囲の人達との関係の建て直し。自助グループの中で役割を担う。健康なライフスタイルを作る。適切な仕事のペースをつかむ。

発展期——自分を受け入れる。

五年一〇年と脱暴力が続くと、毎日の生活にもゆとりが出てきます。この時期は、自分の体と心に目を向け、一生懸命走り続けた疲れや、つっぱった生き方の奥にある傷を癒してゆく時期なのです。自分なりの新しい生き方、新しい価値観を見出します。さまざまな人生の変化も経験するでしょう。親の死、子供の巣立ち、老後のこと……。それらを受けとめながら、自然体で生きることをつかんでいきます。自助グループでも、余裕をもって、仲間を受け入れられ、新しい仲間の姿に、かつての自分を思い出します。小さい頃の親との関係をふりかえる人もいるでしょう。そして、傷ついた自分の中の子供にも向かい合います。

《発展期の課題》自分をいたわる。新しい価値観を見出す。人生の変化を受け入れる。自助グループで初心に戻ることも忘れない。自分の中の子供を癒す。

11　DV加害男性は「変化しうる存在」

図4に示すように、脱暴力への過程で加害男性の自己意識は、「加害者性の否認」から、「罪悪感と反発」「加害の自覚と困惑」「加害自覚・克服の手応えと不安」そして「加害自覚と安定感・発展的取り組み」という段階

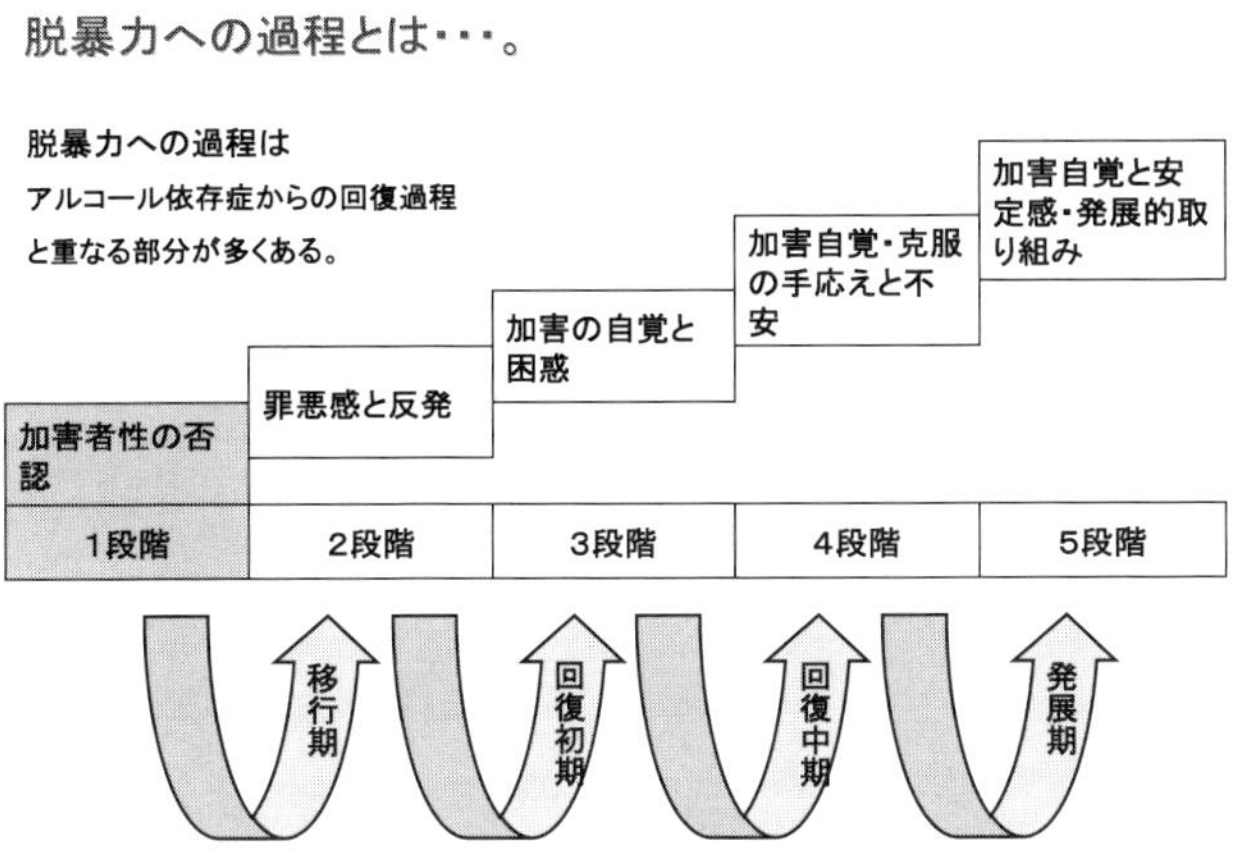

図4　回復過程

へと変化していく。また、こうした展開は、アルコール症からの回復過程、「移行期」「回復初期」「回復中期」「発展期」になぞらえることができる。

　こうしてみると、DV加害男性は、いくつかの段階を経て変化しうる存在である。そしてDV加害男性は「ししおどし」のたとえのように、ストレスを溜めて暴力に至るカラクリを有している。したがって、そのカラクリを理解しDV発生を防ぐ手だてを習得しうる存在である。また、みずからの行為・罪に苦悩する能力を持ち、苦悩に意味を見出しうる存在である。さらにまた、そのDV克服のあかつきには、自助グループの仲間を「傷ついた癒し人」として助ける存在になることもできる。

　「傷ついた癒し人」とは、「人間はそれぞれが傷をもっている、みんなどこかが病んでいる。病というのは体であれ心であれ、健やかでない部分があるということで、その自分の傷や病に気づいて癒された人間、癒しを体験した人間は、本当の意味で、他者に対しての癒し人になれるのではないか」という概念である。[13]

　筆者は、メンズサポートルームの取り組みに加わって、「脱暴力が自分には出来るんだという予測・確信（セルフ・エフィカシィ）」が大事であること、具体的なコミュニケーション能力として「感情に振り回されるのではなく適切に感情表現が出来ること（エモーショナル・リテラシィ）」や「自分の中の怒りに気づきその怒りに支配されないこと（アンガー・マネジメント）」が重要であると教えられた。

そして、グループワーク参加者が今、ファシリテーターとして自己の経験を語りつつ新来者を助けている姿に触れ、加害からの回復途上の苦悩にも意味があること、そして人間には苦悩する能力があるのだと、深い感銘を受けた。

「私は罪を犯した」だからこそ「私」に発揮できる「苦悩能力」がある。それがＤＶ加害男性を「傷ついた癒し人」へと生まれ変わらせる力なのかも知れない。メンズサポートルームのサポートとは、「自分を変えようと苦悩する」男たちをサポートすること、すなわち、加害男性の「苦悩能力」のサポートであると、筆者は考えている。

【謝辞】
末尾ながら謝辞を申し上げたい。アルコール専門医療機関宋神経科クリニックの宋龍啓院長には、アルコール症からの回復過程に関するポスターをＤＶ用語に置換して引用させて頂くご許可を頂戴した。改めて御礼申し上げ、本稿を終えたい。

（１）Ｄ・Ｊ・ソンキン、Ｍ・ダーフィ『脱暴力のプログラム』中野瑠美子訳、青木書店、二〇〇三年。
（２）http://www.geocities.co.jp/SweetHome/1026/jp-men-supportroom.html
（３）日本ＤＶ防止・情報センター編『知っていますか?ドメスティック・バイオレンス一問一答』解放出版社、二〇〇〇年、五頁。
（４）千葉征慶「ＤＶ加害男性への心理教育的グループワーク」『産業ストレス研究』一〇号、二〇〇三年、二〇五―二一一頁。
（５）夏目誠「メンタルヘルスの基礎知識」『心理相談専門研修テキスト』中央災害防止協会、二〇〇一年、八八頁。

（6）V・E・フランクル『神経症』霜山徳爾訳、みすず書房、一九六一年、三七頁。
（7）近藤裕『夫のための結婚心理学』金子書房、一九九三年、九二―一二六頁。
（8）E・マーゴリス、L・ジェネビー『サムソン＝デリラ・コンプレックス』近藤裕訳、社会思想社、一九八七年。
（9）A・パタコス『希望の見つけかた』有賀裕子訳、日経BP社、二〇〇五年、八頁。
（10）V・E・フランクル『意味への意志』大沢博訳、ブレーン出版、一九七九年、八七―八八頁。
（11）千葉征慶「『意味への意志』とスピリチャリティ」『全人的医療』四巻、二〇〇一年、四五―五二頁。
（12）千葉征慶「暴力克服のための人間観に関する一研究」『アディクションと家族』一九巻、二〇〇二年、八三―九二頁。
（13）近藤裕『こころを癒すシネマセラピー』海拓社、二〇〇〇年、一六六―一六七頁。

第二部　暴力の構造論

優しいままの暴力

森 達也

1 禅寺での修行体験

今から二〇年近く前になるけれど、禅宗の寺で半年ほど修行したことがある。

大学は出たけれど就職はせず、今で言えばニートやフリーターなどと呼称されるような生活をしていた頃だ。大学を中退してやはりアルバイト生活を送っていた友人が、その寺に住み込みで修行していたことがあり、寺で修行するなら家賃も食費も必要ないと教えられ、一度くらいは寺の生活も悪くはないかな、と考えた上での結論だった。

茅ヶ崎駅に降り立ってまずは土産の日本酒を買い、バスを乗り継いでやっと寺に着いた。玄関先で応対に現れた僧侶に、「Kさん、いらっしゃいますか?」と僕は聞いた。この人物をまずは訪ねるようにと、友人に教えられていた僧侶の名だ。応対する僧侶の表情に、微かに困惑が浮かんだ。なぜだろう? と思う間もなく、「Kは昨夜、入院したんですよ」と僧侶は言った。

「昨夜ですか?」

「どちらさまですか」

「森と言います。Kさん、なぜ入院したんですか？」

「階段を踏み外したんです。大した怪我じゃないです。森さんのことは聞いています。今日から修行は始めるんですね」

こうして寺での生活は始まった。宿泊客のために新築されたばかりらしい別館の風呂の脱衣所（他の部屋は塗装などが終わっていなかった）を、寝泊りする部屋としてあてがわれた。朝は五時に起きて一時間の座禅。それから朝食を食べてから掃除などの作務（禅寺での労務）の時間となり、昼食をとってから二時間の座禅。畑仕事などをしてから、夜はまた二時間の座禅（夕食は食べない）。そんな毎日だった。基本的に作務は何をしようが自由だが、僕は朝と昼の炊事当番を仰せつかった。でも二十代半ばの男に、料理のレパートリーなど豊富にあるはずがない。野菜と厚揚げを具にしたカレーと、天麩羅とザルうどんの組み合わせばかりを作っていた。

二週間が過ぎる頃、昼食を食べながら、ひとりの僧侶の袈裟の袖の下に、極彩色の龍がうごめいていることに気がついた。刺青だ。思わず見つめていたら、うどんを啜る手を休め、その僧侶は「若気の至りだよ」と苦笑した。

「見事ですね」

「まあ、ここに来る前はいろいろあったからね」

同じ頃、Kが階段を転げ落ちた理由は、部屋でシンナーを吸ってラリってしまったことが原因だと、別の僧侶から聞かされた。

「本当ですか？」

「もうやめましたと言っていたのにな」

週に一回は休養日だ。何人かの僧侶はこの日は夕刻から酒を飲む。ご相伴に預かっていたら、「何かつまみを作れ」と命じられた。

「でも酒の肴になるような素材はないですよね」

「冷蔵庫に入っているよ」

台所とは別の場所に置かれていた冷蔵庫の扉を開けると、貰いものなのか、きれいに包装された特上の松阪牛と、冷凍された大量の鳥の腿肉が入っていた。

三ヵ月が過ぎる頃、山梨の修行場に行くようにと、僕は方丈（住職）さんから命じられた。JR韮崎駅から車で四〇分ほど、山の中腹にあった幼稚園を寺で買い取って、修行場にしているとのことだった。着いてみれば、ここで修行をしているのは八人の欧米人だった。こうしてそれから更に二ヵ月あまり、山中の幼稚園で、僕は八人の欧米人たちと自給自足の生活をしながら座禅三昧の日々を送っていた。

欧米人たちの国籍は様々だが、寺に来る前はインドを放浪していたことは共通していた。当時はヒッピーなどと呼ばれていた彼らのあいだで、「来るものは拒まず」のこの寺のことはよく知られていて、座禅を試してみたいと来日した男たちだった。

だからジャンキーもいる。若い頃に人を殺して服役したという男もいる。生い立ちや家庭環境は様々だが、今はひたすらに座禅に救いを求めていることは共通していた。

「禅はすばらしい」

リーダー格でイギリスから来たジョージは、事あるごとに僕に言った。

「ドラッグなんてもう要らない。ナチュラル・ハイを体験できる」

「でもさ、ジョージ、その目的は信仰としては不純なんじゃないの？」

そう聞き返すと、ジョージは大仰な表情で僕に言う。

「もちろんナチュラル・ハイ自体は信仰とは別だよ。僕は今、身も心も曹洞宗に捧げている。仏教は素晴らしい。生まれてから四〇年余り、ずっと自分が何のために生まれたのかがわからなかった。何をすればよいのかもわからなかった。だから世界中を放浪した。今はわかる。僕はこうして修行するために生まれたのだ。仏陀のすばらしい教えを知り、そして広めるために生まれたのだ。座禅のナチュラル・ハイは、仏教が僕に与えてくれたささやかなご褒美さ」

南アルプスの中腹の幼稚園での生活が二ヵ月を過ぎる頃、僕はもう一度寺に呼び戻されて、そしてそろそろ社会に戻りなさいと方丈さんに諭された。

「ただ座っているだけでは、悟りなどひらけない。いろんな体験を経て、そして座り続けることで見えてくるものがある。でもね、森君はまだ、その意味では若すぎる。もう少し実社会で体験を重ねてから、またその気になったら寺に来なさい。寺は逃げないからね」

方丈さんの言葉は、もしかしたら方便だったのかもしれない。でも僕自身、そろそろ潮時かなと思っていたので、寺を出ることに抵抗はなかった。荷物をとりに南アルプスの幼稚園に戻り、ジョージや全員に別れを告げた。翌週からは半年ぶりに、四畳半のアパートでアルバイトの日々を再開した。でもしばらくは、座禅を組みたくて困った。寺からもらってきた座布（座禅用の敷物）を尻の下に敷き、一日に五回くらいは最低でも三〇分は座禅を組んでいた。一日に五回。書きながらふと思うけれど、イスラム教徒の礼拝だ。でも一ヵ月もすれば、その習慣もだんだん薄れ、座布はいつのまにかただのクッションとなっていて、やがて捨ててしまった。

それから十数年後、テレビ業界で仕事をしていた僕は、オウム真理教のドキュメンタリー番組を撮る過程で、信者たちを絶対的な悪として看做していないとの理由で制作の中止命令を受け、これに従わずに撮影を続けていたことで、契約の解除を告げられた。その後は一人で撮り続け、自主制作映画『A』として発表した。今の僕の原点には、間違いなくオウム真理教の信者たちと過ごした一年半にわたる撮影の日々があり、さらにその原点には、十数年前に過ごした禅寺での生活がきっとある。

寺に集まっていた男たちは、どちらかといえば不器用で、社会にうまく適応できなかったタイプが多い。だからこそ周囲との摩擦は大きく、ドラッグに逃げ、時には人を傷つけ、そして自分も傷ついた男たちだ。

酒が入ると途端に粗暴になる僧侶がいた。虚言癖のドイツ人がいた。関西では有名な暴力団の構成員だった僧侶もいた。父親を半殺しにしたフランス人もいた。前科三犯の僧侶がいた。

その半生は、皆一様に傷だらけだった。そしてまた、皆一様に優しかった。

2　宗教と殺戮

地下鉄サリン事件が起きたとき、「本来は人を救うはずの宗教が、人を殺めるなどとんでもない。このことからも、オウムは宗教ではないことは明らかだ」と真顔で論じる識者や知識人は大勢いた。あまりに稚拙で短絡的な考察だ。歴史の縦軸を見ても世界の横軸を見ても、信仰が戦争や虐殺と親和性が高いことは、小学生にだってわかるほどに自明なはずだ。

ならばなぜ、人を救うはずの宗教が、血生臭い殺戮と親和性が高いのか？


僕なりにその解答はある。宗教の存在意義に、このテーゼは密接に絡んでいる。

宗教を必要とするのは人間だけだ。なぜならあらゆる生きものの中で人間だけが、自らがいつかは死んで消滅することを知ってしまったからだ。

つまり宗教の最大のレゾンデートルは、死への恐怖を緩和して、自らがいつかは必ず消えるというこの絶対矛盾を、整合化することにある。人は何のために生まれたのかとの根源的な問いを、考え続ける意識を与えてくれるという意味もある。

世界には様々な宗教があるが、極楽浄土や輪廻転生の教えはほぼ共通している。つまり宗教は、死後の世界を担保することで、与えられたこの生を人がまっとうできるように、ア・プリオリにＤＮＡに付与されたシステムなのだ。

ところがこのシステムには、大きなリスクがある。生と死を等価に、あるいは時にはその価値を転換させる機能があるからだ。だからこそ信仰は、殺戮と強い親和性を持つ。ほとんどの宗教が自殺を強く禁じている理由は、死への垣根を引き下げてしまうからだ。イスラム教がこれほどに広く分布し、強い信仰に支えられている理由のひとつは、死後の世界をとても強く担保するからだ。

これが宗教の本質だ。とても危険な概念なのだ。でもだからといって、自らが死ぬことを知ってしまった人間は、今後も絶対に宗教を手放せない。ところが仏教は、この死と生の概念については、他の宗教とは少し違う。仏陀は死後の世界については、一言も口にはしていない。ただしその後、布教の過程で仏教は、死後の世界観を強く打ち出した。

日本最大の教団である浄土真宗は、第二次世界大戦時に、「罪悪人を膺懲し、救済せんがためには、殺生も亦、時にその方法として採用せらるべき」（『仏教と戦争』昭和一二年八月、本願寺計画課発行）として、この戦争を聖戦と位置づけ、積極的に協力することを門徒に呼びかけた。もう一度このフレーズを熟読してほしい。この思想はポアに繋がる。あるいはオウムが凶悪に変質した最重要な因子として取りざたされた「タントラ・ヴァジラナーヤ」をも想起させる。

ジョゼフ・スミスが創設したモルモン教は、現在ではアメリカ全人口の二・八％を占める巨大宗教だが、その初期の歴史が、夥しい殺戮に彩られていたことはよく知られている。伝道師たちは布教のために、今も数多く来日している。いかにも善良で実直そうな彼らに、話しかけられた人も多いと思う。

一向一揆もあれば十字軍もある。北アイルランドではカソリックとプロテスタントの争いでテロが頻発した。イスラエル・パレスチナ問題に、ボスニア・ヘルツェゴビナからマケドニア、チェチェンに湾岸戦争まで、宗教は常に、戦争や虐殺の重要な因子として働いている。

キリスト教福音派の敬虔な信者であるブッシュは、イスラム教の過激な僕であるビン・ラディンに報復するために、世界をテロの連鎖に巻き込んだ。

死への親和性は、宗教の本質のひとつだ。ただし自らが死ぬことを知ってしまった人類は、今後も宗教を手放せない。だからこそ個々の事例から目を背けずに、しっかりと凝視することが重要だ。人を大量に殺戮するそのメカニズムの根源に働いている駆動力は、邪悪や凶暴、野心や利権などの要素ではなく、良かれと思う善意なのだ。悪意は後ろめたさを伴う。でも善意は歯止めが利かない。だからこそ戦争や虐殺へと肥大する。すべてが終わった後に、人は焼け野原で天を仰ぐ。どうしてこんなことになってしまったのか？　と嘆きながら。

メディアが発達し、情報の流通が一昔前とは比べものにならないくらいに発達した現代だからこそ、宗教のこの負のメカニズムが大規模に働く可能性は高い。だから見つめねばならない。リスクをゼロにすることはできなくても、軽減することはできるはずだ。

3　オウムがもたらしたもの

今から八年前、つまりミレニアムである西暦二〇〇〇年は僕にとって、地下鉄サリン事件後も教団にとどまるオウム信者たちを被写体にしたドキュメンタリー映画『A2』撮影の年だった。

殴られた直後には人は痛みを感じないことが多い。アドレナリンとかドーパミンとかセロトニンなどの脳内物質の働きなのかどうかはわからないけれど、腫れあがったり痛みを感じたりするのは、往々にして一晩が過ぎた翌朝だ。つまりタイムラグがある。

そしてどうやらこの法則は、オウムという異物に突然の攻撃を受けたこの社会についても同様だったようだ。前述の『A』を発表したのは一九九八年。撮影時期は一九九五年から九七年にかけて。つまりサリン事件の直後だ。この時期の日本社会は、宗教集団による世界で始めてのケミカルテロという事態に混乱しきっていた。要するにパニック状態だったといってよい。事件が起きた時点で僕はテレビ業界にいた。フリーランスのディレクター。スタンスとしては、自分で企画を立ててテレビ局のプロデューサーにプレゼンテーションをして、採用されれば仕事になるというポジションだ。だからメディアの狂乱状態は他人事ではなかった。テレビについていえば、とにかくオウムの特番ばかりが毎日続き、通常の編成がほとんど成り立たない日々が続いていた。言い換えればオウム以外の企画は、まず陽の目を見ない状態が何ヵ月も続いていた。もちろんテレビだけではない。新聞はオウムが連日一面を占め、号外も頻繁に発行された。雑誌はやはりオウムがらみの臨時増刊号ばかり。しかもこんな状態がとても長く続いた。確かなデータを確認したわけではないけれど、この数年後に起きる北朝鮮の拉致問題報道の、数十倍の騒ぎだったと思う。『A』を撮ったのはそんな時期だ。

『A2』のクランクインは一九九九年。事件からは四年が過ぎている。当然ながらこの社会は冷静さを取り戻しているはずだ。でもその推測については、撮影を続けながら僕は軌道修正せねばならなかった。確かにパニック症状からは脱していた。でもオウムに対しての憎悪と嫌悪は、事件直後よりははるかに濃密になっていた。

僕は今、千葉県の我孫子市に住んでいる。徒歩で五分ほどの場所に市役所がある。そしてこの市役所の玄関には、つい先日まで「オウム（アレフ）関係者の住民票は受理しない」と記された大きな看板が置かれていた。周辺の柏や流山、野田市なども同様だ。施設を追い出されたオウム信者たちが流れ着いてくるとの噂があった千葉や埼玉のこの地域では、ほとんどの自治体における行政機関の玄関には、この拒絶のフレーズが記されたサインボードが、当然のように置かれていた。我孫子市の場合は市役所だけではなく図書館にも「オウム関係者は入館を認めない。閲覧も許可しない」などと記された標示があった（どうやってオウム信者であることを見抜くのだろうと思っていたけれど）。

説明するまでもないとは思うが、この国の憲法は信仰の自由を認めている。居住する場所を決める自由も認めている。でもこのサインボードに記されたフレーズは、その重大な基本的人権を侵害することを、行政機関が堂々と宣言していることを示している。

オウム信者の排斥を宣言する看板が日本のあちこちの自治体に置かれ始めたのは一九九九年あたりから。施設の解体と住民票不受理の問題は、この頃から表面化し始めていた。

つまりこの年は、オウムによって喚起された不安や恐怖が、様々な意味で形になり始めた年であるといえるだろう。だからこそこの年の国会では、「有事法制ガイドライン」や「通信傍受法」、「住民基本台帳法」に「国旗国歌法」など、その後にいろいろと運用をめぐって大騒ぎになる法案が、実にあっさりと通過している。たぶん地下鉄サリン事件以前なら、このどれひとつをとっても、国会が大紛糾して解散しても不思議はないはずの法案だろう。

少年が凶悪化しているとの前提で、少年法改正の声が高まり始めたのもこの時期だ。刑事罰を科せられる年齢は一六歳以上から一四歳以上に引き下げられ、一六歳以上が故意に人を殺した場合は、原則として家庭裁判所から検察官に送致（逆送）され、起訴されれば成人と同じ裁判を受けることになった。触法精神障害者の処遇を決める精神保健福祉法が変えられたのもやはり同時期だ。

つまり厳罰化。こうして日本は、殴られて一晩が過ぎた翌朝である一九九九年あたりから、その内実を徐々に変えてゆく。

一九九九年のこの時期、僕は『A2』を撮影していた。日本各地にオウム施設が点在していたために、カメラを手に、いろんな場所を訪ね歩いた。

作品のひとつの要になる地域は、倒産した印刷会社の施設と寮に、一〇〇名近い信者が暮らしていた群馬県藤岡市だ。藤岡市と地域住民は監視団を作り、施設脇にはプレハブの監視小屋を作り、信者たちの施設への出入りや動向に、やはり臨時の派出所を施設脇に設置した警察以上の目を光らせていた。

その施設近辺の細い路地を、僕は一人の男性信者と肩を並べて歩いていた。施設が近づいてきたとき、道の脇の小さな石碑が、ふと視界に入った。雨風に晒されてはいるが、刻まれた「慰霊碑」の文字はかろうじて読み取れた。何となく立ち止まった僕に、振り返った彼は「ああそれね」と、小さくつぶやいた。

「それね、朝鮮人たちの慰霊碑なんだそうです」

「朝鮮人？」

「関東大震災のとき、朝鮮人がたくさん殺されたじゃないですか。この地域は特に虐殺が凄かったらしいんです。やっぱり余所者に対しての排外意識が強いところなんでしょうか」

確かに藤岡市の信者に対する排斥運動は、他の地域に比べても突出して激しかった。施設の窓ガラスは投石によって割られたままだ。住民から暴行を加えられたという信者も複数いた。荒木浩広報副部長がこの施設を訪ねたとき、住民たちに車を包囲されてキーを抜かれ、タイヤは何かを刺されてパンクした。

僕はカメラを構える。慰霊碑のすぐ脇にしゃがみ込んで、その風化しかけた文字にピントを合わせる。

「私も最近まで、そんなことが昔あったなんて知らなくて、その慰霊碑を見たときは、他人事じゃないなあと思って、ちょっとぞっとしました」

訥々と語る彼に、僕はレンズを向ける。

「ぞっとしたって？」

「……もしもあの時代だったとしたら、私たちも全員、殺されていたかもしれませんよね。そう思えば、この時代でまだ幸運です」

僕は立ち上がる。立ち止まったままの二人を不審に思ったのか、施設前の臨時派出所の中から二人の警察官が現れて、じっとこちらを眺めている。その視線に気づいた彼が、「早く行きましょう」とつぶやいた。

4　関東大震災の悲劇

一九二三年九月一日、関東地方を未曾有の地震が襲い、多大の被害があった。家屋は崩壊し、火災は至るところで起き、犠牲者の数は一〇万人あまりと言われている。日本の近代史においては未曾有の天災だ。

震災発生から数日後、「不逞鮮人が井戸に毒を投げ込んでいる」、あるいは「家々に火をつけている」などの噂が飛び交い始めた。震災から三日が過ぎた九月四日、大阪朝日新聞は見出しに「各地でも警戒されたし　警保局から各所へ無電」と記した以下の記事を掲載した。

「神戸に於ける某無線電信で三日傍受したところによると、内務省警保局では朝鮮總督府、呉、佐世保両鎮守府並に舞鶴要港部司令官宛にて目下東京市内に於ける大混亂状態に附け込み不逞鮮人の一派は随所に蜂起せんとするの模様あり、中には爆彈を持つて市内を密行し、又石油罐を持ち運び混雑に紛れて大建築物に放火せんとするの模様あり、東京市内に於ては極力警戒中であるが各地に於ても嚴戒されたし」

この記事からも明らかなように、情報の出所は内務省だ。『歴史の真実／関東大震災と朝鮮人虐殺』（現代史出版会）の資料編によれば、震災翌日の九月二日には、船橋の海軍無線送信所から「付近鮮人不穏の噂」との打電が、早くもあったことが記録されている。さらにその翌日の九月三日午前八時過ぎ、内務省警保局長から全国の「各地方長官宛」に、「東京付近の震災を利用し、朝鮮人は各地に放火し、不逞の目的を遂行せんとし、（中略）鮮人の行動に対しては厳密なる取締を加えられたし」との通達がなされている。

「神戸に於ける某無線電信で三日傍受したところによると」に始まる前述の大阪朝日の記事は、明らかにこの内務省警保局長の打電を下敷きにしている。

いずれにせよ各新聞は、内務省からのこのリークの内容を吟味することなく報道し、被災した住民たちは恐怖に駆られ、「やられるまえにやれ」とのセキュリティ意識が発動した。各地の自警団などを中心に、猟銃や竹ヤリ、鋤や鍬などを携えた男たちは、「朝鮮人狩り」に躍起になり、六〇〇〇人以上の朝鮮人が殺された。軍部の関与も多少はあったようだが、血眼になって朝鮮人を捜し求める男たちのほとんどは、一般の住民たちだった。ならば内務省はなぜ、震災直後の混乱時に、「不逞鮮人蜂起」などというデマを流したのだろうか。

震災四年前の一九一九年、日本からの独立を呼びかける運動が朝鮮全土に広がり、この年の三月一日には、半島各地で民衆による示威運動が展開され、朝鮮総督府は軍隊を投入してこれを鎮圧した。いわゆる「3・1朝鮮独立運動」だ。この際に多くの朝鮮人が殺されており、政府首脳や軍部は、強制徴用した朝鮮人たちの報復に脅えていた。

ただし脅えの対象とされたのは朝鮮人だけではない。この一年前の一九一八年には、米価高騰に抗議する米騒動が起きており、九万人規模の軍隊を投入してこれを鎮圧した寺内正毅内閣は、結局はこの騒動の責任を問われて総辞職している。

時代はまさしく大正デモクラシーの真只中だ。一九一〇年には幸徳秋水らを中心にした大逆事件も起きており、アナキストや社会主義者への弾圧は激しくなっていた。こうして世情の不安が飽和しかけたとき、震災が勃発し、政府首脳や軍上層部の脅えを燃料にした危機管理意識は、内務省を媒介にしてメディアに伝播され、メディアはこれを喧伝し、そして人々は、武器を手に、朝鮮人狩りに狂奔した。

一九二三年九月六日、震災から六日が過ぎたこの日、千葉県葛飾郡福田村（現野田市）の利根川沿いで事件は起きた。大八車に日用品を積んだ一五人の行商人の一行が、福田村三ッ堀の渡し場に近い香取神社に着いたのは、午前一〇時ごろと記録されている。

この行商人の一行は五つの家族で構成されていた。一人が渡し場で渡し賃の交渉をするあいだ、足の不自由な若い夫婦と一歳の乳児など六人は鳥居の脇で涼をとり、一五メートルほど離れた雑貨屋の前で、二〇歳代の夫婦二組と二歳から六歳までの子供が三人と、二四歳と二八歳の青年二人が床机に腰を下ろしていた。渡し賃の交渉が始まってすぐに、渡し場が殺気だった。「言葉が変だ」と船頭が叫び、半鐘が鳴らされ、駐在所の巡査を先頭に、竹やりや鳶口、日本刀や猟銃などを手にした数十人の村の自警団が、あっというまに集まってきた。

「日本人か?」
「わしらは日本人じゃ」
「言葉が変だ」
「四国から来たんじゃ」

そんな会話があったと生存者は証言している。一行は命じられるがままに君が代を唄ったが、それでも殺気だった男たちは納得しない。巡査が本庁の指示を仰ぐために現場を離れたとき、突然男たちは行商人の一行に襲いかかった。乳飲み子を抱いて命乞いをする母親は竹やりで全身を突かれ、男は鳶口で頭を割られ、泳いで逃げようとした者は小船で追われて日本刀でなます切りにされた。

惨劇はしばらく続き、雑貨屋の前にいた九人は全員殺された。そのうちの一人は妊婦だった。鳥居の側で茫然と事態を見つめるしかなかった六人は、針金や縄で後手に縛られ、川べりに引き立てられた。乳児を抱いたまま縛られた母親を後ろから蹴り上げながら、一人の男が「川に投げ込んじまえ！」と叫ぶ。呼応した自警団の面々が縛りあげられたままの六人を川に投げ込もうとしたとき、馬で駆けつけた警官が事態を止めた。河原には女子供を含む九つの惨殺死体が転がり、厳しい残暑の日差しに照らされていた（死体はこの時点ですべて川に投げ込まれていたとする史料もある）。

現場は福田村だったが、襲撃したのは同村と隣の田中村（現柏市）の自警団だった。数十人いたと見られる自警団のうち、八人だけが殺人罪で逮捕されるが、昭和天皇即位に伴う恩赦ですぐに全員釈放される。取調べの検事（弁護士じゃない。彼らを告発すべき役割の検事だ）が、「加害者たちに悪意はない」と新聞に語り、弁護費用は村費で負担され、加害者の家族には見舞金まであてがわれた。主犯格の一人は出所後村長になり、後に町村合併後は市議にも選ばれた。

これだけの虐殺なのに事件そのものや刑罰の軽さを問題視する人もほとんどなく、マスコミもなぜか事件究明については及び腰だった。不思議なことに被害者の遺族からも抗議や裁判への不満はほとんどなく、現場には慰霊碑すら建立されず、こうして福田村事件はいつしか歴史の闇に葬られ、思いだす人すらいない時代が何十年も続いてきた。

虐殺された行商人の一行は、全員が香川県三豊郡内の被差別部落の出身者だった。仕事を自由に選択できない彼らにとって、行商は大事な生業だ。加害者側である野田市はもちろん、被害者や遺族の地元の香川でも、この事件がまるでなかったことのように扱われた背景には、おそらくこの事実があったからだろうと僕は推測する。在日朝鮮人への差別意識に被差別部落への差別意識が重なった。だから声高になれないのだ。

あまりにも悲惨すぎる。でも同時に考えなくてはならない。虐殺の加害者は普通の村民たちだった。家族を愛し、隣近所の付き合いを大事にし、時には義憤に燃え、時には涙を流す、そんな市井の心優しい人たちが何十人もの集団となって、乳飲み子を抱いて命乞いをする母親を竹やりで息絶えるまで突き、逃げる子供に猟銃の照準を向け、呆然と立ち尽くす若者の脳天に背後から鳶口を突きたてた。七八年前、この光景は関東中で繰り広げられ、六〇〇〇人余りの命が犠牲となった。危機管理の意識は、これほどにあっさりと暴走する。

5　暴走する暴力——善と悪との融解

テレビ・ドキュメンタリーとして始まった『A』が、撮影二日が過ぎた段階で、テレビメディアから排除されたことは前述した。でもそのときに僕は、この作品の何がテレビ放送に不向きと考えられたのか、その理由を明確にわかっていなかった。

今ならわかる。なぜなら『A』や『A2』を観た観客のほとんどが、まずは「オウム信者があれほどに普通だとは思わなかった」と口を揃えるからだ。確かに彼らは普通だ。狂暴で凶悪な要素など欠片もない。おそらくは僕ら以上に、善良で優しくて純情な人たちだ。

でも彼らオウム信者が普通であることは、マスメディアでは当事（もしかしたら今も）、絶対に表出できないレトリックだった。

なぜならマスメディアがオウム信者を描写するとき、そこには二つのレトリックしか許されていない。

1、彼らは狂暴凶悪な殺人集団である。

2、彼らは、麻原に洗脳されて自分の感情を失ったロボットのような不気味な集団である。

オウムはこのどちらかでなければならなかった。なぜなら彼らが僕たち以上に普通であることを呈示することは、テレビの前の視聴者にとっては、善と悪との境界が融解することを示すからだ。悪い人と犯罪行為。社会はこの二つを等号関係で結びたいと欲望する。なぜならそう考えたほうが楽なのだ。あれほどに悪いことをする人は悪い奴であってほしい。社会はその構図を思い描きたい。その前提がもしも成り立つのなら、悪い人をこの社会から切り離すことで、この社会は安全性を獲得し続けることができるからだ。

でも現実にはそうではない。

オウムの信者は優しい。優しいからこそ彼らは、この世界の抑圧や不正に対して、不感症ではいられなかった。何とかせねばと考えた。そこに宗教の生と死とを転換する機能が介在した。こうなると暴走が始まる。優しくて穏やかなままで、人は少しずつ加速する。

草原に暮らす多くの草食動物は群れを作る。シマウマなどは数十匹の単位だけど、河を渡ることで知られるヌーなどは、何万匹もの群れで生活する。

そして一匹が走り出したとき、群れ全体が走り出す。つまり暴走だ。カモシカもヌーもバッファローもトムソンガゼルもシマウマもこれをやる。最初の一匹が走り出した理由はわからない。というか何でもよい。草食動物だけではない。イワシやサンマも群れを作る。ハトやカモもそうだ。群れを作り、全体が同じように行動する。一つの個体が走れば全ての個体がそれに同調する。

なぜなら彼らは弱いからだ。強い動物は群れる必要がない。彼らは弱いから群れる。群れの周囲は天敵だらけ。いつ襲われるかわからない。だから一つの個体が走れば全ての個体がそれに同調する。ぐずぐずしていたら自分だけが天敵に食い殺される。最初の個体が走り出した理由は、実際にライオンが近づいていたからかもしれない。でもそうとは限らない。足もとでバッタが跳ねたのかもしれない。ふと走ってみたくなっただけなのかもしれない。それはもうわからない。きっかけが何であるかは意味がない。とにかく全体が暴走する。

彼らはそんなふうに生まれついている。

人もまた弱い。進化の過程で鋭い爪や牙を失った。多くの草食動物には角や速い足があるけれど、人にはそれすらない。徹底してひ弱な生きものだ。

だから人も群れて生きる。つまり共同体。もしも人がもっと強靭な肉体と鋭い牙や爪をもっていたならば、群れる必要はない。それぞれは野に散らばり、勝手に生きて、勝手に交尾して、勝手に子孫を残して死ぬだろう。でも人はそんな生涯を選択しなかった。

地縁や血縁などのまとまりによって発祥した初期の共同体は、やがて有機的に結びつき、ひとつの社会を形成し、さらには文明を誕生させた。こうして人は繁栄の時代を迎える。爪や牙や筋肉を失いながらも、発達した知能と二本の手によって、銅や鉄を材料に様々な道具や武器を考案した人は、いつのまにか地球上で最強の動物となっていた。

天敵はもういない。オオカミもライオンも怖くはない。でも群れで暮らす動物としての強い警戒心は、不安や恐怖の感覚として遺伝子に刷り込まれている。つまり鋳型がある。だからこの凹みに何かを嵌め込みたくなる。つまり敵を探したくなる。

いちばん強くて危険なやつは誰だ？　敵を探すため、人は思わず周囲を見渡す。そして発見する。

人だ。

こうして人は、違う群れ（共同体）に暮らす同族（人）を、仮想敵として警戒するようになった。たとえば肌の色が違う共同体。言語が違う共同体。違う神を敬う共同体。差異は何でもよい。何かが違えばよい。何かをきっかけに、違う共同体に対しての警戒心が極度に高まったとき、人は家族や同胞、恋人や自分を守るために、この仮想の敵を攻撃する。きっかけは何でもよい。ハルノートかもしれないし、第一次世界大戦における莫大な補償かもしれないし、ファシズムの脅威かもしれないし、バッタが足もとで跳ねたのかもしれないし、コミュニズムの脅威かもしれない。関東軍に対してのシビリアン・コントロールができなくなったのかもしれないし、トンキン湾で自国の船が攻撃されたとのデマを誰かが利用したのかもしれないし、イスラエルに対しての反感かもしれないし、ありもしない大量破壊兵器がどこかにあると思い込んだのかもしれないし、アメリカの無邪気すぎる自由と民主主義を邪悪な西欧文明の押し付けと思い込んだのかもしれないし、軍需産業が少しだけ従業員のベースアップを図ろうとしたのかもしれないし、誰かがくしゃみをしたのかもしれない。

哀しいけれど、人は場に順応するようにできている。誰かが走ると自分も走りたくなる。誰かが脅えれば自分も脅えてしまう。誰かが誰かを攻撃していたら、自分もその多数派のほうに身を置いて、その誰かを攻撃したくなる。

人はそういうふうにできている。そして敵を探す。敵がいない状態が不安なのだ。

いずれにせよ、戦争や虐殺はこうして起きる。そして戦争や虐殺の数だけきっかけはある。その一つひとつを吟味して、背景や由来やメカニズムを検証しようとしても空しい。空しいことがわかるだけの価値はある。でも空しい。なぜなら暴走のきっかけは、いつも些細なことだからだ。

熱力学という学問のジャンルに相転移という現象がある。例えば水は氷と水蒸気の状態がある。つまり液体と固体と気体。これが相転移。それぞれの形状やふるまいは、別の物質であるかのようにまったく違う。でも水の分子一つひとつは変わっていない。二つの水素原子と一つの酸素原子が結びついた状態で、水は液体や固体や気体になる。

零度の状態で水は固体でもあり液体でもある。どちらの状態もありうる。これを臨界という。この臨界状態のとき、ちょっとした些細な刺激で相転移は急激に始まる。つまりちょっと指先で容器を突くだけで、水は氷になったり水に戻ったりする。

相転移は物理現象だけに限らない。蝶の幼虫がサナギになって羽化する過程も相転移だ。あらゆる局面にこの現象はある。そして共同体における人の営みにも。

一人ひとりはまったく変わっていないのに、ちょっとした刺激や何かの弾みで、全体はまったく違う相になる。たとえば昨日までは多くの人に尊敬され、もてはやされたりしていた人が、一夜明けると凄まじいバッシングの標的になっていたりする。最近の日本社会はそんな実例がとても多い。これはまさしく相転移であり、一種の暴走でもある。

集団がこのような状態になったとき、これに逆らうことは難しい。なぜなら一人だけ周りと違うとしたら不安だからだ。

人は不安に弱い。群れで生きることを選択したからこそ、周囲と異なる動きをすることが怖いのだ。そしてこの国に生きる人は、なぜかその傾向が強い。周囲の大多数に自分を合わせようとする。山本七平言うところの空気。同調圧力が強いとの見方もできるし、集団への帰属意識が強いとの見方もできる。

その結果、人は人を殺す。とても簡単に。悪意は必要ない。残虐さや狂暴さも不要だ。普通のままでいい。優しくて常識的で善良であればあるほど、人は不安や恐怖を大きく抱えてしまう。そして家族を守りたいと思う。愛する人を守りたいと思う。同胞を守りたいと思う。

こうして人は人を殺す。優しいままに。

6　イエドヴァブネの悲劇

四年前、僕はポーランドのイエドヴァブネを初めて訪れた。日本でこの地名を知る人はたぶん多くはない。でも僕にとっては、一度絶対に訪れてみたい場所だった。『A』を作ってから、僕はずっと、人は優しいままに人を殺すということを考えている。そしてその視点がもたらす仮説が、まさしくひとつの重い現実として、この小さなのどかな村で過去に起きたからだ。

小さな村だ。顔を上げれば、青い空が広がっている。村外れの麦畑のすぐ側に、その慰霊碑はあった。焼け焦げた太い木の柱に立てかけるようにして、やはり木材で作った六芒星（ダビデの星）が転がっている。木の柱の一部はコンクリートで、そこにはヘブライ語が刻まれている。

慰霊碑の敷地は五〇坪ほど。ここで六五年前、これ以上ないほどの地獄絵図が展開された。

発端は、ニューヨーク在住のポーランド人歴史学者で社会学者、そして政治学者でもあるヤン・トマシュ・グロス教授が二〇〇〇年二月に発表した報告記事だった（すぐ後に『隣人——イエドヴァブネのユダヤ人村絶滅の歴史』として本が出版された）。グロスの報告を受けて、ポーランドの主要紙である『ジェチュポスポリタ』紙が、二〇〇〇年五月五日に、イェドヴァブネに関するショッキングな記事を掲載した。

第二次世界大戦が始まった頃、ポーランドはドイツとソ連に分割統治されていた。イエドヴァブネを含む西半分は、ソ連の占領地となっていた。しかしこの地にナチスドイツが侵攻した一九四一年、人口二四〇〇人の小さな村イエドヴァブネに居住していた約一六〇〇人のユダヤ人が、教会の納屋に押し込められて生きたまま焼き殺された。ナチスドイツの仕業だと誰もが思っていた。しかしそうではなかった。

実際にこの虐殺に加担していたのは、この村に居住していたポーランド系の住民たちだった。この顚末を僕が知ったのは、二〇〇二年九月に放送されたNHKスペシャル「沈黙の村――ユダヤ人虐殺・六〇年目の真相」を見たからだ。ポーランド政府は事実関係を調査して、ポーランド系住民の加害事実を全面的に認め、ユダヤ人団体に謝罪した。

「沈黙の村――ユダヤ人虐殺・六〇年目の真相」は、今はこの村を出たひとりの男を主要な被写体にしていた。数年前に他界した彼の父親は、虐殺の中心人物の一人だった。少しずつ明らかになる事実に彼は苦悩する。あの優しかった父親が、なぜ虐殺に加担したのかと思い悩む。ユダヤの子供たちを火に投げ込んだその手で、帰宅した父親は自分や幼い兄弟を抱きしめていたのかもしれないと苦悩する。

ポーランド系住民たちがユダヤ系住民を攻撃した理由は、今のところはまだ明確ではない。僕が訪ねたとき、季節は初夏だった。いかにも東欧らしいのどかな田舎町だった。街角で見かけた何人かの老人たちに、僕はかつての虐殺について訊ねてみた。老人たちは皆、顔をしかめて歩きすぎた。それはそうだろう。彼らにとっては封印したい記憶であることは理解できる。

村の中心には大きなモニュメントがあった。村の歴史が刻まれていた。旧ソ連に支配されていた時期は、おおぜいの男たちが強制労働に狩り出されていた。そのときにユダヤ系住民たちの中には、旧ソ連のスパイのような活動をしていた者もいたようだ。

真相はもうわからない。いずれにせよこうして、ポーランド系住民たちの危機意識は上昇した。ユダヤ系住民たちを殺さないことには、自分や自分の家族たちの安全が脅かされると考えたのだろう。その意味では、とても普遍的な現象だ。

麦畑のすぐ傍の慰霊碑は、最近になって建て直されたものだ。かつてはこの場所に、ポーランドの退役軍人会が追悼の碑を設置していた。そこには「ユダヤ人住民の処刑の場所。一九四一年七月一〇日、ゲシュタポとナチの憲兵が一六〇〇人を生きたまま焼き殺した」と刻まれていたという。

殺したのは悪の存在だと思いたい。でもそうではない。普通の男たちだ。

最近の調査では、イェドヴァブネだけではなく、他のラジウフやヴォウソシ、ヴィズナなどの町でも、ユダヤ人の集団虐殺は行われたらしい。

7　僕らは皆、殺戮者の末裔か

あらためて思う。被虐と加虐は連鎖する。ホロコーストでユダヤ人は六〇〇万人が殺された。でもその後、約束の地からパレスチナ人を追い出して、ユダヤ人の手によって建設されたイスラエルは、周辺の中東諸国に様々の軍事的圧力を加え、パレスチナ系住民に対しては過酷な迫害を続けている。

なぜなら怖いからだ。

人は他者に対する不安と恐怖を遺伝子に刻印された。さらに自分がやがて死ぬことまで知ってしまったことで信仰を手放せなくなり、その結果として、死と生の価値が時おり逆転する。だから人は人を殺す。優しく穏やかなままで。

でも人は同時に、その矛盾に対して葛藤できる生きものでもある。学習する能力も与えられている。不安や恐怖が発動する理由は明らかだ。わからないからだ。ならば知ればよい。何を知ればよいか。帰属する共同体は違っても、皮膚や目の色や言語や宗教が違っても、一人ひとりの人はそれほど違わないということを。この世界には様々な民族が存在しているけれど、体温は実のところ皆変わらないということを。

朝鮮人犠牲者の慰霊碑から僕は顔を上げた。カメラのスイッチを切って周囲を見渡せば、傍にいたはずの男性信者の姿がない。慰霊碑の撮影に没頭していた僕を待ちかねたのか、先に施設に行ってしまったようだ。

結局このシーンは、『A2』本編からは削除した。

震災後、警察に保護を願い出た朝鮮人は大勢いたが、関東各地ではその保護された朝鮮人を狙っての警察襲撃が相次ぎ、ここ藤岡市でも、警察に保護されていた一七人の朝鮮人が、市民によって引きずりだされ、惨殺された。鋸で首を轢かれた朝鮮人もいたという。腹を割かれて殺された妊婦の記録もある。

映画『A2』では、彼を含む信者と、藤岡の住民たちとの交流がストーリーの大きな柱となる。殺戮者たちの末裔は、皆、気のよいオジサンたちだった。当たり前だ。この地の人たちが特に残虐なわけではない。僕らは皆、殺戮者の末裔だ。言い換えれば僕らもまた、条件さえ整えば、大量殺戮者になれるのだ。

参考文献

関東大震災五十周年朝鮮人犠牲者追悼行事実行委員会編『歴史の真実／関東大震災と朝鮮人虐殺』現代史出版会、一九七五年。
千葉福田村事件真相調査会『福田村事件の真相』二〇〇一年。
高橋秀寿・西成彦編『東欧の20世紀』人文書院、二〇〇六年。

米国プロパガンダ・ポスターにみるナショナリズムとジェンダー

北原　恵

1　はじめに――戦意高揚とジェンダーの政治学

二〇世紀は、戦争の世紀、メディアの世紀であったという。戦争という最大の暴力に人々はどのようにして駆り立てられてきたのか、戦争を肯定し、敵を憎む意識はいかに生み出されてきたのか。第二次世界大戦におけるプロパガンダの主役が映画やラジオであったことはよく知られているが、第一次世界大戦でのそれは、一九世紀からの美術の伝統と新しい工業印刷技術を融合させたポスターであった。

本稿は、第一次世界大戦期のプロパガンダ・ポスターをジェンダーとエスニシティ、およびナショナリズムの視点から分析するものである(1)。この時期のポスターを調べてみると、男性を軍隊に集めるための募兵や戦時国債の資金集めや、傷病兵への救援、銃後の労働への参加・協力、敵への憎しみや自国民への愛国心の喚起など、様々な目的があったことがわかる。そして、それらの多くはジェンダーの政治学を利用して、大衆にアピールするように図像化されていた。

一例を挙げよう。

図1は、一九一七年から参戦したアメリカ陸軍のポスター「入隊せよ　きみはこの窓のどちら側に立つのか？」（Laura Brey作）である。窓の内側では蝶ネクタイをつけたスーツ姿の男性が、窓の外で銃を肩に行進する兵士たちを内側からじっと見つめている。一方、窓の外は明るく、大義を表わす大きな星条旗が兵士たちの頭上にはためいている。これに対して内側は暗く、外を向く男の顔をわずかに光が照らすのみである。このように、窓を境界として、外／内、入隊／非入隊、軍服／私服、明／暗、動／静、多数／一人、星条旗（大義）／募兵の文字が、ひとつの画面のなかで対照的に描き分けられている。この対比が、臆病を示唆する内側の「軟弱な」女性領域に隠れるかのようにたたずみ孤立した男性に対して、場違いな恥の感覚を呼び覚まし、外のパブリックな男性領域こそが、「男らしい」おまえの居場所なのだと、外へと追い立てるのである。[2] 大義のある「外」を公的空間（男性領域）とし、「内」を私的空間（女性領域）とするジェンダー規範が、このポスターを成立させ意味を与えている。しかも、外では多数の若者たちが、家の中の男には目もくれずに規律正しく黙々と同じ方向へと行進を続けている。それは、激変する社会のなかで変化に乗り遅れるのではないかという人々の不安感を巧みに突くものだった。

では、女性空間に女がいるとどうなるのか？　図2は、第一次世界大戦が始まってまもない一九一五年、英国で作られた「英国の女たちは言う、行け！」（E. Kealey作）というポスターであるが、今度は、窓の内側にいるのは、女子どもである。女は夫や息子にすがりつくことも泣くこともせず、毅然とした表情で彼らを戦場に送り出し、幼い子どもを守って家庭の中にいる。家の内部であっても外の世界と同様、明るく描かれたこのような戦争に協力的な家庭は、決して臆病者の空間ではない。

プロパガンダ・ポスターでは迷う男に対して、おまえは真の男か／女か、敵か／味方かと迫るだけではない。カナダの募兵のポスターでは、背景のない空間にいる男に「あなたは例外ではない。さあ入隊しよう」と誘いかけている（図3）。そして、迷う彼がいよいよ一歩を踏み出すのは、「弱い女・子どもを守るため」である。「海

図2　E. Kealey「英国の女たちは言う、行け！」1915年、英国

図1　Laura Brey「入隊せよ　きみはこの窓のどちら側に立つのか？」1917年、米国

図4　James Montgomery Flagg「海兵隊に伝えよう！」制作年不明、米国

図3　「あなたは例外ではない。さあ入隊しよう」制作年不明、カナダ

兵隊に伝えよう！」（James Montgomery Flagg作）という募兵ポスターでは、敵が女子どもを殺す新聞記事を見るや、義憤に駆られた男が帽子を地上に叩きつけ背広を脱ぎ捨てて兵士になる瞬間が描かれている（図4）。このようにここで挙げた例はアメリカ、カナダ、イギリスと国が異なるにも関わらず、募兵のための視覚の文法は驚くほど似通っている。いずれも日常生活にみる「男らしさ」「女らしさ」のジェンダー規範に則り、その規範から外れることへの恐怖を利用したものであることが指摘できよう。

当時、アメリカ合州国の典型的な兵士は、「二一歳から二三歳の、白人で、独身の、そして教育程度の低いたいていは高校に通っていなかった召集兵」であり、「おそらく一八パーセントもが外国生まれで、四〇万人が黒人」だった。(3) つまりポスターのターゲットとなった若者は、蝶ネクタイとスーツ姿で表わされる男性よりおそらく低い階層だったと考えられる。アメリカ陸軍のポスター「入隊せよ　きみはこの窓のどちら側に立つのか？」に登場する蝶ネクタイ姿の男性の姿の意味は、単にドメスティックな女性空間にいるために場違いな感情を呼び覚ますだけでなく、自分の所属する階級とは相容れない中・上流階級や貴族的なにおいを発散する文化に対する違和感や反発も呼び起こし、入隊を期待される男たちにアピールしたのではないだろうか。

第一次世界大戦は、初めての世界規模の戦争であり、銃後の支援が鍵となる総力戦であった。飛行機や戦車が出現し、機関銃や毒ガスが使われ、泥沼の塹壕戦に入った戦争は人々の当初の予想を越えて長期化した。モンロー主義を掲げていたアメリカが、一九一七年四月、ドイツに宣戦布告して参戦し、徴兵制をしき二〇〇万人の軍隊をヨーロッパへ送ったことによって（五万人戦死）、形勢は一挙に連合国側に有利になり、翌年ドイツは降伏した。(4) アメリカは戦後、世界経済・国際関係の中心となり、大量消費・大量生産の時代に入っていく。一九世紀末から二〇世紀初めにかけてアメリカの社会は、移民が急増し、社会主義勢力の伸張や階級間の争いが激しさを増し、新しい女の登場や女性参政権運動の隆盛など大きな変化の最中にあった。

一方、メディアにおいては、一九世紀後半にはすでに発明されていた多色石版技術の普及や、大型印刷機の登場によって近代ポスターがパリで花開き、新しく誕生したばかりの映画や写真よりも、ポスターがコミュニケーションの花形として大衆文化のなかで流通していた。(5) アメリカ合州国では、イラストレーションは黄金期であり、雑誌や印刷文化が隆盛を極めていた。二千万枚以上刷られ、二五〇〇種が街に貼り出された戦争ポスターには、のちの戦争にも引き継がれるプロパガンダ・ポスターの原型を見ることができる。第一次世界大戦期のプロパガンダ・ポスターについては、海外ではアメリカ合州国議会図書館のコレクションなどが知られているが、国内では二〇〇六年にウェブ上で一般公開された東京大学大学院情報学環所蔵の六六一枚のポスターがある。本稿では、東京大学大学院情報学環の所蔵する六六一点の第一次世界大戦期のプロパガンダ・ポスターのうち圧倒的多数を占めるアメリカの五百点余のポスターに焦点を当て、女性や男性イメージ、敵のイメージなどをジェンダーやエスニシティの視点から表象分析したい。(6)

2　WWIポスターに見る〈女〉の表象——女性イメージの分類と役割

第一次世界大戦期（WWI）の戦争ポスターは、募兵や戦時国債の資金集め、傷病兵の救済、銃後の労働への参加・協力、敵への憎悪・愛国心の喚起などを主な目的として制作された。英国やドイツなどと比較するとプロパガンダ・ポスターの表象にはそれぞれ国によって特徴があることがわかるが、米国のポスターに現れる女性像は、次の六種に類型化できる。①女神、②母・妻・娘という家庭人、③赤十字の看護婦、④看護職以外の戦争支援職、⑤銃後の女性労働者、⑥セクシーガール、である。

まず、ポスターを概覧して気づくのは女神が頻繁に姿を現すことである。アメリカの象徴である「自由の女神」や「コロンビア」、イギリスの「ブリタニア」、フランスの「マリアンヌ」が、それぞれの国家のシンボルと

図5　J. C. Leyendecker「米国はあなたに呼びかけています」1917年、米国

図6　A. E. Foringer「世界一偉大な母」1918年、米国

して登場し、自由・正義の担い手として男たちを軍隊へ誘い（図5）、戦闘を扇動し、あるときは将来の兵士である少年に自由の剣を与え導いている。一八八六年に、アメリカ合州国独立百周年を記念してフランスから贈られた「世界を照らす自由」（自由の女神）は、右手に松明を持ち、左手にアメリカ独立宣言を刻んだ銘板を抱えた女神像である。足元の引きちぎられた鎖は圧制からの解放を表わし、王冠の七つの突起は七つの大陸と七つの海に自由が広がるという意味であるが、その設置以来「自由の女神」はアメリカの自由と民主主義の象徴となっていた。第一次世界大戦期には設置から約三〇年余りがたっていたが、移民たちにとって新天地と統合の象徴でもあったであろうことが、ポスターからうかがえる。(7)

第二の類型である「母・妻・娘（家庭人）」は、ポスターの中では戦場に夫や息子を元気よく送り出し、「女性のみなさん！　アメリカの息子たちを助け、戦争に勝ちましょう」と息子のために債券を買うよう呼びかけたり、食料の節約や編み物をするなど、ドメスティックな領域にあっても戦争に積極的に協力している。究極の母のイメージは、「世界一偉大な母」（A. E. Foringer 作、一九一八年）というポスターであろう（図6）。看護婦姿の聖母マリアが負傷した兵士姿のイエスを抱きかかえるピエタの図像は、キリスト教社会における宗教的な伝統文化を喚起して人々に受容されたにちがいない。

一方、犠牲者として描かれた味方（連合軍）の女子どもは、アメリカが救うべき対象であり、戦争を正義の戦いとして正当化する象徴的役割を果たす。たとえば、一九一五年のルシタニア号事件は、イギリス船籍の客船ルシタニア号がドイツのUボートの魚雷で沈没、アメリカ人一二〇名余りを含む一一九八人が犠牲になり、アメリカでは世論が激昂し参戦するきっかけになったと言われている。ルシタニア号事件は、ドイツの蛮行を証明する機会としてメディアでくり返し宣伝され、有名な募兵ポスターにも登場した[8]。図7の赤ん坊を抱きかかえて海の中に沈んでいく母の姿は、ドイツに攻撃されて沈没したルシタニア号事件の犠牲者である。翠色の深海に沈みゆく母子像は、純粋無垢で一方的な犠牲者であるとともに、「アメリカ」という共同体を守護する神聖な存在（＝供犠）へと変身し、事故は神話化された。このような水の中に沈む〈女〉がヒロイン化され共同体を守護する物語は、日本の神話でも海に飛び込み海神の怒りを鎮めて夫・ヤマトタケルの戦の進路を切り開いたオトタチバナヒメ（弟橘比売）から、植民地下の台湾で出征する日本人の恩師を見送る途中、激流に飲まれて事故死した「愛国乙女サヨン」にいたるまで、広く共有されたフォークロアであるが[9]、プロパガンダ・ポスターでは人々のこのような民族神話や深層意識に訴えかけた。

また別のポスター「子どもは死ぬしかないのでしょうか、母親の嘆願は無駄なのでしょうか」や「彼らを死なせるな」では、からっぽの食糧貯蔵容器や瓦礫の山のなかで赤ん坊や幼児を抱えた母親が、必死で生き延びようとする様を描き、アメリカ人に対して、海の向こうの「彼女ら」への救済を呼びかけている。

同一画面において男女のジェンダーの力学が象徴的に現れるのは、敵と犠牲者の表象においてである。野蛮で悪逆非道な敵の本性は、家庭人である「母」「妻」「娘」としての女を連れ去り、襲いかかり、強姦し、踏み潰すとき、あらわとなる。「敵（男）／犠牲者（女）／救う味方（男）」というパターン化されたジェンダー構成はいたるところに見ることができよう（図８）。獣のような敵の表象は、当の敵によって引用され、彼らの戦争プロパガンダに使われることもあった。アメリカ陸軍の制作した「この狂った獣をやっつけろ」（H. R. Hopps作、一九一七年）は、のちの第二次世界大戦ではナチのポスターにそっくり引用され、今度は、獣として表象された自民族に対して愛国心を呼びかけるのに役立ったことで有名である[10]（図９）。

〈女〉は、妻や母親、娘としてだけでなく、赤十字の看護婦や看護職以外の戦争支援職、銃後の女性労働者としても描かれている。彼女たちは負傷兵をいたわり癒す看護婦になるよう勧誘され、さらに戦争支援の労働へと駆り出される。図10で若い男性兵士から「おやまあ、女の子だぜ！」と指さされている救世軍の女性は、男性兵士ににこやかにドーナッツを配っており、その図像と彼女を支えるように呼びかける文字テクストに矛盾はない。だが、現地で通信士として働く女性を描いたポスターでは、女性の表情はにこやかにドーナッツを配る救世軍の女性のそれや、のちに見るセクシーガールとは少し異なっている。彼女は窓で仕切られた部屋の内側に配置され、外の男性兵士たちや戦場とは空間的にも隔てられるなど、あくまで男性領域を脅かさない戦争支援職であることを強調し、男女のジェンダー規範を忠実に守っているように見える。しかし、補助的な労働にとどまっているとは言え、前線でその任務をテキパキと遂行する姿はセクシーさのみが求められる「女の子」のイメージではない。この齟齬は家父長制社会の軍隊に従事する女性表象を考える場合、たえず現れる「矛盾」である。

佐藤文香の研究によれば、アメリカにおける女性の軍隊への参入は、一九〇一年陸軍に看護部隊が設立されたときから始まる。一九〇八年には海軍にも看護部隊が作られ、第一次世界大戦期には陸軍看護部隊は二万人以上、海軍は一四〇〇人を擁するようになっていた。看護職から始まった軍隊内への女性の参入は、一九一七年には海軍で女性事務系下士官が採用され二百人の女性海軍予備役が誕生するなど、看護職以外の支援職にも進出しその職域を広めていった。そして第一次世界大戦期には、「三万四千人もの女性たちが従軍看護婦、洗濯や食事の支

図 8　Y. Young「ベルギーを忘れるな」1918年、米国

図 7　Fred Spear「入隊せよ」1915年、米国

図 10　「おやまあ、女の子だぜ！　救世軍の彼女がその仕事を続けられるようにしてやってくれ」[United War Work Compaign] 1918年11月11～18日、米国

図 9　H. R. Hopps「この狂った獣をやっつけろ」1917年、米国

図11　Ernest Hamlin Baker「全ての戦士の後ろには女性労働者」制作年不明、米国

図12　Alfred Everitt Orr「家庭と祖国のために」1919年、米国

度、店員、電話交換手などの職種に就いていた」が、「彼女たちの身分は軍人ではなく契約労働者であり、戦争が終わると除隊させられ軍隊には看護部隊のみが残った」という。[11] このように二〇世紀初頭の看護職採用から始まった軍隊への女性の参入は、第一次世界大戦において看護職以外の支援職に進出し、第二次世界大戦ではさらに職域を拡大、一九六〇年代半ばには幹部養成学校の開放によって階層分化が促進され、湾岸戦争では前線で戦う女性兵士の姿がメディアで盛んに喧伝されるに至ったのである。

　合州国は一九ヶ月間だけしか戦争に参加しなかったが、男たちの戦場への赴任や移民の減少などによって男子の労働力は一六パーセント減少した。これらの大幅に奪われた労働力を埋め銃後を引き締めるために、女性たちを動員するポスターが生まれた。

　「すべての戦士の後ろには女性労働者」というテクストがついたポスターでは、ハンマーや道具を持つ様々な職種の女性の集団が、大河のように延々と連なり整然と並んで行進し、銃後の労働に従事せよと、女たちに呼びかけている(図11)。のちの第二次世界大戦で銃後のシンボルとなるロージー・ザ・リベッタ（リベット工のロージー）のようなイコンは、第一次世界大戦時のアメリカのポスターには見出すことが出来ないが、この頃、戦争を支える銃後の女性労働が明確に視覚化されたと言えるだろう。

女性は工場労働者として最新鋭の飛行機や爆弾を作り銃後を支えるが、これはあくまで戦争にでかけた男性にかわる臨時の代替労働である。戦争が終われば、彼女たちはすぐさま制服を脱いで家庭に戻り、戦場から帰還した夫を頼らなくてはならなかった。第一次世界大戦が終わったのち勝利自由公債の購入を勧めるポスター「家庭と祖国のために」（Alfred Everitt Orr 作、一九一九年）（図12）では、戦場から帰還したばかりの制服姿の兵士が男の子と妻を抱きかかえた姿を描いている。[12] すがるように夫を見上げる妻にはもはや家庭以外に居場所はなく、全ては戦争前の平和な家庭生活に戻ったかに見える。だが仔細に眺めてみれば、夫が首から下げる鉄兜には銃弾が貫通した大きな穴があいており、鉄兜が殺した敵の首の代替であることに気づくだろう。いかにも幸せそうなアメリカン・ファミリーが何によって支えられているのかをあらわす恐ろしい幸福の図像である。

このように、第一次世界大戦期のアメリカ合州国ポスターにおける主な女性の役割は、第一に擬人化された国家であり、自由と正義の象徴であり、第二に守り助ける対象であり、かつ犠牲者でもあり、第三に傷ついた男を癒し励まし、第四に男にかわって銃後の労働を担うことであった。

3　新しい女性像と戦意高揚——ギブソン・ガール、クリスティ・ガールの性的身体

アメリカのポスターに関する上記の特徴はこれまでにも論じられてきたが、さらに加えて、セクシーな若い女性がたびたび登場していることが指摘できる。たとえば、水兵の制服を着た若い女性が「ああ！　男に生まれて

図13　Haward Chandler Christy「ああ！　男に生まれてたら、ゼッタイ海軍！」1917年、米国

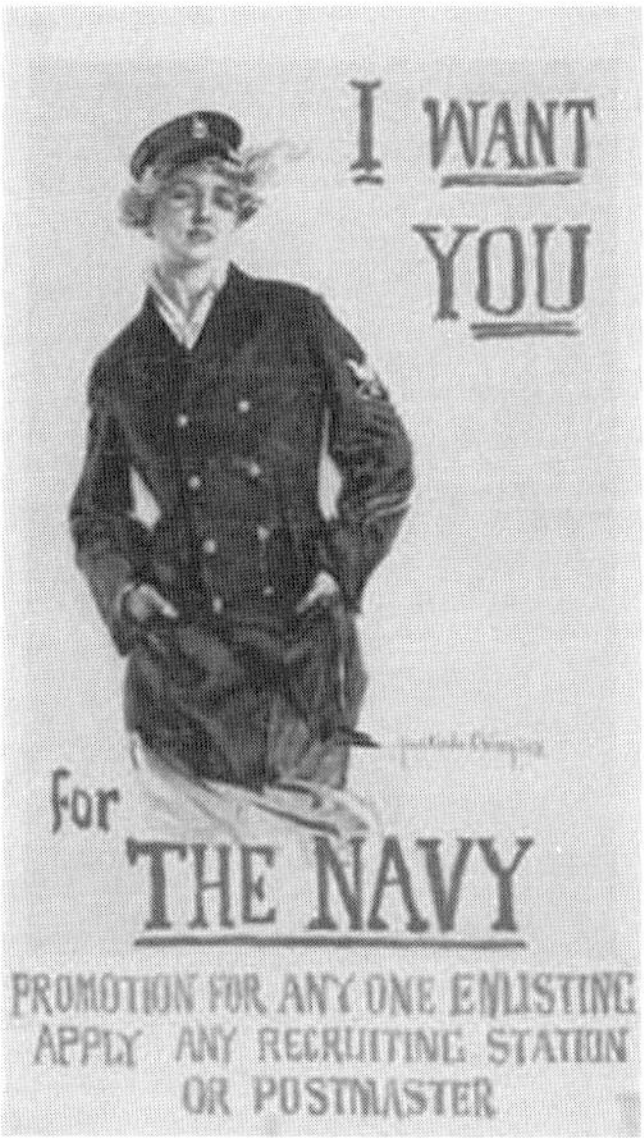

図14　Haward Chandler Christy「あなたが欲しい、海軍に」募兵、1917年、U. S. Navy、米国

たら、ゼッタイ海軍！」（Haward Chandler Christy作、一九一七年）（図13）と悔しがる募兵ポスターは、カレンダーにも使われ当時大きな評判を呼んだ一枚である。同様に誘惑的なポーズで男を誘う「あなたが欲しい、海軍に」（Haward Chandler Christy作、一九一七年）にも、セクシーな女と戦意高揚の結びつきを見ることができる（図14）。制服を着た若い女は、女には許されない前線の兵士になるのを夢見る姿をことさら見せつけることによって、戦争に行かない男たちに恥の意識を一層呼び覚まさせる一方、戦場に行った兵士の脳裏の中では守護の女神となった。アメリカ軍は、第二次世界大戦でセクシーなピンナップガールを、戦闘機や戦車のお守りにしたことが知られているが、まさにその系譜につながる女性像が、第一次世界大戦期のプロパガンダ・ポスターにすでに現れていた。

「ああ！　男に生まれてたら、ゼッタイ海軍！」や「あなたが欲しい、海軍に」のポスターに登場した若い女性は、「クリスティ・ガール」

と呼ばれ大変な人気を博した女性像である。この新しい女性のイメージは、教育もありアウトドアやスポーツが好きでモダンな中産階級の新しい女を理想化し、当時の女性の社会進出や社会運動を背景として、二〇世紀初頭のアメリカに瞬く間に広まった。イラストレーターのハワード・チャンドラー・クリスティ（Howard Chandler Christy：一八七三—一九五二年）の名前から採られた「クリスティ・ガール」は、登場するや否や、帽子や靴、イブニングドレスなどにその名を冠した商品が次々と現れたという。クリスティは、第一次世界大戦期には、五〇点以上の戦争ポスターを描き、その原画のオークションを何度も行なうなど派手なパフォーマンスによって愛国的活躍を誇示した人物である。また彼は、一九二一年にニュージャージーで初めて開かれたミス・アメリカのコンテストで、「美の裁定者」としてたった一人で審判員を務めるなど、イラストレーターとしての絶頂期を過ごした。

一九世紀末から二〇世紀初頭は、アメリカ合州国において女性のビジュアルイメージが大きく変わる時期である。クリスティに先駆けて、新しいアメリカ的美人像を作り出したのは、チャールズ・ダナ・ギブソン（Charles Dana Gibson, 一八六七—一九四四年）である。一八九〇年代からギブソンが描き始めた背の高いほっそりした美人「ギブソン・ガール」は、それまでの、ぽっちゃりした丸顔で可憐かつ小柄な一九世紀型美人像に代わって、雑誌の表紙を次々と飾り爆発的人気を得た。生き生きとしつつも中庸をわきまえた白人のアメリカ女性の偶像を必要とする時代の要請に、ギブソン・ガールの直線的で背の高い女性像は合致したのである。ギブソンは、第一次世界大戦では、新しく設立された政府の絵画宣伝広報局のディレクターに抜擢され、ポスターや戦争画、パンフレットの広報活動やアーティストのプロパガンダへの活用などに励んだ。ギブソン・ガールは、クリスティ・ガールやフィッシャー・ガール、フラッグ・ガール[13]、そして一九二〇年代のフラッパーの登場によって、やがて時代遅れのイメージになるが、一九世紀末から始まったイラストレーションの黄金時代を飾ったとされている[14]。優美で気品に溢れ儚い美を具現したギブソン・ガールに対して、クリスティ・ガールは、はちきれんばかりの若い肉体とコケティッシュな表情に特徴がある。口を少し開け悩ましい目つきで全身を使い男性を挑発するクリスティ・ガールは、ギブソン・ガールを瞬く間に硬直的で過去の女に追いやってしまったのである。その身体は、ビクトリア的規範に縛られるだけの女を時代遅れにし、自由でモダンな新しい女性像を提供した。

クリスティ・ガールに代表されるセクシーな女性像は、男装して男を軍隊に誘うだけでない。あるときは口を半開きにして、看護婦や女神の記号を同時に備えた「慈悲の天使」にも変身する（図15）。看護婦の白い制服・白い制帽を身にまとった女性の背中には大きな白い翼がついており、ポスターを見る男たち全てを抱擁するかのようにこちらに手を差し出している。この「慈悲の天使」に限らず女神や看護婦、母の姿をした女たちが、腕を広げて抱擁のポーズを示すポスターが多いのも特徴的だが、それは男たちの癒しと性を与える帰還の場が、そこ（＝女の胸）にこそあるからである。また、スケスケのセクシーなドレスをまとったクリスティ・ガールは星条旗を持って「アメリカの精神」と呼びかけ（図16）、あるときは、戦場で戦う男たちの頭上で「道を切り開け」と鼓舞する。もはやその身体像は、先に類型化した「自由の女神」のような伝統的図像ではなく、女神か看護婦かのどちらか一方に分類できるイメージではない。すらっとした肢体とばら色の頬、澄んだ目、白い歯、ブロンドもしくは褐色の髪をした健康的で活力のある新しい白人女性像には、従来の美人画に求められた気品や繊細さのほかに、強烈な自我が表現されている。女神でありかつ看護婦でもある彼女たちに共通するのは、そのセクシーさと若くて躍動する生々しい肉体であり、そこにはのちの大量消費時代の広告やピンナップガールに通じる原型を見ることができよう。それは、吉見俊哉が指摘するように、たとえばクリスティが一九三〇年代に制作したラッキー・ストライクの広告に登場する若くて健康的で自立した女性像へと引き継がれたのであった（図17）。

では、他のヨーロッパ諸国と異なるこれらのアメリカのセクシーな女性像は、なぜ、生み出される必要があり、どのように機能したのだろうか？　それは、ギブソン・ガールの誕生からクリスティ・ガールへの発展の過程で述べたように、ヨーロッパからの「借り物」ではなく、アメリカ社会から生み出された理想的女性像が新しい国

図16　Haward Chandler Christy《アメリカの精神》1919年、米国

図15　Haward Chandler Christy「慈悲の天使」1917-19年、米国

図17　Haward Chandler Christy ラッキー・ストライクの広告、1932年、米国

家に内発的に求められていたことにある。歴史を遡ってみると、ヨーロッパ社会における「アメリカ」のイメージは、一四九二年のいわゆる「新大陸発見」当時から大きな変貌を遂げてきた。アメリカ大陸の征服と植民地化を正当化するために、初期のアメリカイメージは、地上の楽園や処女地である一方、人喰いや野蛮な悪習を持った悪魔のようなアメリカであり、そこに西欧が文明をもたらすストーリーが描きこまれていた(15)。このような食人・暴力・危険に満ちたアメリカはしばしば「インディアン」の姿を取って西欧のキリスト教文明に対比されたが、白人支配と独立戦争を経験する一八世紀に入ると大きな変化が訪れる。「インディアン」ではなく「白人」の国として、自国の歴史と国土を理想化する必要に迫られたのである。美術史研究者によれば、一八世紀から二〇世紀にかけてのアメリカ美術は、①公人の肖像画(一八世紀)、②自然を前にした畏怖と驚愕の時代(一九世紀)、③自然に代わって人間の技術的環境を畏怖する時代(二〇世紀)の三つの特徴にまとめられるという。このような歴史的変遷を考えてみると、「世界を照らす自由」(自由の女神)像が持ちえた多層的な意味が見えてくる。アメリカ絵画における英雄像の研究論文の中で田中正之は、次のように述べている。

自由の女神像は、エッフェルの名前から連想される通り、近代テクノロジーの勝利の象徴でもあった。19世紀半ばの風景画においては、峻険な山々や高みから落ちる瀑布など自然の力《フォース》を漲らせら《ママ》た始原的な風景にこそ英雄性があったが、19世紀の終わりには、近代技術が力《パワー》の象徴的地位につくことになる(16)。

自由の女神像がフランスから贈られた一八八六年には、エドワード・P・モランがその除幕式の様子を描いた油彩画《世界を照らす自由の女神》を表わしているが、そこには、雲を背景にそびえたつ女神像と、米仏の国旗をつけた船で式典を祝う海上パレードの様子が描かれており、大自然への畏敬と驚きの対象が自由の女神像に引き継がれているのを見て取ることができる(図18)。また、一八世紀から一九世紀にかけてはアメリカでは自国

図18　Edward P. Moran《世界を照らす自由の女神》1886年、米国

図19　Henry Peters Gray《国旗の誕生》1874年、米国

の歴史を理想化し賞賛する歴史画が大量に描かれた時代でもある。ベンジャミン・ウェストやジョン・トランブル、ロバート・W・ウィアーらの画家たちが、独立戦争の英雄や独立宣言起草、ピルグリム・ファーザーズの船出などの場面を描き、栄光に満ちたアメリカ史が視覚化されていった。そして、頭上を舞う鷹のもとで裸の若い女性が国旗を下半身にまとう、一八七四年の油彩画《国旗の誕生》（Henry Peters Gray作、図19）が制作されるにいたって、時代は新しい自由の女神像を受容する準備をすでに終えていたと言えるのである。

第一次世界大戦時、ヨーロッパの連合軍側と同盟軍側の両方の祖先をもつ移民を中心とした白人社会のアメリカにおいては、敵味方となってしまった出身の異なるバラバラな人々を統合するために独自のナショナルなシンボルが必要とされた。自由の女神に加えてクリスティ・ガールやフィッシャー・ガール、フラッグ・ガールたちは、戦時中には性の欲望を媒介として、大義と愛国心を、戦後には大衆文化の中で消費の欲望を生み出し得た。ポスターに頻繁に登場する古典的な「自由の女神」の図像が、古くはギリシア・ローマ文化に裏打ちされた正統性を暗示し、公式的な国家統一に役立ったとするなら、アメリカで一九世紀末から二〇世紀初頭に誕生した新しいセクシーな女性像は、私的な欲望に働きかけ、両者は互いに補完しあいながら第一次世界大戦期のプロパガンダを担った。

さらに、これらの新しい女性像は、アメリカ一国内にとどまっていたわけではなく、同時代的に日本にも紹介・消費されていた。たとえば、一九二一年、朝日新聞社は、蒐集した英米独仏のポスター六千枚のうち、三、四千枚を大阪や東京で展示し、そのうちの最優秀作一七〇点を一冊の書物にまとめている。[17] 近代日本のポスター史を研究する田島奈都子によれば、一九二一年にはクリスティ・ガール風の女性が『大阪朝日新聞』の蜂葡萄酒の広告に登場し、また、クリスティの「ああ！　男に生まれてたら、ゼッタイ海軍！」や、ハリソン・フィッシャーの描く誘惑的な看護婦の姿が、『朝日グラヒック』で紹介されていた。[18] しかも、これらのクリスティ・ガールたちは戦意高揚の図像の紹介としてではなく、「美人画ポスター」として他の日本の美人画ポスターと同列に扱われており、田島によれば、当時の日本の紹介者たちの認識を表わしているという。

4　〈男〉の表象と、ナショナル・ヒストリー

では、男の身体は、ＷＷⅠのプロパガンダ・ポスターにおいてどのように描かれているのだろうか？　東京大学情報学環の所蔵するアメリカ合州国のポスターを分析してみると、男性は、①アンクル・サム、②入隊を誘われる男性、③兵士（戦う健康な兵士、傷ついた兵士、怪物のような敵の兵士、死体としての敵の兵士）、④敵の指導者、⑤募金に協力する父・夫、⑥戦争協力する農民・工場労働者・都市労働者・職人、⑦戦争協力を促す子どもや未来の戦士としての少年、⑧アメリカに到着したばかりの移民、⑨過去の英雄などとして、登場する。

「おまえがほしい」と指さし相手をにらみつけるアメリカ陸軍のポスター「I WANT YOU FOR U.S. ARMY」（James Montgomery Flagg 作、一九一七年）（図20）は、クリスティの「ああ！ 男に生まれてたら、ゼッタイ海軍！」とともに、第一次世界大戦期の米国のプロパガンダ・ポスターのなかで双璧とされている作品である。一九一七年から一八年にかけて四百万枚が刷られただけでなく、第二次世界大戦期にも三五万枚が募兵のために作られ、さらにベトナム戦争では反戦ポスターに引用された歴史をもつ。画面では、アンクル・サムがこちらを真正面からにらみつけ、指をさして入隊せよと命じている。この威圧的で攻撃的な指さしポーズは、恥と自責の念を呼び覚ますのに実に効果的であった[19]。男が男に入隊を勧める場合には、アンクル・サムや歴史上の英雄など年長の男性が若い男性を誘う図像となるが、セクシーなクリスティ・ガールの誘惑とも自由の女神の勧誘とも異なっている。それは〈父なるもの〉への服従と忠誠への喚起を伴っていた。

描かれる兵士は、健康で戦闘意欲に溢れた兵士だけではない。自由の女神に救いを求める傷ついた連合国兵士や、醜い敵の兵士など、多様な男性身体が登場する。特徴的なのは戯画化された敵や集合体としての兵士だけでなく、ひとりの個体としての若い男性の肉体が出現していることである。ジェームズ・モンゴメリー・フラッグの「アメリカ海兵隊員になれ！」（一九一八年、図21）は、星条旗を背景にして銃を持つ軍服姿の男性を描いているが、その決意に満ちた表情とひきしまった身体には、新しい時代の理想化された男性像が先取りされているように思われる。「いっしょに勝つんだ」（James Montgomery Flagg 作、制作年不明）（図22）では、健康な身体を共有する三人の男性——海軍・陸軍の兵士と銃後の労働に従事する男性労働者——が仲良く腕を組み、歩調を合わせて胸を張り勇ましく前進している。このポスターについて、ジャーナリズムの研究者キャロリン・キッチは、三人が歩調を合わせ前進することにより男たちの階級や階層の違いが曖昧化され、労働者階級の男性にも前進の機会を与えるという階級差のない理想的社会としてのアメリカ像が示されていると指摘している[20]。ナショナルな目的の元に、様々な職業や階級に属する男たちをひとつにまとめようとしたという。

図21　James Motgomery Flagg「アメリカ海兵隊員になれ！」1918年、米国

図20　James Motgomery Flagg「アメリカ陸軍に君がほしい」1917年、米国

図23　制作者不明「最初のアメリカ人に敬意を払って」1917年、米国

図22　James Motgomery Flagg「いっしょに勝つんだ」制作年不明、米国

最後に、男性の英雄像について簡単に述べたい。女性の場合には、過去の英雄としてフランスを救ったとされるジャンヌ・ダルクが描かれるケースが東京大学所蔵のポスターには一点あったが、男性の場合には、コロンブスやリンカーン、ウィルソン大統領など、アメリカの「正史」を作ったとされる具体的な名前を持った「白人」の英雄たちが何人も登場するのが特徴的である（図23・24）。なかでも興味深いのは、「アメリカの意味」（THE MEANING OF AMERICA）と題する国家安全保障協会の制作した戦意高揚ポスターである（図25）。ほとんど文字ばかりのこのポスターには、ニューヨークの「自由の女神」と、ワシントンDCにある「自由の像」のビジュアルイメージが上部に小さく付けられ、読者に次のように呼びかけている――「あなたが〈アメリカ人〉というとき、何を意味しているだろう？〈アメリカ人〉という言葉は血筋と何の関係もない。あなたは純血のドイツ系かもしれないが、それでもなお真のアメリカ人だ。もしかしたら純血のアイルランド系かもしれないが、それでもなお真のアメリカ人だ……」。そして、祖先がロシアやヘブライ、イタリア、ポーランド、フランスであっても、たとえベルギーやオーストリアの血を引いていても、祖先がメイフラワー号に乗ってこの国に到着し、ワシントンやリンカーンとともに戦い共和国を築いてきた歴史を持つのだから、皆同じ「真のアメリカ人」なのだと力強い文章で語りかけるのである。それは建国期に書かれたアメリカ文明の古典とされるクレヴクールの『アメリカ農夫の手紙』（一七八二年）が描く「アメリカ人とは何か」を彷彿とさせる。――「ではアメリカ人、この新しい人間とはいったい何者なのでしょうか。それはヨーロッパ人でもなければ、ヨーロッパ人の子孫でもありません。それ故に他のどの国にも見られない不思議な混血です。（中略）昔からの偏見も儀礼作法も古いものはすべて捨てて自分が取り入れた生活様式、遵奉することにした新しい政府、自分の獲得した新しい社会的な地位による新しい生き方を受け入れていく、それがアメリカ人なのです」という一文には、ポスター「アメリカの意味」との類似を読み取れるだろう。(21)

東京大学のコレクションの分析だけではわからないが、第一次世界大戦期の合州国のプロパガンダ・ポスターには、「白人」以外の人種がほとんど登場しない。先住民やアフリカ系、ヒスパニック系の移民をアメリカ国民の構成員から排除するクレヴクールの白人共和国の理念は、白人移民の祖先が敵味方に分かれて戦う第一次世界大戦期、あらためて必要とされたのではないだろうか。一九世紀末から東欧・南欧系の新しい移民は大量かつ急激にアメリカ国内に流入し、孤立と過酷な収奪の中で、それまでのアングロ・サクソン系アメリカ人や移民同士のあいだで絶えず軋轢を生じていた。外国生まれのアメリカ人は急増し、一三〇〇万人以上いた移民一世のうち三分の一以上が英語を話せず、彼らとその子どもたちを合わせるとその数は四六〇〇万人にものぼり、合州国総人口の約半分を占めたのであった。だが、経済的必要性に迫られて参戦したものの、戦争は不人気であった。宣戦布告後六週間たっても志願兵にはたった七万三千人しか登録せず、必要とされた兵士百万人には到底及ばなかった。それゆえ、議会は徴兵制を可決し、明らかな敵国を除いて帰化申請中の外国籍所有者をも対象にしたのだった。全米各地の新兵訓練基地では、どこでも数千人以上の外国系兵士を抱えた。戦争末期、米軍兵力は総数四百万人に達していたが、うち、一八％（＝約五〇万人）の外国生まれの兵士のうち、十万人は全く英語が理解できないポーランド、チェコ、アルメニアなど東欧系、イタリア、ギリシアなどの南欧系の移民だったという。それゆえ、まず、移民たちに対して愛国心を植え付け、バラバラなアイデンティティを統合する必要に迫られていたのだった。

プロパガンダ・ポスターではコロンブスから現大統領にいたるまでのアメリカ建国の「白人」男性の英雄たちの名前を出すことによって、移住と勤労・成功というヨーロッパからの移民体験を共通の記憶として据え直し、「真正のアメリカ人」とアメリカの「正史」を再構築しようとした。具体的な名前を持った実在のアメリカ建国の男性英雄は、抽象的なアメリカの女神像によって統合され、独自のナショナリズムを生み出した。

だが、時として眠りこけた自由の女神を起こすのは実在の（とされる）男である。セクシュアル化された女神と男とのジェンダー役割の典型は、「お前次第だ。祖国の名誉を守れ」（IT'S UP TO YOU. PROTECT THE

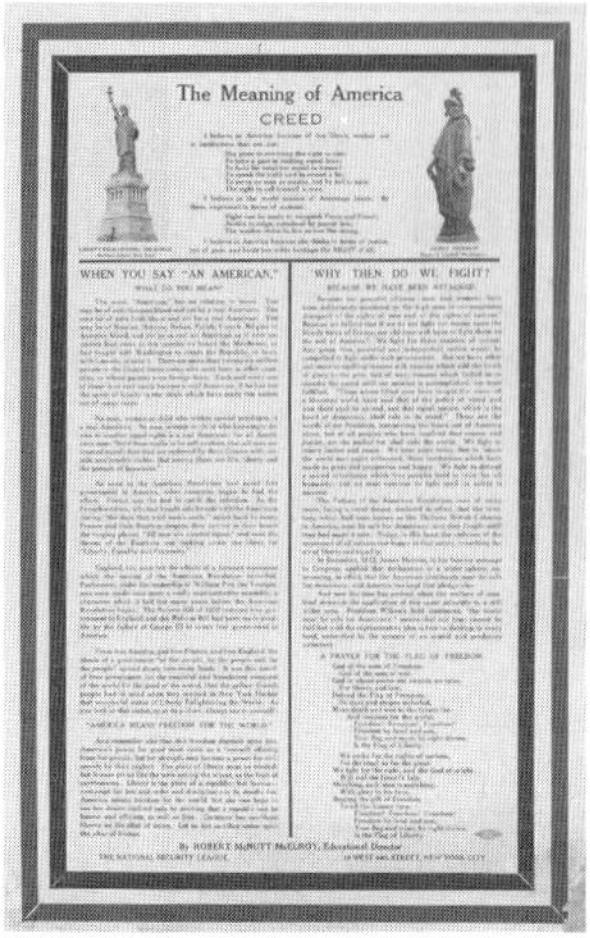

図 25　「アメリカの意味」米・国家安全保障協会、制作者・制作年不明、米国

図 24　制作者不明「自由公債を購入しよう」1917年、米国

図 27　James Motgomery Flagg「目覚めよ、アメリカ！」1917年、米国

図 26　Schneck「お前次第だ。祖国の名誉を守れ」1917年、米国

NATION'S HONOR, Schneck作、一九一七年）というポスターに明白に現れている（図26）。画面手前では、家の中でだらしなく眠りこける女神がいる。剣は手から離れ、肩はむき出しになり乳首までが見えそうなほどである。それをアンクル・サムが窓の外から指さしポーズで指弾しているのだが、ここには、「眠る女」に対する「覚醒する男」、「内」に対する「外」の二項対立のなかで、女の性的恥辱を国家の恥と重ね合わせ、危機感を煽る構造が読み取れる。眠りこけるのが男性であったなら、性的恥辱と国家の無防備を暗示する意味は生まれ得ないであろう。[22] 第一次世界大戦期のアメリカ合州国のポスターは、このようにジェンダーや階級、民族の政治学を利用して、あるときは差異を強調し、あるときは、同化と統合の機能を果たすことによって、白い肌の「真のアメリカ人」を再構築し、戦争プロパガンダの役目を担ったのである。

本稿で扱った第一次世界大戦期のアメリカ合州国のプロパガンダ・ポスターには、同時代に存在した女性参政権運動も社会主義運動も熾烈な階級闘争も、頻発した黒人へのリンチとそれに対する彼らの団結も当然のことながら表には全く描かれていない。だが、実際にはアメリカ参戦に対して反戦運動や徴兵反対運動が急速に広がり、反対を抑えるために大がかりな宣伝活動が実施されなくてはならなかった。「戦争プロパガンダ」というと、もっと意気軒昂で血気盛んな勇士ばかりが描かれているものと想像していた読者は、意外に「芸術的」で刺激の少ないポスター群に拍子抜けしたかもしれない。だが、そのポスターが何を目的としており、その目的を達成するために画面がどのように構成されているのか、という視点から具体的に検証すると、第一次世界大戦期・米国のプロパガンダの文法が、それを生み出した主流文化において古くから伝えられてきた民族神話や自然化された性差の常識や偏見に依拠しており、決して主流文化の規範から大きく逸脱したものでないことに気づくだろう。「プロパガンダに芸術も動員された」のではなく、まさに「文化」こそが暴力への連鎖を生み出していったのである。

（1）本稿は、「東大デジタル・アーカイブ公開記念シンポジウム」（東京大学情報学環主催、二〇〇六年六月二四日）での発表を元にしている。同コレクションに関しては次を参照。吉見俊哉『戦争の表象――東京大学情報学環所蔵　第一次世界大戦期プロパガンダ・ポスターコレクション』東京大学出版会、二〇〇六年：吉見俊哉総監修『モード・オブ・ザ・ウォー――東京大学大学院情報学環所蔵　第一次世界大戦期プロパガンダ・ポスターコレクションより』印刷博物館、二〇〇七年。

（2）ここで分析した窓をはさむポスターについては、これまでにも多くの研究者がジェンダーの視点から指摘している。例えば、Peter Paret, *Persuasive Images: Posters of War and Revolution from the Hoover Institution Archives*, Princeton Univ. Press, 1992, p. 56. 同書については小林美香氏の教示を受けた。ほかに小林美香『写真を〈読む〉視点』青弓社、二〇〇五年：佐々木陽子『総力戦と女性兵士』青弓社、二〇〇一年も参照。

（3）メアリー・ベス・ノートン他『アメリカ社会と第一次世界大戦』（アメリカの歴史④）三省堂、一九九六年、二二〇頁。

（4）同前、二二〇頁によれば、戦闘で死亡したアメリカ兵は五万一千人だが、病死は六万二千人にのぼる。

（5）原弘編『世界のグラフィックデザイン――②ポスター・歴史編』講談社、一九七四年。

（6）東大の所蔵する第一次世界大戦期のポスター六六一点のうち、三分の二がアメリカで制作・発行されており、その他は、カナダ、イギリス、フランス、インド、イタリアなど連合国諸国のものである。外務省情報部が収集したポスターが、情報学環の前身である新聞研究所時代に譲られたという。東大がウェブで公開しているポスターは枚数は多いが、第一次世界大戦期の有名なポスターが含まれていない場合もあるので、それらは、適宜他の文献を参照して言及した。一般に表象分析する場合、対象とする集合体の性格の検討なしに数量化して一般化するのは危険である。

（7）たとえば、「あなたがはじめてアメリカの自由に感動したときのことを思い出そう」（Remember Your First Thrill of American Liberty, 一九一七年、募債）や、「食料が戦争に勝つ――あなたはここに自由を求めてやってきた。今やそれを維持するために力を貸すべきだ」（Food will Win the War. You came here seeking Freedom. You must now help to preserve it. 発行年不明、節約・増産）

（8）ルシタニア号事件（一九一五年五月七日）。実際には、ルシタニア号は厳重に武装されており、弾薬などを積載し、積荷目録も事実隠蔽のために改ざんされていた。

（9）四方田犬彦「サヨン神話とその映画化」『台湾の「大東亜戦争」』（藤井省三他編）東京大学出版会、二〇〇二年、一七六頁。

（10）「二五年前彼らが我々を侮辱したとき、腐った侮蔑的なポスターにこう書いた――『この狂った獣を破壊せよ』――それはドイツ人のことだった」。このポスターの有名な引用については、*op. cit., Persuasive Images*, pp. 24-25.

（11）佐藤文香「日米の女性兵士をめぐるジェンダー・イデオロギーの変遷——防衛／軍事組織の人事政策を中心に」『女性学』第七巻、日本女性学会、一九九九年、新水社、一三五頁。

（12）この「家庭と祖国のために」については、東大デジタル・アーカイブ公開記念シンポジウムで取り上げられ、兵士の首からぶらさがっている鉄兜に弾丸の貫通した跡があることが指摘された。柏木博氏と参加者の情報によれば、鉄兜はドイツ軍のものであることから、討ち取った敵の生首の代替として鉄兜をとらえることができると言う。

（13）「フィッシャー・ガール」は、ハリソン・フィッシャー（一八七五—一九三四年）、「フラッグ・ガール」は、ジェームズ・モンゴメリー・フラッグ（一八七七—一九六〇年）の制作した女性像である。

（14）黄金期のイラストレーションの時代や、ギブソン、クリスティ、フラッグについては、津神久三『黄金期のアメリカン・イラストレーター』ブックローン出版、一九九六年：津神久三『ニューヨーク・ジャズエイジ』中央公論社、一九九八年などを参照した。

（15）ヨーロッパ文化における他者としての「アメリカ」の視覚表象については、落合一泰「ヨーロッパ美術のなかのアメリカ」『世界美術大全集　先史美術と中南米美術』小学館、一九九五年参照のこと。

（16）田中直之「近代生活の英雄性」『アメリカン・ヒロイズム』（図録）国立西洋美術館、二〇〇一年、八四頁。

（17）朝日新聞社『大戦ポスター集』一九二一年。朝日新聞が蒐集した大戦ポスターの枚数などの情報は、同書「序」に拠る。

（18）蜂葡萄酒の広告の存在や、新聞での紹介については、姫路市立美術館の田島奈都子氏に私信でご教示いただき、図版コピーを送っていただいた。記して感謝したい。また、次の田島氏の論考も参照。田島奈都子「近代日本におけるポスターの認識とその展開」『メディア史研究』一三巻、二〇〇二年一一月、八〇頁。

（19）一九一七年のポスター「I Want You for U. S. Army」（米）が登場する前に、英国では同様の構図と指さしポーズを使ったポスターが登場していた。時の英雄キッチナー将軍を描いた「英国人よ、君を求む」（"BRITONS. Lord Kitchener Wants You" Alfred Leeth作、一九一四年）や、ジョン・ブルの登場する「居ないのは誰だ?　おまえか?」（Who's absent? Is it You?, 一九一五年）である。

（20）Carolyn Kitch, *The Girl on the Magazine Cover: the Origins of Visual Stereotypes in American Mass Media*, Univ. of North Carolina Press, 2001, pp. 104-105. このポスターに登場する三人の男性身体像は、職種や階層だけでなく、エスニシティの記号性を複雑に帯びているかもしれない。

（21）クレヴクール『アメリカ農夫の手紙』については、鈴木健次「新しい人種・新しい原則——クレヴクール『アメリカ人農夫の手紙』」亀井俊介・鈴木健次監修、荒このみ編『史料で読むアメリカ文化史——独立から南北戦争まで1770年代—1850年代』東京大学出版会、二〇〇五年、五四頁。

（22）同様にだらしなく眠りこける女神の図像にジェームズ・モンゴメリー・フラッグの「目覚めよ、アメリカ」（一九一七年）がある（図27）。

図版出典

図版出典は、東京大学情報学環所蔵の第一次世界大戦期プロパガンダ・ポスターコレクションによる。ただし、図2、7、9、15、17、18、19、26、27に関しては以下の通りである。

図2　Peter Paret & Beth Lewis, *Persuasive Images: Poster of War and Revolution from the Hoover Institution Archives*, Princeton: Princeton University Press, 1992, p. 52.

図7　*Persuasive Images*, p. 27.

図9　*Persuasive Images*, p. 25.

図15　Carolyn Kitch, *The girl on the magazine cover: The Origins of Visual Stereotypes in American Mass Media*, The University North Carolina Press, 2001, p. 111.

図17　以下のサイトを参照。
http://www.americanartarchives.com/christy,hc.htm

図18　『アメリカン・ヒロイズム』（図録）、国立西洋美術館、二〇〇一年、八五頁。

図19　同書、二七頁。

図26　*Persuasive Images*, p. 54.

図27　アメリカ合衆国議会図書館
http://lcweb2.loc.gov/cgi-bin/query/D?ils:3:./temp/~pp_Y1J7…

残虐性に彼方は？

港道　隆

芥川龍之介の短編『薮の中』を取り上げた一文で私は、検非違使の詮議に答える「名高い盗人」多襄丸の次のような言葉を引用したことがある。本稿とはまったく異なるコンテクストで、その一節をヴァルター・ベンヤミンの「名高い」区別、「法措定暴力」と「法維持暴力」とのそれに関係づけるためであった。(1)

何、男を殺すなぞは、あなた方の思つてゐるやうに、大した事ではありません。どうせ女を奪ふとなれば、必、男は殺されるのです。唯わたしは殺す時に、腰の太刀を使ふのですが、あなた方は太刀は使はない、唯権力で殺す、金で殺す、どうかするとお為ごかしの言葉だけでも殺すでせう。成程血は流れない、男は立派に生きてゐる、――しかしそれでも殺したのです。罪の深さを考へて見れば、あなた方が悪いか、わたしが悪いか、どちらが悪いかわかりません。（皮肉なる微笑）(2)

こう言い、事件の犯人を自認する多襄丸は、法に、少なくとも法の番人に挑戦する。確かに私は、太刀をもって人を殺害した。それは法に触れることだ。しかしお前たちは、法の名の下に人を「殺す」。武器を使わずとも権力によって、金や言葉によって。相手が生きていても、事実上は殺したも同然だ。どちらが罪深いかは分からぬではないか、云々。問題になっているのは、法の番人の人としての善し悪しではない。「殺す」暴力に関する非対称的な構造である。『暴力批判論』でベンヤミンは、同じような状況を設定し、法の根源に潜む暴力を暴き出す「犯罪」に言及している。

〔……〕個人と対立して暴力を独占しようとする法のインタレストは、法の目的をまもろうとする意図からではなく、むしろ、法そのものをまもろうとする意図から説明されるのだ。法の手中にはない暴力は、それが追求するかもしれぬ目的によってではなく、それが法の枠外に存在すること自体によって、いつでも法をおびやかす。〔……〕「大」犯罪者のすがたは、かれのもつ目的が反感をひきおこすばあいでも、しばしば民衆のひそやかな讃歌をよんできたが、そういうことが可能なのは、かれの行為があったからではなくて、ひとえに、行為が暴力の存在を証拠だてたからである。(3)

法の存在そのものを、それ以上遡って根拠づけることはできない。「名高い盗人」多襄丸のように「『大』犯罪者」は、その犯罪行為によって、法には外部があり、法の根源に暴力があることを暴露する。ここで権力が法に則って多襄丸を罰するとすれば、それは法そのものを維持するためである。無根拠、脱根拠(Abgrund)の暴力という観点からは、法を守る権力と多襄丸とのどちらが正しいのかは決定不可能である。「罪の深さを考へて見れば、あなた方が悪いか、わたしが悪いか、どちらが悪いかわかりません。(皮肉なる微笑)」法の外、アウトローである彼の暴力は、法の暴力の「皮肉」、つまりアイロニーなのだ。だからこそ、彼が悔い改めることはない。「どうせ一度は樗の梢に、懸ける首と思つてゐますから、どうか極刑に遇はせて下さい。(昂然たる態度)(4)」

「法措定暴力」と「法維持暴力」。前者は、ゼネストや戦争や革命のように、法関係を変革し新たな法関係を創設する対抗暴力として現われることがある。後者は、刑罰や警察権力の行使など、既存の法を変えないよう法を守る暴力である。しかしながら、このテクストを読みつつジャック・デリダは、この区別の限界を指摘する。ベンヤミン自身が挙げる例の中でも、彼が二つの暴力の「幽霊めいた混合体」（geschpenste Vermischung）と呼ぶ近代国家の「警察」において、それは顕著になる。警察は、法を維持するように見えながら、実際には勝手に法を、自らのための法を設定し、自らの「権限をも逸脱して粗暴きわまる干渉を」行なうというのだ。[5] そこには「法における何か腐ったもの」がある。[6] このように、ある社会的契機において、二つの暴力に区別が失われ、一方が他方を汚染するとすれば、それは区別が絶対的なものではないからだ。その（脱）根拠は反復可能性にある。ベンヤミンによる「政治的ゼネスト」と「プロレタリア・ゼネスト」との区別に言及しながらデリダは、こう書いている。

……ベンヤミンの表明的な論点を超えて私は、法創設ないし法措定暴力（Rechtsetzende Gewalt）そのものが法維持暴力（Rechtserhaltende Gewalt）を含み込んでいるはずであり、それと縁を切ることはありえないという解釈を提案する。創設的暴力が、自己の反復を呼び求め、維持され、維持されうるものを、相続と伝統へと、分 - 有（partage）へと約束されるものを創設するということは、その構造に属すことである。創設とは約束なのである。［……］たとえ、事実上ある約束が果たされなくとも、反復可能性（itérabilité）は、創設のこの上ない断絶的瞬間の中に保管の約束（promesse de garde）を書き込む。約束はこうして、起源的なものの真只中に反復の可能性を書き込むのである。[7]

法創設ないし法措定暴力は、純粋に創設的ないし措定的であることはない。純粋に法維持的な暴力もない。創設は既に自己維持的であり、維持は常に再 - 創設である。そこにあるのは「差延的汚染」（contamination différantielle）に他ならない。

暴力と対抗暴力。私はしかし、この複雑極まる問題系に直接アプローチすることは控え、暴力にまつわる一つの、しかしこれまた不定型な問いに注目する。残酷さ、残虐性である。そしてとりわけ、その問いにフロイトの精神分析がどのように対応するのかの検討を通して間接的にアプローチすることにしよう。

二〇〇〇年、パリで開催された「精神分析三部会」(Les Etats génétaux de la psychanalyse) で行なった講演でデリダは、残虐性 (cruor, crudus, crudelitas, Grausamkeit) を定式化することを試みている。最も簡潔には、それは souffrir *pour* souffrir [苦しむために苦しむ] ことであろうが、この「ために」にはさらなる展開が必要であろう。デリダは例えばこう書いている。le désir de faire ou de se faire souffrir *pour* prendre un plaisir psychique au mal pour le mal, *pour* jouir du mal radical [痛み [=悪] のための痛み [=悪] から心的快楽を得るために、徹底した痛み [=根底悪] を享受するために苦しめる、あるいは自らを苦しめる欲望] である。サディズムであれマゾヒズムであれ、単なる自己言及構造を超えて、そこには何らかの (心的) 快楽が含まれる。[8] 残虐性あるいは残酷さには暴力が伴う。しかし暴力に還元されることはない。とりわけ、暴力が「統治する」(walten) を含んだドイツ語の Gewalt の場合は。エチエンヌ・バリバールは、「暴力――理念性と残酷さ」において、「暴力の現象学は、暴力の権力に対する内在的関係と同時に、残酷さへの関係を包摂せねばならない」と言う。[9] 残酷さは、暴力との錯綜のなかで現われてくるが、それは「別の現実であり、別の舞台 [=場面] の露出」である。さらに残酷さの中心なるものは存在しないし、「逸脱した中心、脱中心的な中心」さえ存在しないことに注目すべきである。[10]

残酷さ、残虐性を個人に帰すいわれはない。戦争や死刑はもとより、[11] 社会構造的な残虐性も今まさに世界を支配している。バリバールは、グローバリゼーションが進みつつある今日の「ポスト産業」社会における貧民の「排除」に言及している。それは「新たな産業化」から取り残された「低開発」諸国に生きている、構造的に「余分なもの」にされた何百万もの人々の惨状を指す。飢餓、内戦、絶えざる武器の売却が助長する民族抹殺

(ethnocide)、そしてアフリカ大陸におけるエイズ蔓延の条件である。いわゆる北側の先進国では、同じ構造は異なる形態をとる。新たな貧困、新たな下層階級の出現である。失業という形で、あるいは様々な形の非正規雇用という形で、市場の境界線の内側に維持されながらも自らの生活を築くことができない人々が大量に生産される。政治‐経済が産み出す構造的な残虐性と悲惨である。[12]「ホームレス」の人々を襲撃する若者たちの残虐さに思いを馳せよう。バリバールは次に、民族(ethenie)間の戦争と「宗教」戦争の回帰に言及している。冷戦の終結以後に現われた「民族浄化」の名の下に行なわれた「民族虐殺」。バリバールは、それが実践されたこと以上に、それが理論化された事実を強調し、それに対するテレビ報道の能動的な役割をも指摘している。[13]動物虐待と呼ばれる行為ばかりでなく、食肉加工のための飼育と屠殺、人体実験はもとより動物実験、卵生産のための鶏の機械化、核兵器と生物‐化学兵器等々、様々な問題を挙げることができる。もとより、残虐な出来事を数えきることは原理的にできない。残虐さが「中心」をもたないからだ。それは至るところに、あらゆるレヴェルに現われうる。それゆえ残虐性一般なるものを論じるには最初から無理があるだろう。本稿では従って、フロイトの精神分析言説に限定して、この問いについての基本的で、極めてささやかな読解を試みる。なお、以下に私は、タームを「残虐性」に統一して議論を進めることにする。

1　タイムリーな戦争批評

フロイトは二度、戦争について短いテクストを発表している。一つは、一九一五年、第一次世界大戦の勃発の一年後、『イマーゴ』誌の求めに応じて書かれたZeitgemässes über Krieg und Tod〔『戦争と死に関する時評』〕であり、もう一つは、国際連盟文学芸術常任委員会の要請に応えてパリの国際連盟精神協力機関が一九三三年に刊行したアルベルト・アインシュタインとフロイトとの往復書簡 Warum Krieg?［『戦争はなぜ？』］である。(14) それが書かれたコンテクストは大きく異なるにもかかわらず、何れにおいても問題になっているのは、破壊と死であり、戦争と残虐性と欲動、さらには国際機関である。だが、決定的な差異はフロイト「理論」の方にあった。それは一九二〇年の『快楽原則の彼岸』で、ある欲動を「死の欲動」ないし「タナトス」と名指して以来フロイトは、その概念が自明であるかのように、その後の議論に登場させるところにある。その点に留意しつつ二つのテクストを読んでみよう。まずは"Zeitgemässes"、タイムリーな論考である。

ヨーロッパに未曾有の破局をもたらした第一次世界大戦が始まって間もない、帰結の全貌がいまだ明るみに出る以前の一九一五年、フロイトはそれを予見していたかのように書いている。

この戦争は、強力に完成された攻撃および防衛兵器ゆえに、かつてのどの戦争よりも血なまぐさく損害の多いものであるばかりか、それに先立つどの戦争と比べても、少なくとも同じように残虐で（grausam）、激烈で、仮借ないものである（GW X, 328-329, 五、四〇〇）。

戦争被害の程度は言うまでもないが、フロイトにとって重要なのは、進行形の戦争は一つの幻想を暴いたのであり、従って戦争が幻滅をもたらしたことである。

この戦争において、二つのことがわれわれの幻滅（unsere Enttäuschung）を沸き起こした。内に対しては道徳的規範の番人としてふるまう諸国家が、外に向かっての乏しい道徳性と、最高度の人間文明への参与者としてそんなことをするとは思われてこなかった、個々人の振舞における残忍さ（Brutalität）である（GW X, 331, 五、四〇二）。

幻滅とは幻想（Illusion）が消滅することであるから、否定的な経験ではない。幻想は「いつかは現実の断片に衝突して砕け散る」（Ibid.）のだからだ。では、この戦争で砕け散ったのはいかなる幻想だったのか？

戦争が容易になくなるとは誰も思ってはいなかった。だがそれは、「未開民族と文明民族との間の」（zwischen den primitiven und den zivilisierten Völkern）戦争であり、皮膚の色が違う「人種間の」（zwischen den Menschenrassen）それであり、ヨーロッパにおいては「未発達のあるいは粗暴化した民族体との、その下での」（mit und unter den wenig entwickelten oder verwulderten Völkerindividuen）戦争である。そうであったとしても、ひとが望んでいたのは別のことであった。「世界に君臨する偉大な白人人種国民に」（von den großen weltbeherrschenden Nationen weißer Rasse）は、人類の指導権を手にし、世界全体の利益保護に寄与し、技術の進歩によって自然を支配し、芸術的および学問的な文化価値を創造し、不和軋轢と利害の葛藤を戦争とは別の道で解決に導くことが期待されていた。少なくともこれらの国民同士の間では、個々人に対して高い道徳規範が掲げられ、文化国家はそうした道徳規範を自らの存立基盤と見なしているはずである（GW X, 325-326, 五、三九八）。たとえ不幸にも戦争が起こったとしても、非戦闘員の保護の配慮は当然のこととされてきたし、平時と同様に「国際的な事業と制度」を維持することも必要だとされてきたのだ（GW X, 328, 五、四〇〇）。

幻想である。しかも典型的なヨーロッパ中心主義である。ニーチェと同じくフロイトがこうした歴史への信頼を無条件に共有していたわけではない。そうした進歩観の奥底に彼は、常に暗い欲動を喝破するからだ。こうした現状把握と期待そのものが幻想であったことが、第一次大戦の勃発によって暴かれたのである。戦争は、平時には（in friedlichen Zeiten）通用している、いわゆる国際法の制限を跳び越え、負傷者と医師の特権も、住民の非戦闘的部分と戦闘的部分の区別も、私有財産への要求も認めない。戦争は、行く手を遮るものを盲目的な憤怒をもってなぎ倒し、戦争の後にも人間の下にはいかなる未来も平和ももたらさないかのようだ。戦争は、相互に戦闘し合う民族の下に共同体の絆を引き裂き、それらの民族が再び結びつくことを長い間不可能にするような敵意を後に残す脅威となる（GW X, 329, 五、四〇〇—四〇一）。（旧ユーゴスラビアの「内戦」を想起しよう。）さらに驚くべきことには、文化的諸民族が互いにほとんど理解し合わず、憎悪と嫌悪をもって向き合い、ある偉大な文化的国民が全面的に嫌われ、それを「野蛮」として文化共同体から排除しようとの試みがなされる（GW X, 329, 五、四〇一）。

第一次世界大戦はこうして、一九世紀のヨーロッパに浸透していた歴史進歩観を根底から打ち砕いた。乏しい道徳性と残虐性が問題である。いかにして、そんなことが可能だったのか？ 容易に想像がつくであろうが、フロイトによれば、暴力のみならず残虐性は人間の欲動の発現である限り、いかなる発達過程によっても、それを根絶することはできない。

> 心理学的——厳密な意味では精神分析的——探求はむしろ、人間の最も深い本質は欲動の動き（Triebregung）にあり、その基本的性質をもって、欲動の動きはすべての人間において同質であり、特定の欲求の充足を目標にする。これらの欲動の動きは、それ自体において善くも悪くもない（GW X, 331-332, 五、四〇三）。

欲動が生に内在する限り、それは善悪の彼岸にある。欲動（Trieb）とは、「心的なものと身体的なものとの間の境界概念」であり、「身体内部に由来し心的なものへと到達する刺激の心的代表（psychische Repräsentant）」である。[15]『時評』と同年に発表した「欲動とその運命」（Trieb und Triebschicksale）でこう定義した後にフロイトは、その「衝迫」（Drang）「目標」（Ziel）「対象」（Objekt）「源泉」（Quelle）を区別している。ここで重要なのは、目標と対象との差異である。各々の欲動の最終目標は、唯一「刺激状態の解消」であり「満足」（Befriedigung）

である。だが、そこに辿り着く過程は様々で、中期的、長期的な中間目標へと分解されうる。そうした多様な目標は、道すがら連結することも交換されることもある。目標が制止されることさえある。それに対して、欲動の対象とは、例えばフェティッシュのように、欲動には外的でありながら、それをもって欲動の満足が得られる「もの」である。欲動は従って、緊張の解消を目標として必然的に何らかの対象（あるいは対象の代理＝表象）を経由するが、当の対象そのものは目標ではない。それゆえ、同じ目標に向かう欲動の対象が次々に変化することも、一つの対象がいくつかの欲動を充足させることもある。とすれば、多様な欲動の多様な目標は互いに関係して、ある目標が他の目標の「代理」となり「満足」を得ることもあれば、ある対象が他の対象の「代理」となって目標追求を媒介することもあるということになる。とすればまた、欲動の動きは「代理＝表象」によるネットワークを、テクストを織りなすと言うことができるだろう。

数ある欲動の中には破壊に向かうものもある。そうした破壊欲動の一定程度の道徳的「改造」（Umbildung）を考えることができるが、それには内的要因と外的要因との二つがある。前者はエロス的なもの（die Erotik）の影響である。ここでフロイトは、ナルシシズムではなく、他者に向かう愛と性とを語っている。「エロス的成分の混入によって利己的な諸欲動は社会的な欲動へと変わる」からだ（GW X, 333, 五、四〇四）。それに教育という、文化環境の直接の作用によって行なわれる外的強制が加わる。文化はこの強制によって、性欲動を始め一定の欲動充足を放棄することによって獲得される。だからといって、強制による教育が常に望ましい「改造」をなしとげられるわけではない。社会にとって「善い」行為は、様々な動機からなされうるからだ。そこからフロイトは、一種の時代診断を下す。「文明社会」（Kulturgesellschaft）は文明に服従する数多くの人々を獲得したが、彼らはしかし、その本性から従属するわけではない。「文明社会」は、とフロイトは言う、「この結果に勇気づけられ、それに唆されて道徳的な要求を可能な限り高く掲げ、そうして自らの成員に、彼らの欲動性向からさらに遠ざかるよう強いた」（GW X, 335, 五、四〇五）。絶えず欲動を抑制される結果、人々はそのために緊張を強いられる。そうした緊張から、反動や代償の諸現象が出現する。こうした一種の欲動の抑制過剰が「文明社会」の特徴をなす。ただ、性の領域は、抑制を徹底するのが難しく、反動として「神経症疾患」が現われるという。むしろ神経症の存在が、フロイトにとっては、抑制が過剰になっていることの証左になるだろう。性以外の領域では抑制が「病的」結果をもたらすことはないが、抑制されている欲動はかえって常に噴出する機会を狙っているであろう。行動の仕方が予め一定の道徳的な規定や規則や処方に則ってなされるとしても、行動する人の欲動傾向(Triebneigung)がそれに見合っていない場合には、意識していようがいまいが、その人は無理をして生きていることになり、客観的には「偽善者」(Heuchler)と見なさねばない(GW X, 336, 五、四〇六)。現代の文化には、実際に文化的な人間よりはるかにもっと文化的偽善者の方が多いであろう(Ibid.)。とすれば、問題の戦争が見せる残虐性によって、道徳的に高尚な社会という幻想が破られたといって驚くこともない。もともとそれほど高尚ではなかったのだから。その上、心的発達の観点からは、発達するに従って、前の発達段階は消滅したり溶解したりするのではなく、後の段階と一緒に保たれており、きっかけがあればいつでもそこへの「退行」(Regression)が可能である(GW X, 337, 五、四〇六—四〇七)。「原始心性は、全き意味において不滅である」(das primitive Seelische ist im vollsten Sinne unvergänglich)。

では、どのような条件で、戦争の中で個人の残虐性は発動するのか? フロイトは国家と個人の関係として考察を試みている。「諸々の民族は、それが形成する国家によって代表され(werden...repräsentiert)、国家は、それを導く政府によって代表される」、そう彼は言う(GW X, 329, 五、四〇一)。一見、曖昧にも粗雑にも見えるこの命題については問わずに、フロイトの議論を追うことにしよう。

この戦争においては、個々の民族成員は、次のことを恐怖をもって確認することがある。もっともそのことは、平時においても既に、時には彼に浮かんでくるだろう。すなわち、国家が個人に不正の使用を禁じたのは、それを廃止するからではなく、塩とタバコと同様に、不正を独占し（monopolisieren）ようとするからだということである（Ibid.）。

ひとによって術語の用法に差異があるため、複数の命題の同一性を証明することはできないが、ここでは同じに重点を置いて類比的に考えてみる。国家が、とりわけ近代国家が個人に「不正の使用」を、言い換えれば不正な暴力の行使を法によって禁じるのは、不正を、不正な暴力を廃止するためではなく、それを独占しようとするからだ。そして、個人が不正を働けば、国家は法に従ってそれを罰する。冒頭で言及したベンヤミンの用語では、それが既成の法を維持する限りで「法維持暴力」であろう。しかし、それは同時に、個人の暴力の禁止と国家による独占それ自体には、すなわち法の存在そのものには法的根拠がない。ここには、法が暴力的に措定されたということもが垣間見えるのだ。右の一節を、ベンヤミンのそれと合わせて読んでみよう。

法は個人の手にある暴力を、法秩序をくつがえしかねない危険と見なしていることになる。［……］個人と対立して暴力を独占しようとする方のインタレスト［関心］は、法の目的をまもろうとする意図からではなく、むしろ、法そのものをまもろうとする意図から説明されるのだ。(16)

平時においてさえである。ベンヤミンが名指している「大犯罪者」の登場とともに、法そのものの存在が暴力によって措定されていることが明るみに出る。ましてや戦争になれば、法の、そして「法治国家」の存在の暴力性が白日のもとにさらされるのだ。法の存在そのものに直に関わる戦争においては、フロイトが言うように、国家はあらゆる不正に訴える。「戦争を遂行する国家は、個人には汚名を着せるであろうようなあらゆる不正を、あらゆる暴力的活動を自由裁量にする」（GW X, 329-330, 五、四〇一）。秘密主義と、報道と言論の表明に対する検閲を加える。自らの強欲と権力欲をはばからずに告白し、愛国心の名の下に、個々人もそれを是認しなければならない（GW X, 330, 五、四〇一）。

国家によるこうした不正と、個人が示す残虐性とはどう繋がっているのか？　フロイトによれば、国家と同様、一般的に個人もまた、道徳規範への従属や残忍な権力行使の放棄をしても利益にはならない。個人集団の間にある道徳的関係の緩みが個々人の道徳性に遡及しても、それは驚くべきことではない。元来、良心とは（カントを思わせる）不屈の裁判官などではなく、根源において「社会不安」（soziale Angst）に他ならない。とすれば、社会が非難を破棄するところでは、「悪しき渇望の抑制」（Unterdrückung der bösen Gelüste）も終わる。そこで人々は、個人をして、文化の水準からすれば考えられないような「残虐性」（Grausamkeit）に、欺瞞（Trücke）に、裏切り（Verrat）に、生々しさ（Roheit）に走らせることになる（GW X, 330, 五、四〇一）。善悪の彼岸にある破壊的な欲動が噴出し退行が起こって、抑制されてきた攻撃性が残虐なまでに解放される。道徳性という堤防の完璧な瓦解である。

対象とその表象によって欲動の目標が消滅するのではないとすれば、発達の過程においても、特定の欲動が抑制されることはあっても、欲動自体が決定的に乗り越えられたり、「卒業」によって置き去りにされたりすることはない。フロイトの精神分析を弁証法化しようとの試みがしばしばなされてきたが、ヘーゲルが夢見たような論理的な建造物へと欲動を止揚することはできない。とすれば、欲動の組織化としての心的発達もまたヘーゲル的な一極へと収斂する目的論的歴史——一九世紀の進歩史観はそのヴァリエーションであり、幻滅を蒙った幻想の源泉である——ではない。しかも、様々な発達過程の差異を、理論的にも理想形へと還元することはできない。複数形で運命（Schicksale）と呼ばれる所以である。(17)『時評』でフロイトは言う。

> これら［欲動の］原始的な動きは、それが大人における活動に入ることを許されるまで長い発達の道を経る。

それらは制止され、他の目標と領域へと導かれ、互いに融合へと達し、その対象を変え、部分的には自分の人格に抗って（gegen die eigene Person）向き直る。ある種の欲動に対する反動形成は、あたかも利己主義から愛他主義が、残虐性（Grausamkeit）から同情が生成したかのように、欲動の内容の変化が起こったかのように見せかける。これらの反動形成には、多くの欲動の動きがほとんど始めから対立的な対の中で現われることが役立つ。……それは「感情両価性」（Gefühlsambivalenz）と呼ばれてきたものである（GW X, 332, 五、四〇三）。

両価性《アンビヴァレンツ》の中で最も顕著なのは愛憎である。続けてフロイトは、「強い愛情と強い憎悪とが、互いに一つになって同じ一人の人格に現われる」と、さらには「互いに対立する両方の感情の動きが、一人の人格を対象にする」と付け加えている（Ibid.）。「欲動とその運命」で彼は、両価性《アンビヴァレンツ》は欲動の「内容」の対極への変容であり、それを例えば攻撃性の方向転換であるサディズム／マゾヒズムのような、能動性から受動性への目標の転化と区別している。(18) 両価性《アンビヴァレンツ》と自己へ向かう攻撃性とは、両立不可能な極が弁証法的に止揚しえない分裂である限りで、良心による人格の統一を阻むであろう。フロイトによる欲動の考察はこのように、残虐性の拭い去れない可能性を明らかにすると同時に、ヨーロッパを覆っていた幻想の幻想性を暴くものであった。へたな幻想を抱かなければ、ひどく幻滅することもないのだ。

『時評』の二ヶ所でフロイトはVölkerindividuenという語を使っている。それは「個人」を意味するIndividuumを組み込んだ複数形であり、「個々の民族」「個である民族」を意味するであろうが、あえて「個体としての民族」と理解してみよう。それはしかし、心理学的概念としての「個人」と「民族」概念とをフロイトが同一視して『時評』を書いていることを意味するわけではない。むしろ精神分析は「個人」という概念の脱構築へと行き着く。個々人の心的なるものは、英語でいえばin-divisible「分割不可能な」個ではなく、様々な葛藤すなわち力関係の所産だからだ。均質な統一体としての個であるかのように見えるものは、常に暫定的な状態であるに過ぎない。たとえVölkerindividuumなるものがあるとしても、やはり類比的に力関係と葛藤とから問いを立てることになるだろう。あるいは逆に、心的なるものは、社会的・政治的・軍事的なるものから類比的に発想されていると言うこともできる。精神分析の概念がどこまで社会・歴史の問題に適用可能なのかは、改めて吟味するに値するが[19]、その際、精神分析用語の多くが「防衛」(Abwehr)、「抵抗」(Widerstand)、「葛藤=紛争」(Konflikt)、「検閲」(Zensur)、「備給=占領・占拠」(Besetzung)など、同時に軍事的意味をもった語であることを考慮する必要がある。

とはいえ確かに、フロイトが「個人」と民族集団を同じものとして扱っている言表がある。民族を「人間の大規模個体」(Großindividuen der Meschheit)と称して彼はこう言っている。

人間の大規模個体は恐らく、個人の発達を反復しており、より高次の統一体の組織と形成との極めて原始的な段階でわれわれに立ち向かってくる。それに応じて、われわれが個においてはかくも有効であることを見出した道徳性への外的強制の教育的契機は、人間の大規模個体においては、いまだにほとんど証明し得ないのである(GW X, 339-340、五、四〇八—四〇九)。

大規模個体、すなわち民族(国家)が個人の発達を反復しているとはいえ、同じ段階にはない。道徳性への教育という外的強制が個人においては有効であったため、より高次の民族(国家)内部では欲動には抑制が効く段階にまで達しているが、諸民族(国家)がより高次の世界的組織を形成する中では、発達ははるかに「原始的段階」に留まっているというのだ。では、いつの日か民族(国家)にも教育的な強制が浸透するのだろうか? 民族(国家)間に働く「破壊欲動」が抑制されるならば、個々人の残虐性は発動される機会も減少するだろうからだ。そうだとしても誰が、あるいは何が教育的強制を行なうのか? もし、民族(国家)が個人の発達を遅ればせながらも反復するのであれば精神分析は、「極めて原始的な段階」が個人の発達のどの段階にあるのかを判定し、診断することができるのではないか？　フロイトの答えはしかし、曖昧だとは言わぬまでも、少なくとも慎重である。第一節はこう結ばれている。

なぜ民族個体は互いに軽蔑し合い、憎み合い、忌み嫌い合うのか、しかも平時においてさえ、そして各々の国民が他の国民を。それはもちろん謎である。私にはそれ［がなぜなのか］を言うことはできない。この場合それはまさに、多数の、それればかりか何百万の人間が集まると、あたかも個人の道徳的獲得物は放り出され、最も原始的で、最も古い、最も粗野な心的態度だけが残っているかのようだ（GW X, 340, 五、四〇九）。

フロイトには答えがない。従って答えを言うことができない。「あたかも……であるかのよう」（als ob）が残るばかりだ。この『時評』の第二節「死に対するわれわれの関係」は、このals obを解明し、答えをもたらすことができるだろうか？

世界のこの居心地悪さを理解するためにフロイトは、現代人の死に対する関係の特異性を標定しようとする。彼によれば現代人、すなわち「文明人」（Kulturmensch）の死に対する構えには混乱がある。他人の前では死の自然的必然性を口にするが、実際には死を極力生から排除しようとしてきた。他人の死を思い描くことは悪いことだと卑下し、他人の死を偶然的要因に帰そうとする。身近な人の死には絶望し、予め危険を避けようとする。こうして生から死を遠ざけようとする構えは生の貧困化を招く。これが現状である。

われわれは、死を脇に追いやり、生から死を除外しようという明らかな傾向を示してきた。われわれは死を黙殺しようとしてきたのであり、われわれは諺をもっている。「人は何ごとかを、死を思うがごとく思う」。

もちろん、自己自身の死のごとく。実際、自分自身の死も表象不可能（unvorstellbar）であり、そう努力するたびごとにわれわれは、引き続いて本来そこに傍観者（Zuschauer）として留まっているということに気がつきうる（GW X, 341, 五、四〇九―四一〇）。

表象し得ないものの表象と傍観者、表象することによってわれわれは、自分の死を他人事として傍観する。そこからわれわれは「フィクションの世界に、文学に、演劇に、生の損失に対する代替（Ersatz）を求める」（GW X, 343, 五、四一一）。やはりここでも、表象されている死は他人事である。

生から死を排除しつつ表象された死を傍観するという状態をフロイトは、今までの、古くからの死への関係を維持しえず、それに代わる新たな関係を築けていない状態だと診断する（GW X, 344, 五、四一二）。そこから彼は、われわれの無意識における死への関係を解明するため、「原人間」（Urmensch）、「先史時代の人間」（Mensch der Vorzeit）の死への関係とへと系譜学的に遡る。ただし、フロイトの読者には、馴染みの荒唐無稽とも見える系譜学は、失われた「先史」という現実を再現するというより、無意識の欲動の動きを考古学的に辿るための迂路だと考えてよい。

フロイトによれば「原人間」「原始人」「先史時代の人間」は、死に対して矛盾した関係を結んでいた。他人の、とりわけ「敵」の死を死と認め、躊躇なく残忍な殺戮に訴えていた。その一方では、彼らは自己の死は認めていなかった。ところが、「他人」と自己との二分法に収まらない他者の死が、死への二つの関係を葛藤に引き入れることになる。愛する者の死である。愛する者は自己の一部であるから、そこに自己の死を認めざるをえない。ところが、父親殺しに関わるオイディプス・コンプレックスに顕著に見られるように、愛する者は同時に、自己にとって憎悪の対象でもある。両価性《アンビヴァレンツ》であり、憎悪は罪悪感を生む。こうして、愛する者は、憎悪すべき「他人」でありながら自己（の一部）である。そこに妥協が成立する。不死なる霊魂の観念である。愛する者の死を認めたくない自己は、認めながらも死後に生き延びる生を構想し、他方、愛する者を憎悪する殺害に由来する罪悪感を払拭したい自己が、殺した後にも生き残る生を構想する。霊魂という妥協形成である。そこから「原人間」における、殺害した他者の亡霊による復讐への恐れが生じた。

愛憎という両価性《アンビヴァレンツ》の中に現われる対象を殺した罪悪感が、後に宗教における「原罪」の観念を生む。神が父なる神であることから推論すれば、その殺害は父親殺しであったであろう。「原罪」に、まずは愛する者に対する「汝殺すなかれ」という禁止が由来し、次には他者一般へとそれが拡張される。後の宗教の発展は、死後の生の方が生前の生より価値がある、あるいは誕生前と死後にも生があって、それは輪廻するといった発想を生むことになる。

ところが、「原人間」の古層は無意識へと引き継がれている。われわれの無意識は、他者の死は肯定しても、存在の否定としての自らの死は認めない。無意識には否定はないからだ。

……われわれの無意識は、自分自身の死を信じず、不死であるかのように振る舞う。われわれが「無意識」と呼ぶものは……一般に否定的なものを知らず、否認も知らない――そこでは諸対立は崩壊する――、それゆえ、われわれが否定的な内容しか与えることのできない自分自身の死をも知らないのである（GW X, 350, 五、四一六）。

「原人間」と同じように、愛する者に対する両価性《アンビヴァレンツ》が他者の死の肯定と自己の死の無視とを葛藤に引き込む。「われわれの愛情関係の最も細やかかつ最も親密なものにも、わずかな状況を除いて、一抹の敵意が加わっており、それが無意識の死の願望を刺激する」（GW X, 353, 五、四一八―四一九）。そこには「原人間」の場合と同様に罪悪感が伴う。では、「原人間」と無意識を等置するフロイトにとっては、「原人間」と「文明人」との差異はどこにあるのか？「どれほど大幅に、慣習的‐文明的な態度において、われわれは死に対するこの原状態から遠ざかったことか！」、こう書く彼は、戦争がわれわれの無意識に保存されている「原状態」を、あたかも手つかずのままに再び現出させるかのように言う。

戦争はわれわれから、後にできた文化の上層を剝ぎ取り、われわれの内に再び原人間を出現させる。それは再びわれわれに、自己の死を信じることのできない英雄であることを強い、われわれに異邦人を、ひとがその死を招く、あるいは望むことになるような敵として示し、われわれに愛する者の死を無視するように勧める（GW X, 354, 五、四一九）。

フロイトは生涯、「原始時代」がわれわれの無意識に、何の変化も蒙らずに生き残っているかのような議論をする。「後に」蓄積された意識の層を取り払えば、そっくり古層が取り出せるかのようだ。しかし、その一方で「事後性」（Nachträglichkeit）や「重層決定」（Überbestimmung）の概念が表わしているのは、「現在」や「自我」との関係で「過去」が逆に規定され、「歪曲される」ということだ。とすれば、フロイトが構築する「原始時代」は彼の「現在」が投影しているものだということになる。自らが歪曲し投影した「原始」を「われわれの無意識」に再び投影することになるだろう。トートロジーである。

フロイトはこうして、あたかも第一節の結論を反復しているかに見える。平時においても「多数の、そればかりか何百万の人間が集まると、あたかも個人の道徳的獲得物は放り出され、最も原始的で、最も古い、最も粗野な心的態度だけが残ったままであるかのようだ」、これが結論であった。ましてや戦時においては「原始」が手つかずのままに噴出してくるのだ。しかしそれでは「あたかも……のようだ」（als ob....）もまた手つかずのままである。この様相なしに、なぜ「原始が噴き出す」と断定しないのか？　なぜ「かのよう」なのか？　「われわれは人殺しの後継者である」、その通りだ。だが「普段は人殺しをしない」、その通りだ。しかし、平時においてもわれわれが集団として他の集団を憎悪し、きっかけさえあれば人殺しに走っているのが現状ならば、「われわれは原始人である」となぜ断定しないのか？「原始」と「現在」、「未開」と「文明」、欲動と過剰抑圧との間で、フロイトの分析（analysis）は麻痺（paralysis）に陥るかのように見える。差異はあるのかないのか？

『時評』の中にも、差異に微かに触れている一節がある。「原人間」は、単に敵を容赦なく殺しただけではない。愛する者に対する両価性《アンビヴァレンツ》から「死後の生」を、不死なる霊魂を作りだした。それは「汝殺すなかれ」へと発展し、異邦人にまで拡張された。「原人間」とはこのワンセットである。「文明人」がなくしたのはまさにこの点だと断定して、フロイトは続ける。

> この最後の点［敵にまで拡張されたこと］において、この禁止が文明人からは感じ取られない。この戦争の野蛮な格闘が終結を見た時、勝ち誇る戦士はみな喜んで故郷に、妻と子供のもとへと戻り、接近戦においてであれ、遠隔作用する兵器によってであれ、自分が殺した敵への思いによって躊躇うことも妨げられることもない。注目すべきは、今でも地上に生き、われわれよりは確かに原人に近いところにいる未開民族は、われわれの文化の影響をいまだ経験していない限り、この点では別の振舞をしており――してきたのである（GW X, 349, 五、四一五）。

「後悔なき人殺し」ではない彼らは、戦場から戻って、「贖罪」の後に初めて村に入り妻に触れるとフロイトは言う（Ibid.）。とすれば、現代の戦争においては、再び「原人間」がそのまま出現するのではない。右に引用した結論部分との差異である。とすれば「原人間」と「文明人」との差異とは何か？

『時評』に限れば、古代から今にいたるまで何れにせよ思い描けない自分の死を思い描いた不死なる霊魂という表象を「文明人」は失った。その代わりに文学や演劇による表象に頼っている。すなわち、「原人間」を「抑圧」と道徳的抑制によって無意識化したのだ。さらには、少なくとも平時には、曖昧なままにであれ「汝殺すことなかれ」を残していることだ。その一方では、戦場においては、「文明人」は罪の意識なき「後悔なき人殺し」になり、平時においては死の傍観者になったことである。残虐性は増したことになるだろう。しかも、残虐性は、個々人だけが示すわけではない。フロイトが言うように「遠隔作用する兵器」は核兵器に極まるとすれば、残虐性は個人の手を離れていることになる。もちろん、近親者に対する「憎悪」に由来する罪の意識は続いており、「死の不安」(Todesangst)は大抵罪の意識から生じる(GW X, 351, 五、四一七)。にもかかわらず、われわれは死の傍観者としての構えをますます強化しているのだ。それはテレビ報道の出現とともに質的に新たな段階に入っていると考えてよい[20]。

『時評』の結論は、われわれが未だ見出せずにいる死に対する「新たな構え」を準備するに至ってはいない。むしろ、戦争が不可避であることを確認し、イロニックな「古い格言」とその言い換えを結語とする。

われわれは古い格言を想い起こす。Si vis pacem, para bellum. 汝平和を保とうと欲せば、戦争に備えよ。それをこう改訂するのが時宜に適っているであろう。Si vis vitam, para mortem. 生に耐えんと欲せば、死に備えよ(GW X, 366, 五、四二〇)。

2　死の欲動をずらす?

アインシュタイン‐フロイトの往復書簡『戦争はなぜ?』のために一九三一年に綴った書簡でアインシュタイ

ンは、「人間たちを戦争の脅威から解放する道はあるか?」という問いを立て、「ナショナリズムの性質の情動から解放されている人間」である彼にとって、組織面での問題は単純だと言う。「立法的かつ司法的当局」を、国家間の合意の下に立ち上げ、その機関が国際紛争に裁定を下し、各国はそれを受け入れ、裁定を実現する措置を執ることに合意する。今日ではごく常識的な発想はしかし、アインシュタインが言っているように、今日でもなお実現されていない。彼はこう書いている(翻訳に際しては、書簡である以上敬語を用いるべきであろうが、以下にはそれを省く)。

法と力(Recht und Macht)とは分かちがたく結びついており、法的機関の判決は共同体の正義の理想に[……]、この共同体がその正義の理想の尊敬を強要するための力の手段をより多く取り集めることができれば、その分だけさらに近づく。われわれはしかし、今のところ、自らの法廷に争う余地ない権威を付与しうる、そして、その判決の執行への絶対的服従を強要しうるような超国家的な組織を所有することからほど遠いところにいる。それゆえ、第一のちの私には第一の確認事項が課されてくる。すなわち、国際的な安全への道は、国家による、自らの行動の自由の、ないしは主権の一部の無条件な放棄に通じるが、他にこうした安全に至る道はないということには疑う余地がないと思われる。(21)

国際法、国際連盟、国際連合、国際刑事司法裁判所など、ある種の強制力を国家間の合意によって付与された機関でさえ、諸国家間の完璧に民主主義的な合意に、「主権の一部の無条件な放棄」に基づいているわけではなく、特定の国家の都合を反映している以上、その設立には何らかの「暴力」が働いている。非常に理想主義的なアインシュタインの提言は単純であり、国際的な安全、つまりは平和維持という目的から、紛争の裁定を正当化する正義(の理想)が直接導かれるかに見える。それは暴力の射程外に君臨するように見えるのだ。従って、国際秩序を平和に維持するために、今日なお付与されていない「力」(Macht)とは、ベンヤミンのいう「法維持暴力」に相当するであろう。それを受けてフロイトは、語「力」を「暴力」(Gewalt)に置き換えて議論を展開する(SA IX 275、一一、二五〇)。この置き換えは何を可能にするのか？　どのような言説空間を開くのか？　系譜学である。

フロイトが問題にするのは、改めて法と暴力との関係である。両者は一見、対立関係にあるように見えながら、一方は他方から発達してきたのだ。人類史の「始め」(anfänglich)、小さな群れの中で、争いを決したのは強い力であった。身体的な力の強さから、次には道具を操る精神的な力の強さが重要になる。何れにせよ、暴力で相手を抑え込むこと以外はなかったのだ。しかし、暴力の支配は絶対的ではない。征服された「弱者」が団結して支配する一者を打倒することがありうる。暴力‐対‐対抗暴力である。団結した者たちの力が、原初の暴力に対抗する法として制定される。彼らは、一つの共同体を作るメンバーとして、共同体へと自らの力を譲渡することによってメンバー間に起こる暴力を克服するのだ。とはいえ、こうして制定された法もやはり暴力によって形成されたものである限り、別の対抗暴力を生む可能性を拭い去ることはできない。こうして、対抗暴力による新たな法秩序の成立という循環は無限に続きうる。一見素朴とも常識的とも見えるこの系譜学はしかし、本質的な点を突いている。アインシュタインが「法維持暴力」しか問題にしていないのに対し、フロイトは同じくベンヤミンのいう「法措定暴力」をも視野に収めているのである。

だが、共同体内部のメンバー間の力の差異が支配者、非支配者の区別を生み、支配者は法を横取りしようとする。「法は支配者たちによって、彼らのために作られ、支配下にある人々にほとんど権利を与えない」(SA IX 278、一一、二五二)ことになる。加えて、対外的には他の共同体との間には常に紛争の可能性がある。こうした前提を基に、フロイトはアインシュタインに同意する。戦争を確実に防ごうと思えば、人類が一致して国際紛争に裁定を下す権限を譲渡された「中央権力」(Zentralgewalt)を設置する他はない。しかも、決定を履行させる

「力」(Macht) が与えられていなくてはならない。国際連盟に欠けているのはまさにその拘束力である。それ以後フロイトは、アインシュタインが立てた問いに答える形で返信の後半を認めている。アインシュタインは、恒久平和の理想の実現が挫折してきた状況を踏まえ一連の問いを立てる。「それら［実現］の努力を麻痺させる強い心理的な力が働いているのではないか？」、支配する「少数者が、戦争によって堪え忍び失うことしかない大衆を自らの欲望に役立つようにさせうるのか？」、学校、新聞、宗教組織によって「大衆はいかにして狂乱と自己犠牲に至るまで燃え上がることが可能なのか？」、「憎悪と破壊の精神病に抗してより抵抗力が強くなるように人間の心的発展を導く可能性はあるのか？」である。それをフロイトは、「人間を戦争に夢中にさせるのがかくも容易なのか」「あのような煽動を迎え入れる、憎悪と破壊への欲動が人間の中に働いている」(SA IX 280, 一一、二五五) と言い換えた上で、彼の欲動論に戻っている。さきほど指摘したように、一九二〇年を境にフロイトが欲動論を新たにした後の議論である。

返信文において「人間の欲動には二種類の性質のものしかない」(die Triebe des Menschen nur von zweierlei Art sind) と言い切るフロイトは、一方を「エロス的」ないし「性的」欲動と呼び、もう一方を「攻撃欲動」ないし「破壊欲動」と呼ぶ (SA 281, 一一、二五五)。それは二パラグラフ後に初めて「死の欲動」(Todestrieb) と言い換えられる (SA 282, 一一、二五七)。「思弁の少しばかりの支出をして」(mit etwas Aufwand von Spekulation) 到達した見解によれば、「どんな生命体の内部にもこの［破壊］欲動は働いて、それが生命体を崩壊へと導こうと、また生命を非生命的物質の状態に後戻りさせようとの努力をしている」(Ibid.)。エロス的欲動は生命への努力であるのに対し、こちらは死の欲動と呼ぶに値する。生命を無機状態に引き戻そうとする死の欲動が外部の対象に向かう時、それは破壊欲動になる。われわれが自己の生命を保つために食物を摂取するなかにも、食物という対象を破壊する欲動が同時に作動している。そしてフロイトは、われわれの行動のすべてに、二つの欲動が参入しているという。組み合わせの度合いとパターンは多様であるとしても。(しかし、すべての行動に両方が関与しているとしたら、それは事後的な分類の原理にしかならず、現象を説明する力を失うのではないか？）この二元論をフロイトは、「本来、世に知られた愛情と憎悪の対立の理論的解明に過ぎない」と言っている（SA 281, 一一、二五五）。とすれば、『時評』で彼が罪悪感および道徳の源だと指摘した、愛する者に対する両価性《アンビヴァレンツ》が、新たに解釈されたのだと言ってよい。それに呼応するかのようにフロイトは、「良心の成立」は「攻撃の内面への方向転換」によると言う（SA IX 282, 一一、二五七）。とすれば今や、罪悪感、良心、道徳は、死の欲動が他者である対象に方向転換した後に、改めて内面化という方向転換が起こった時に生じることになる。その意味では、『戦争はなぜ？』の議論は、『時評』に根本的な齟齬を持ち込むわけではない。むしろ、フロイトの欲動論の整理から発した議論である。しかし、それを理論的深化であるか、それともさらなる曖昧化であるかを即断することはできない。ただし、死を巡る一点に後ほど注目しよう。

問われているのは、『時評』では問題になっていなかった戦争の是非である。アインシュタインの定式によれば、戦争を阻止する理想の実現を阻止する心理的な力があるのではないか、あるいは大衆が狂乱と自己犠牲に至るまでの熱狂を示す可能性はどこにあるのかであった。欲動の二元論を一つの共同体（例えば国家）にまで拡張すれば、死の欲動に由来する暴力的拘束と、エロス欲動に由来する共同体の絆の維持――ここでは「同一化」と言われている（SA IX 283, 一一、二五四）――を脅かす他の共同体に対して防衛的に身を守る、あるいは自己の共同体を拡大する（エロス的欲動）ために、他の共同体を攻撃する（死の欲動）というパターンが現われるであろう。その場合、死の欲動が戦争の原因なのではない。二つの欲動の組み合わせを戦争に識別することしかできないからだ。ところがフロイトの欲動論においては、大衆が狂乱と自己犠牲に至るまでの熱狂を、すなわち残虐性を示すのかは、この議論の枠内においては、紛れもなく死の欲動の方である。それは、戦闘の中で歯止めをなくした暴力が突出することである。

では、残虐性を誘発する戦争を回避する道はあるのか？　フロイトはあると言う。死の欲動が欲動である限り、それを除去することはできない。単に間接的な抵抗を準備することしかできない。第一に、死の欲動および破壊欲動には他者がある。

……問題は……人間の攻撃傾向を完全に取り除くことではない。だが、その大幅に方向を逸らせて、それが戦争の中で表出を見出す必要のないようにする試みはなしうる。

われわれの神話的な欲動説によれば、われわれは容易に、戦争との戦いへの間接的な道のための定式を見出す。喜んで戦争を迎えることが破壊欲動の結果であるなら、それに反してこの欲動の相手役、エロスに呼びかける理由がある。人間の下に感情の絆を作り出すものすべては戦争に反対して働くに違いない（SA IX 283, 一一、二五四、強調は T. M.）。

それには愛情と同一化の二つがある。愛情は必ずしも性的目標をもたずともよい。例えば友情といわれるものも、そこに含まれるであろう(22)。このコンテクストでフロイトは、キリスト教の「隣人を汝自身のように愛せ」を引用している。ただし、すぐに言うはやすく行なうは難しと付け加えてはいるのだが。他方、同一化は、たとえ両価性《アンビヴァレンツ》の中でであれ共同感情を生み、社会建設の基礎になるとフロイトは言う。愛による絆、同一化による絆ともに、共同して絆の外部の人間に戦争をするための条件でもあるとの留保が必要であるが。『時評』で彼が引用していたユダヤ教の「汝殺すなかれ」は、さらに両方の基礎をなすと考えられる。生なくしては、愛も同一化も不可能だからである。幻想なき進歩主義——だが、以上については後に再び検討する。

第二は支配者たちの問題である。人間集団はおのずから、指導的立場に立つ少数の者と、それに従う多数者とに分かれる。それも除去しえない不平等である。アインシュタインは「国家の時々の支配層がもつ権力欲求は、国家主権の制限に抵抗する」と書いている。それに呼応するかのようにフロイトは、多数者は自分の代わりに決定してくれる権威を必要にしており、権威がある場合には易々と服従すると言う。とすれば、「支配層」をなす少数者の質が問われることになるだろう。フロイトはここで、あたかもプラトンの「哲人王」教育を思わせるような、「支配層」の教育を口にする。プラトンからむしろ、今やカントを思わせる「理性の独裁」（Diktatur der Vernunft）である――「理想の状態とはもちろん、自らの欲動生活を理性の独裁の支配下に置いた人々の共同体ではあろう」（SA IX 284, 一一、二五九）。その場合には、感情の絆さえ不要になるだろう。だが、それが実現しようのないユートピアであることを彼は認めている。ところが、フロイトのここでの思いとは異なり、現実に対して無力であるか否かに関わらず、「理性の独裁」という表現は別の問いを立てることを要請している。それについても、後に立ち戻ることにしよう。

第三は、アインシュタインへと呼びかけて「なぜ私たちは戦争に抵抗するのか？」を説明することである。これがフロイトの返信を結ぶ考察である。死の欲動に基づいている以上、戦争の可能性を根絶しえない。彼はそれでも戦争には反対すると言う。「すべての人は、自ら固有の生命への権利を有する」からだ（Ibid.）。権利という法的・倫理的な概念、というより発想をフロイトは支持しているわけだが、ただしそこからストレートに反戦を導くわけではない。なぜなら、「共同体もまた個人の生命に対する権利をもってはならないのか否か」という問いは開いたままだからだ。彼は「すべての種類の戦争を同程度に断罪することはできない」と言う（SA IX 285, 一一、二六〇）。他の国家を破壊しようと狙っている国家がある以上、戦争には備えていなくてはならない、『時評』の結語と同じ留保がここにある。従って、「権利」がフロイトの反戦の最終根拠ではない。彼の反戦の理由はむしろ、一種の特異体質にある。

私たちがなぜ戦争に憤怒を感じるのか、その主要な理由は、私たちにはそれ以外のことはできないのだと私は思っている。私たちは平和主義者である。私たちは器質的な理由から（aus organischen Gründen）そうであらざるをえないのだ。そすれば、われわれが議論によって自らの立場を正当化するのは容易である（Ibid. 強調はT. M.）。

フロイト一人の「器質的理由」ではない。「あなたも」そうであり、ある程度多くの人々もそうであろう。では、そうした「器質」は何に由来するのか？　彼が『文化への不満』で論じた「文化の発達」（Kulturentwicklung）にである。その過程の積極的側面と否定的側面を冷徹に見極めようとする彼はこの書簡で、「もしかしたらこの過程は人間性（Menschenart）の消滅に行き着くかも知れない」と言う。この過程は身体レヴェルでの変化を伴っている。「それは、一つならぬ仕方で性的機能を侵害しつつある」のだ。「文明化されていない諸人種と人工の知的に遅れた諸層」（unkultivierte Rassen und zurückgebliebene Schichten）の方が「高度に文明化された」（hochkultiviert）人々より高い人口増殖を示している。それは、ある種の動物種の家畜化になぞらえることができる（Ibid.）。今日では無条件に肯定しがたい表現は措くが、そこには当然、様々な心的変化をも認めうる。例えば「われわれの倫理的かつ美的な理想要求が変化した」のには器質的な諸条件がある（SA IX 285, 二一、二六〇）。そうした変化の中でも、「欲動生活を支配し始める知性の強化」と「攻撃的傾向の内化」が重要である。ところが、戦争はそうした文明化の過程を真っ向から否定する。そこにこそ「私たち」が平和主義者でしかありえないことの根拠がある。書簡の結論である。

今や戦争は、文化の過程がわれわれに押しつける心的態度に最も際立った仕方で異議を唱える。だからわれわれは、必ずや戦争に反抗するのだ……。それは単なる知的かつ情動的な拒否ではない。私たち平和主義者にあってはそれは、体質的な非寛容（ein konstitutionelle Intoleranz）であり、最高度に増大した中での特異体質（Idiosynkrasie）にも等しいものである。しかも、戦争を美的に貶めることがわれわれの反抗において、その残虐性に比べても少なからぬ部分を占めているのである。［……］文化発展が促進するものすべては、戦争に反対して働く（SA IX 286, 一一、二六一）。

以上のようなフロイトの「回答」がアインシュタインを満足させたとも、少なくとも勇気づけたとも思えない。もとより、それを目指す必要さえなかったであろう。戦争を阻止する道はあるのかという問いを前にして、「体質的な非寛容」や「特異体質」を持ち出しても十分な抵抗にはならないことは、二人とも周知であったろうからだ。何よりも、性的機能の低下を代償に発達してきた文明化の過程が準備する戦争に対する「器質的な」嫌悪を醸成してきたのだとしても、理性によって綿密に計算され、高度に発達した技術によって遂行される、局地に封じ込められなくなった戦争の残虐さは飛躍的に増大しつつあるからである。『時評』でフロイトが言っていたように、共同体レヴェルでの歯止めがなくなれば破壊欲動が、今や死の欲動が解き放たれ、共同体か個人かの区別なく、残虐性が現実化するのは避けられないからである。それゆえ、フロイトの二つの戦争論を前提にして、そこから出発して、「残虐性の彼方」なるものの可能性を構想しうるのか否かが、改めて問われなければならない。問われているのは欲動論そのものである。

3　主権という残虐性

フロイトによれば、欲動には二つしかない。一方にはエロス的、性的な欲動、それは他者との結びつきを志向し、狭義の性を超えても生命の維持、恒常、さらには向上へと向かうため「生の欲動」（Lebenstrieb）と総称される。それに対して憎悪や残虐性を生む攻撃欲動、破壊欲動、「死の欲動」（Todestrieb）である。そして、われわれのあらゆる行動には、その両方が関与しているという。ただし、双方ともに部分欲動のグループであり、食欲に関わる欲動が摂食障害において性的欲動を代理することがあるように、複雑な関係が想定される。とはいえ、フロイトにおいてもその後においても、欲動なるものがいくつあるのかを数える試みさえなされていないと思われる。しかし、フロイトは欲動を全生命を貫いているという広大な思弁を展開し、すべての現象に両方が関与すると断定する以上、欲動概念が何らかの現象に対して説明力をもつとは言えなくなる。しかじかの現象には、一方そして他方がどの程度関与しているのかを事後的に推論しうるに過ぎない。フロイト自身が右の書簡で、欲動論を「神話学」（Mythologie）と呼んでいるように、それはフロイト晩年の壮大な宇宙論的、形而上学的思弁の原理になる。従って私は、フロイトの欲動論を無条件に肯定しているわけではない。とはいえ以下には、欲動論の言説空間を仮定した上で、その問題点を徹底化してみることにする。

『快楽原則の彼岸』でフロイトは、例えばトラウマ体験のフラッシュバックのように、とりわけ不快なままに何ごとかがわれわれを反復的に襲ってくる「反復強迫」から、「快楽原則」が支配するわれわれの生活の外部を推論し、それを死の欲動の仮説として（脱）定立した。そこからさらに、生のであれ死のであれ、唯一「刺激状態の解消」を、つまり「満足」を最終目標とする欲動一般を、「以前の状態を回復しようとする」「保守的な」動きとして「定義」する。さらに「保守」は「反復」と言い換えられる。フロイトが自らの議論を対立する二つの欲動からなる二元論として自己主張する中で、両欲動が一つの動きとして定義されることをどう考えればいいのか？

回復、保守、反復は一方では、生命の一時点における状態に新たな欲動の刺激が加わった時、すぐ前の時点の状態を回復するということを意味しうる。すなわち、生命の状態をできる限り恒常的なままに保とうとする保守的回帰である。生命の状態を反復的に保とうとする方向は生の欲動と呼ばれる。しかも、フロイトの思弁においては、それは同じ生命を回帰的に再生産するという世代の反復継続、すなわち保守へと延長される。

ところが、回帰、反復は、何らかの起源において失った状態への回帰でもある。生命の目標は、「古い状態、生体がかつて捨て去った（einmal verlassen hat）、そして発展の迂回のすべてを経てそこへと回帰しようと努力する起点の状態」であり、「無機的なものへの回帰」であり、「すべての生命の目標は死」なのである。[23] 生命の維持と回帰としての死と、保守＝反復＝回帰。同じと差異と。ここには、個体としての自己から出発した場合には、運が悪ければ自分の命を落とす、すなわち自己を失うかも知れないという危険を冒してまで他者と結びつこうとする生の欲動に対して、死の欲動は「今すぐ自己の死には走らない」という一見奇妙な、逆説的な論理がある。死の欲動はなぜ死を実現しないのか？『快楽原則の彼岸』でフロイトはこう言っている。

> 有機体は自分のやり方でのみ死のうとする（der Organismus nur auf seine Weise sterben will）。また、生命の見張り番（Lebenwächter）は、根源的には死の護衛（Trabanten des Todes）であった。ここから次のようなパラドクスが実現する。すなわち、生きている有機体は、生命の目標［＝死］へと短い道を経て（いわゆる短絡によって）達するのを助ける可能性のある作用（危険）に、全エネルギーをかけて抵抗する。[24]

ここで有機体とは人間をも含め全生命――従って例えば、超自我―自我の間に成立するサディズム－マゾヒズムといった分節以前の次元――のことである。それが「実証」の不可能な大胆な思弁である所以だが、ここでは、有機体と死との関わりには、二つの大欲動が協力していることが重要だ。死の欲動だけが死に関わるのであれば、即刻死ぬ最短距離を進むかも知れない。ところが有機体は、自己の死を死ぬために、生の欲動がそれを阻止するとは言わぬまでも、少なくとも引き延ばす。自己の保守、自己の反復、自己への回帰である。こうして、生命の誕生以来、生命が後に残した無機的な状態へと回帰しようという死の欲動は、自己の死なるものを探すために、「生命の目標［＝死］へと短い道を経て（いわゆる短絡によって）達するのを助ける可能性のある作用（危険）

に、全エネルギーをかけて抵抗する」ことになる。欲動が本質的に保守的であり、生の欲動が他者へと結びつく動きである限り、自己の生をさらに「進化」させる方向を目的論的に目指す動きではない。生の自己追求ではない。とすれば、自己の死を目指す自己は死の側にある。「生命の見張り番」である生の（部分）欲動は、実は自己の「死の護衛」なのだ。自己の死を死ぬために（手中にする、離れを防ぐために）自己の死を遠ざける（cf. Entfernung――ハイデッガー）。それをフロイト自身が逆説と、「パラドクス」と呼んでいる。それは、彼の思弁が支持している事柄のパラドクスなのか、それとも思弁の議論設定のパラドクスなのか？　この問いそのものが決定不可能なのではないか？

ここには二つの欲動が共同している。運が悪ければ自己の生命を落とすという、すなわち自己の喪失という危険を冒してさえ他者との結びつきへと向かう生の欲動と、生命の起源において捨て去った無機的状態を回復し死のうとする、自己を喪失したい欲動とが。二つの自己喪失。他者との関係への喪失と、自己以前（へ）の喪失。死の欲動と生の欲動との協働にはしかし、自己固有の死の自己固有性だけが欠けているのではないか？　それはどこに、何に由来するのか？　『彼岸』の、従ってアインシュタインへの返信の境位から問いを立て直すことにしよう。

フロイトは、生の／死の欲動の対を対象の方にも見いだせると推量する。愛憎の両価《アンビヴァレンツ》性である。問題はまずサディズムである。

> 以前からわれわれは、性欲動のサディズム的構成要素を認めてきた。われわれが知っているように、その要素は自らを自立させ、倒錯としては一人の人の全性欲動を支配する（beherrschen）ことがある。その要素はまた、私が「前性器的体制」と呼ぶものの一つにおいて支配的な部分欲動（dominierender Partialtrieb）として歩み出る。だがひとは、対象の損傷を目指すサディズム的欲動が、いかにして生命を維持するエロスから導く

ことができるだろう？　このサディズムは本来（eigentlich）死の欲動であって、それはナルシシズム的リビドーの影響によって自我から奪われ対象に向かって初めて出現すると仮定する方が分かりやすいのではないか？　こうしてサディズムは性的機能に奉仕するようになる[25]。

次に、口唇期においては「愛の占有＝支配」（Liebesbemächtigung）と対象破壊とは一致しているが、性器優位の段階にはサディズム欲動は分離し、生殖目的で、性行為の成就が要求する範囲で、性的対象を「征服する」（bewältigen）。（この表現をもって直ちにフロイトの男性中心主義だと短絡的な判断を下すことはできない。）こうして、リビドーとサディズムが分離したまま、愛情の対象に対して愛憎の両価《アンビヴァレンツ》性を生む可能性があるのだ。こうして生／死の欲動と愛憎が対応することになるだろう[26]。ところで、『時評』では、愛する者への感情の両価《アンビヴァレンツ》性が罪の意識を生み、愛する者という対象の喪失が自己の死を受け入れる縁となると言われていた。とすれば自己の死は、他者との関係の中で初めて問われることになる。しかし『快楽原則の彼岸』においては、死の欲動の発現であるサディズムは、発達段階の最初から働いており、他のものから派生させることはできなくなる。フロイトが「すべての生物は内的理由から死ななければならない」（alles Lebende aus inneren Ursachen sterben müsse）というとき[27]、その「内的理由」は生物に内在している。生の欲動は他者からの攻撃に抵抗し撃退して死の欲動の働きを保護し、死の欲動の赴くままに無機状態へと回帰する。とすれば、自己固有の死の追求には、他者との関係が必要な条件ではない。しかし、人間はもとより、それ以外の全生物は、何をもって自己固有の死という目標を同定しうるのか？　他者による殺害を斥け、災害や自己から身を守るという否定的な保身では、自己の死を死ぬ道を歩む条件ではあっても、死への道の自己固有性が保証されたわけではない。あるいは、自己固有の死の実現とも見える自殺であっても、他者との関係に耐えられずに自傷行為に訴え、あるいは同じことではないが自死を選ぶとしたら、それは固有の死であるのか？　あるいはまた、遺伝的な要因で同じ種の他の個体よりも早く死を迎えた場合、それは自己固有の死なのか？　その要因を医学的に、すなわち人工的に超えて生き延びた場合、自己の死の固有性はどこにあるのか？「寿命」なるものは長い方が固有なのか、それともその逆なのか？　そもそも、自己に固有の死を追求するためには、個体が自らそれを同定しうるのでなければならない。自己の固有性の同定には従って、死の欲動と生の欲動の関係だけでなく、それを超えて同定する自己がなければならない。他者との関係をコントロールするだけではなく、「内的な理由」を理解し、正しく死の固有性を支配する自己である。しかも、自己固有の死の追求と自己の存在とが、古典的な哲学のように身体的・感性的レヴェルを超越した理性的自我ではないのだとすれば、それは欲動の中から押し出されてくるのでなくてはならない。

もちろん性の欲動、さらには生の欲動に破壊欲動が内在しているわけではない。従って、問題の支配もまた生の欲動のものではない。性的サディズムのように、対象に対する攻撃が加わることがあるとしても、それは性の目的を超えて、ただ他者の支配一般に向かうことはない。専ら残虐性を追求することもない。破壊は従って死の欲動の側にあるだろう。欲動には二種類しかないと断言するフロイトは、アインシュタインに答えてこう書いている。

> これらの欲動の一方は、他方と同じだけ不可欠であり、生の現象は両者の協同的かつ相互対立的な働きに由来する。［……］こうして例えば、自己保存欲動（Selbsterhaltungstrieb）は確かにエロス的性質のものであるが、しかし、それが自らの意図を貫くべきであるならば、まさに攻撃の自由裁量を必要とする。同様に、対象に向かう生の欲動は、それが自らの対象一般を手に入れるべきであるなら、権力支配［＝奪取］欲動（Bemächtigungstrieb）の追補を必要とする（SA IX 281、二一、二五六）。

bemächtigen「我がものにする、乗っ取る」、それはMacht「力、権力」を手に入れることである。ここではしかし、破壊欲動あるいは死の欲動と言わずに、さりげなく権力支配欲動と言われている。では、それらは同一視しうるであろうか? フロイトにおける権力支配欲動の用法に注目したのはデリダである。《Spéculer—sur《Freud》》[28]において彼は、『快楽原則の彼岸』でフロイトが展開した、孫の遊び Fort-Da の解釈の一つにこの用語が登場することに着目した。フロイトは孫の遊びを反復強迫から快楽原則の支配を超えた死の欲動へ向かって、不快な反復として解釈しようとしながら、それに自ら留保をつけ、母親の不在という不快な受動的体験を、反復によって能動性へと変え支配するのだという可能性を示唆している。さらにもう一つ、「復讐欲動」による解釈の可能性をも指摘している[29]。テクストのこの一節での権力支配欲動への言及はごく目立たない。権力支配欲動と死の欲動の同一性いかんを問うためには、支配が自分に向かっている場合を考えればよい。他者からの攻撃を破壊欲動によって撃退し、自己固有の死を守るなかで、われわれは積極的に自己の身体と健康を管理し、自らの生活を統制することがある。自己の死の固有性の追求は自己の生の自己支配である。その場合、統制を外れる自らの欲動は攻撃の対象になるであろう。他者から身を守るだけなら、それはまだ支配ではない。死の欲動が他者との関係を切る欲動だと考えられるとすれば、それは「放っておいてくれ」との主張で十分であり、必ずしも自己をも他者をも支配する権力奪取を含意するわけではない。むしろ自己の支配などという(過剰な)エネルギー拘束なしに、安楽に死ぬ、あるいは自堕落な生活に身を任せて死ぬ方が好まれるであろう。とすれば、積極的な自己支配によって自己固有の死を追求する権力支配欲動の動きと、死の欲動とは少なくともずれることになる。そこにはナルシシズムと性的マゾヒズムとも異なる、自己に対する権力の行使という構造が現われる。その形式的構造に着目すれば、権力支配欲動は生命ばかりでなく、われわれの思考や行為、われわれの知的生活を構成するものすべてに及びうる。ただし、「良心の成立」は「攻撃の内面への方向転換」によるとフロイトは言っていたが、自己の痛みから他者の痛みが理解できるようになるだろう(後述)。

こうして権力支配欲動と呼ばれるものは、死の欲動までも突き抜け別の次元を切り開くと考えられる。ヘーゲルの「意識の主奴の弁証法」に現出する、生死を賭けた自己支配と同時に他者支配の追求が一つの極限を示している。それは主権（Herrschaft, sovereignty）の欲動だと言ってよい。とすれば、それは死の欲動とも破壊欲動とも同一視することはできない。だが、すぐに付け加えておくべきは、支配欲動が生の欲動と死の欲動と並ぶ第三のジャンルをなすのではなく、特定の対象による満足を超えて欲動の目標を究めるという「準‐超越論的」な、欲動の欲動性をなすということである。とすれば、いわゆる残虐性とは、このパースペクティヴからすれば、死の欲動に対する権力支配欲動の過剰分だということになるだろう。デリダを受けた分析家ルネ・マジョールは、こう書いている。

……権力支配欲動の行使は、その基本において、根底的な仕方で、快も不快も、何の罪の意識も伴わない根源的残虐性（cruauté originaire）を説明する。未聞の、ほとんど考えがたいことである。(30)

では、残虐性を生む権力支配欲動と快、不快、罪の意識はどのような関係にあるのか？『戦争はなぜ？』でフロイトは、社会性を構成する愛情と同一化を語っていた。とりわけ後者は、両価性《アンビヴァレンツ》を伴い、いかにナルシシズムに貫かれていながらも共同感情を生み、社会建設の基礎になるのであった。『時評』でも「エロス的成分の混入によって利己的な諸欲動は社会的な欲動へと変わる」と言われていた。フロイトにとってもラカンにとっても同一化の規制は、ナルシシズムの論理に従って他者を自己にとっての他者に変え、他者の愛着を獲得するために他者に愛着するという円環を描く。この道をさらに一歩進めれば、他者を支配する境位まで視野に入ってくるであろう。そこには極限として、他者の死を悲しむ喪の関係も含まれる。とはいえ、他者の存在は不可欠である。ヘーゲルの承認を巡る死を賭けた闘争において、闘争相手を殺してしまえば、承認のための条件が失われるように。

この「社会的欲動」(soziale Trieb)との対照でこそ、権力支配欲動の動きの特異性を際立たせることができる。そのカップルは、生/死の欲動と重なり合う訳ではない。フロイトは『性欲論三篇』で既に権力支配欲動に言及し、それが子供の残虐性の起源であり、起源においては性とは無関係であると言っていた[31]。では支配欲動と生の、とりわけ性の欲動とはどのような関係にあるのか? 先ほど見たサディズムと同じ道を極みまで歩み抜き、権力支配と残虐性だけが性的満足をもたらす境位を考えることができる。また逆に、もとは性とは無関係であるにもかかわらず性行為を手段として組込み、残虐さに快楽を見出すことがありうる。『戦争はなぜ?』の一節はこうだ。

人々が戦争に誘われる時、彼らの内にはそれに賛成する多数の動機が答えているであろう[……]。その中にはもちろん、攻撃と破壊に対する快楽がある。歴史と日常の数え切れない残虐行為(Grusamkeiten)が、快楽の存在と強さを確証している。この破壊諸傾向と他のエロス的、理念的な諸傾向とのアマルガムがもちろん、その満足を容易にする。歴史の残酷な行為について聴く時、われわれは時に、それらの理念的動機が破壊的欲望に口実として役立ってきただけだという印象を抱く。他の場合には、例えば宗教裁判の残虐行為においては、理念的な動機が意識の前面に強力に押し出されてくるが、破壊的な動機が、それに無意識的な強化をもたらしたのだ。その両方が可能である(SA IX 282, 一一、二五六—二五七)。

マジョールによれば、こうして強力な理念に導かれ、「聖なる」集合的使命に昂揚すれば、根源的残虐性は「固有の自我」と「自我快楽」とを犠牲にするよう呼びかけ、人々も進んでそれに答えるであろう[32]。

破壊欲動、死の欲動の方はどうか? われわれは右に、自己の死の固有性の追求と死の欲動とが分離しうることを見た。だが権力を我がものにする権力支配欲動は、自己の死を再我有化しようとして、死の欲動を方向づけ、それに枠組みを与える。つまり、「自堕落な安楽死」を許さないのだ。もちろん、他者と外的世界に向から破壊欲動に対しても同様だ。マジョールは、権力支配欲動が生む根源的残虐性には、快も不快も伴わないと言っていた。だが、この言表と矛盾することなく快楽が伴いうることは今見たところだ。不快はどうか？　欲動が他者に向かう時には、もちろん他者の「存在」――その「存在の意味」は常に問われなくてはならない――根源的残虐性においては、他者と他者の苦痛は無視される。マジョールは言う。

この残虐性は、それ自体として主体によって経験されることはない。それは、他者の眼にのみ表明される。残虐性は他人の苦痛のすべてを無視するからだ。他人は非存在の中にしか存在せず、それもその非存在が定立される瞬間から、支配欲動が主体自身に行使されうる、唯一の存在として、そして唯一の選択対象（objet d'élection）として主体に手をつけうる瞬間からである。[33]

残虐性を社会構造が産出している場合はなおさらだ。グローバリゼーションの中で最低でも、自らの労働賃金で生活が回っている労働者は、世界の、そして自らが属す社会内部における貧困に自分が関与しているとは思わない。現代の「人間社会」に安住する人々は、動物に対する残虐性を自分が支えているとは思わない、等々。ただし、同じ運動が罪の意識をも産み出す。「権力欲動の主体白身への行使の中で、主体の主体としての変造の中で、主体の他者化の中でこそ、罪の意識が現われる。[34]」もとより、他者は常に既に存在すると同時に、このように権力支配欲動は常に既に自分自身に反転し、内面化が起こっているのだから、罪の意識も発生していることになる。だが根源的な残虐性は、あたかも他者も、他者に対する罪の意識もないかのように否認することができる。マジョールは、ナチの強制収容所で起こったことを念頭にこう書いている。

この内面化が不在の状態では、根源的残虐性が発動し、それには快も不快も伴わず、その残虐性は、それが自らに対する固有かつ唯一の正当化であるという観念を強要するためにあらゆる権力装置を備給しうる。その残虐性が自らのために作り出すこの「正義」は——他者の現実の否定と、他者が存在する場合には、その痕跡と記憶と名前を抹消する意志の中にあるほどまで度外れであろうとも——当の残虐性を、自ら自身を無化する自らの原則へと連れ戻す。[35]

それが競り上がる極限に待っているのは自殺行為である。常に既に存在する他者を通過しながら他者を否認し無化し、無化する他者に対して自己を正当化する絶対的な権力は、権力の自殺に極まる他はない。

ここでわれわれは、同じパラドクスの異なる相に出会う。問われているのは第一に、生の欲動、とりわけ性の欲動を支配する快楽原則と権力支配欲動との関係であり、第二に、今一度、死の欲動と権力支配欲動との関係である。

他者に対する極限的な残虐性に、倒錯した性的な快楽が組み込まれうるとしたら、それは快楽原則の支配下にあるのか？　イエスかつノーであろう。フロイトが死の欲動の側にあるという支配欲動は、欲動に発する緊張状態の解除と同時に緊張状態の一定さと定義される快楽に奉仕し、あるいはそれを傘下に入れうるということは、事実上にも可能な極限的な残虐性にまで登り詰める権力支配においては、一方では罪の意識に無感覚になることによって、快楽原則の支配を限りなく拡張しうることを示している。その一方では、残虐性の程度を上げることによって、さらなる高みにまで達する緊張状態の解除としてのさらなる快楽を得ることを可能にする。論理的に想定しうる極限においては、快楽原則の支配と死の欲動を支配する権力支配欲動とが一致してしまう。絶対的エクスタシーは死そのものであり、支配の終わりである。それは快と不快の区別が消滅する地点である。ところが、支配とは、権力とは、残虐と形容しうるか否かは別として、暴力による何らかの他者の一部の排除と一部の鎮圧と裏腹だ。快楽原則の支配とは、過剰な「快楽」と過剰な「不快」とを統制する原則による支配である。その原則は、フロイトにおいては、心的な「浮遊する自由エネルギー」の「拘束されたエネルギー」への転換だと言われている。従って、心的にも政治的にも「拘束」(Bindung)こそが支配の原則、ないし原則の支配である。拘束は可能な快不快の強度を緩和し、その上で支配する。とすれば、快楽原則の支配もまた、支配の原則を権力支配欲動から受け取っているのではないか？　生の欲動を支配するはずの快楽原則は、死の欲動の側に由来する権力支配欲動と同じ権力構造に帰着することになる。欲動の生／死の二元論なるものの二元論性を、今やいかなるものとして規定すべきなのか？

死の欲動と権力支配欲動との差異と関係についてデリダは、死の欲動は「権力の理由かつ挫折であり、その起源であり限界である[36]」と言っている。これはどういう意味か？　この一文を受けてマジョールは、次のように敷衍している。

……死の欲動が Bemächtigungstrieb［権力支配欲動］の弁別特徴を借用するとしても、それは権力をはみ出すのと同様に権力支配欲動をはみ出す。それは権力を限定し、権力を挫折させうる。権力は快楽と苦痛の彼方にあるが、権力がそう見せかけるのとは反対に、死の欲動の彼方にはない[37]。

マジョールによれば、権力支配欲動は死の欲動の理由(raison)であり、かつ起源である。ところが、自己固有の死が追求される時には、死の欲動は権力支配欲動の「弁別特徴」を借用する。にもかかわらず、死の欲動は権力支配欲動を挫折させ、それに限界を設ける。支配権力は死の欲動の彼方にはないのだ。とすれば、権力支配欲動が生む残虐性を、その起源である死の欲動が阻止しうることにはならないか？　そんなことが可能だろうか？

『快楽原則の彼岸』においてフロイトが死の欲動の発現だと考えたトラウマの反復強迫は、快楽原則の支配に対して同じでありながら二重の関係をもっている。反復強迫は一方で、快楽原則の支配に組み込まれていない現象として、支配の限界を記し、支配する原則が働かないという事態を実現している。その一方では、反復強迫をフロイトは、不快なままに起こる反復による拘束として解釈し、「不快でも慣れる」過程だと考えた。その限りでは、死の欲動としての反復強迫は、快楽原則の支配の外にありながら、快楽原則とは対立せず、それから独立しており、より根源的でありながら、快楽原則の支配を準備する原-支配である。フロイトはそこで権力支配欲動を、というより欲動の欲動性を既に仮定しているのだ。原則を先取りした原則である。ところが、反復強迫に発現すると思われる死の欲動とは原則による支配を崩す力である。死の欲動とは、支配欲動と、支配の原理をそこから借り受ける快楽原則の原則が、自己の固有性を追求する欲動の欲動性が不可能になる地点を指し示す。主権が排除する外的かつ内的外部の名前である。原則の支配を、主権を掘り崩すはずの死の欲動をフロイトは、死を自己固有の死の追求という身振りによって固有性の法=経済に回収し、再我有化しようとしたのだ。例えばデリダは、主権という権力支配を「我能う」(je peux, I can, I may)と定式化する。それは可能なものの経済の要である。しかし、死とは「我能わず」でしかありえないであろう。それを可能なものの経済へと回収する中では、残虐性を回避するはできないのではないか？　死の欲動とは、「放っておいてくれ」と言う死、統率なき「偶然の」出来事に開かれた生命の場所を示す名前である。その限りで死の欲動は、それと協働する生の欲望には、権力支配欲動が置き去りにする、あるいは抑圧する残余を含んでいるのだ。死の欲動と生の欲動とを極限において収斂させる権力支配欲動が残虐性を生むとすれば、残虐性への抵抗は、そうした残余からしか可能ではないであろう。しかしながら、その抵抗概念もまた全面的に練り上げられるべきものに留まっている。主権そのものを問い直す抵抗概念こそ求めるべきものであろう。

自他に対する暴力のみならず、残虐性をも考える上で、なぜフロイトは死の欲動を自己固有の死の支配を目指す権力支配欲動のテーゼ(thèse)として定立したのか？　それは、死の欲動論という支配の言説を、何らかの欲動に駆られて構想したからではないか？　死の欲動を支配する言説権力を手に入れようとしてはいないか？　それは精神分析の父としての、死せる父としての権力の欲動が突き動かしている言説編成ではないか？　もしそうなら、デリダが《Spéculer...》で指摘するように、精神分析の歴史と切り離すことのできない、欲動論はメタ・レヴェルで自らの生死を語り続ける自伝的な言説ではないか？　死の欲動を目前に引き寄せ Da! と叫ぶことは、現前の支配にもたらす快楽である。しかし、それは死の欲動の不快を支配することに等しい。しかし、死の欲動は死の欲動論のテーゼを不可能にする、あるいは原則的に原則を裏切る審級である。その時、フロイトの死の欲動論は、テーゼではなく、「無テーゼ」(a-thèchse) としてしか読みえないことになるだろう。パラドクスが蔓延する。とはいえ、パラドクスが帰結するからといって、学問の名の下に、単純に欲動論を捨て去れば問題が解消されるわけではない。「解消する」ことそのことが、欲動論の中で問われているからである。

4　抵抗と理性

残虐性を回避する道はあるのか？　あるいはそれに抵抗する可能性があるとすれば、それはどこに？

アインシュタインとフロイトが同意しているように、平和を実現するための国際法を体現する国際機関が、法の施行のための「力」を授けられていないかぎり、そこには根本的な限界がある。それは、二人が往復書簡を交わした当時の国際連盟にも、今日の国際連合にも当て嵌まる。今日でもなお戦争は絶えず、残虐行為は後を絶たない。ただし、国際法の執行権力を国連に授けるといっても、近代国家をモデルにした世界国家を構想することはできない。それが非現実的であるからではなく、ベンヤミンもフロイトも認めていたように、それでは法と暴力との循環を断ち切れないからだ。アインシュタインの命題、「国際的な安全への道は、国家による、自らの行動の自由の、ないしは主権の一部の無条件な放棄に通じるが、他にこうした安全に至る道はない」を正確に評価する必要がある。主権の一部譲渡、すなわち主権は分割可能であり、国際刑事司法裁判所のように一部譲渡の上に国際機関を樹立する。その際、国際機関の方も完全な主権をもった機関ではないところから発想しなければならない。それは権力の審級である以上に、正義の審級、国際的なさらなる民主主義を発明する場でなければならない。いかに非現実的だと聞えようと、主権対主権の循環を脱構築しなくてはならないのだ。

このコンテクストで、精神分析から何を学ぶべきか？　攻撃性も残虐性の可能性も善悪の彼岸にある限り、それを根絶することは考えられない。それにある程度歯止めをかけうるエロスへの訴えという間接的な道しかない。そうフロイトは言っていた。その一方では、快楽原則の支配を超える死の欲動を垣間見ながら、彼自身がその「彼岸」「彼方」を再び残虐性の、主権の、可能なものの経済に引き込んでしまう。とすれば、一部フロイトに反してさえ、残虐性に彼方があるならば、それは彼方の彼方でなければならない。それは可能なものの彼方である以上、不可能なものである。生ある限り、いたるところに「我能う」が、主権が、可能なものの経済が、従って残虐性が働いている。それを破壊することは論外だ。それは端的な死だからである。しかし、その経済からは、常に既にそこからこぼれ落ちるものがある。こぼれ落ちる他者から出発して、そうした他者を迎え入れ、正義を問い直すこと以外にはない。精神分析の海域に限っていえば、無意識という、意識の論理と時間では割り切れず、計算しえない次元の介入を相手に交渉する実践としての分析は、常に計算不可能で予見不可能なものの歓待であるだろう。もちろん、既に見たように、しばしばフロイトは、計算不可能なものを形而上学的思弁によって計算可能なものとして再我有化するのではあるが。

フロイトは、「一九世紀のユートピア的希望」と断わりつつ、政治指導者が服すべき「理性の独裁」（Diktatur der Vernunft）を語っていた。哲学史上それに呼応するのはカントの Autokratie der Vernunft が有名であるが、それは道徳の「法に従わない自分の傾向性を支配する能力」のことである。[38]カントの実践理性に代表される自律の思想はしかし、法に背こうとする感性的「傾向性」、精神分析的には欲動の抑制によって可能になる限り、ここでも権力支配欲動が自らを完遂しようとしている。フロイトの「理性の独裁」がこれと同じことを言っているのであれば、それは残虐性を抑える残虐性でしかない。だが、続けて彼は付け加える。「互いの間の情的な絆を断念してさえ、これほど完全かつ抵抗力のある団結を呼び出しうるものは他にはない」（SA IX 284, 二一、二五九）。カントの独裁と同様、それは欲動の動きを倫理的理性によって制限し支配するという、自己へと反転した権力支配欲動の所産である。（それが否認された場合、根源的残虐性の発露になる紙一重の差異がそこにある。）それは当然、「文化における不満」を招かざるをえない。「社会的欲動」を可能にする同一化の両価性《アンビヴァレンツ》をも、従って「兄弟愛」をも友情をも超えている。それを理想とすることそのことには危険も潜んでいるが[39]、それとは裏腹に、精神分析以後の「理性」をも考えるチャンスも与える。理性はもはや、意識的な可能性空間を計算によって支配する主権となる計算理性ではありえない。それは無意識という「他者」との関係を無視しえず、極限においては、欲動に従ったあらゆる支配が内的な亀裂を抱えており、歯止めがなければ支配が他者の破壊と自己の破壊にいたるという、ここまで検討してきたパラドクスを考慮した理性である。すべてを制約する自らは無制約的理性ではなく、理性が施す制約を超えた別の無制約性、すなわち他者の到来を無制約に歓待するという正義から主権の分割を考えることのできる理性である。

デリダが「主権なき無制約性」と呼ぶ次元の中で、「無制約の歓待」（hospitalité inconditionnelle）を取り上げてみよう[40]。「移民問題」と呼ばれるものは、最近始まったものではない。それは近代国家の主権が厳密に、あるいは緊縮的になるにつれ、無国籍者の生産として出現し、今日においては、経済のグローバル化によってますます深刻な問題になってきている。グローバリゼーションという言葉が表わしているように、移民を受け入れる、あるいは拒否する国家自らが関与している論理によって回帰的に経験している問題だ。移民が押し寄せる国々は、自ら設定する法律（droits, rights）に従って、受け入れ／拒否の一線を定めている。原則に則った、限定的な、制約的な、計算された「歓待」である。あるいは「人道的」なる倫理的な原則に従う場合もあるだろう。しかし、制約が先ずあって、次に「移民」が到来するわけではない。他者の、特異な他者の繰り返される到来があってこそ、その到来をどのように分割し一線を画すかという問いが突きつけられ、法律や倫理は、その問いに対する主権の側からの応答である。到来の方が応答に先立つのは明らかだ。呼びかけとして、あるいは「侵入」として。とすれば、主権の側は呼びかけを聴くという形で、常に既に受け入れているのだ。その次元を思惟するのが「無制約の歓待」である。それは、法律とも倫理とも政治とも異なる次元であって、カントの「訪問権」の概念にも還元されることはない。[41]もし、限定的であれ「歓待」の概念が意味をもつとすれば、「無制約の歓待」からでしかない。もちろん、無制約に他者を迎え入れることはまさに現実的ではない。主権が何らかの制約を設けることが悪なのでもない。しかし、「軒を貸して母屋を取られる」危険まで含めて「無制約な歓待」において問われているのは、主権のあり方の正義（justice）である。それは法（droit）に還元されることはない。歓待の正義は限りなく主権が設定する法を、従って主権そのものを問い質す。こうした主権の無制約性を問い直す特異な他者の無制約性を思惟すること自体は反理性的ではない。非合理でもない。そこに理性があるなら、その時には理性から「独裁」の概念も脱落するであろう。主権を脱構築するさらなる民主化である。

フロイトが、最終的には「生命への権利」という倫理ないし法から反戦を正当化するのではなく、自らの「特異体質」を申し立てていたことを想い出そう。生命への権利から戦争や差別が起こる事実は、ミッシェル・フーコーが暴いて見せた通りである。特異体質は、歴史による「器質」の変化という根拠づけをも超えて、残虐性への抵抗には、他者に対する責任における、それまでの可能なものの理性的計算に根拠をもたない決定の飛躍が必然的であることを示している。主権「にもかかわらず」の反戦、「それでも」追求される反戦とは、原則としての根拠を超えた他者への正義へと向かう、（根拠に基づく）目的論的ではない未来へのさらなる民主化、今ここでの緊急性における「来るべき民主主義」（デリダ）に他ならない。精神分析の語彙に即して言えば、それは権力支配権力欲動への斜めからの抵抗を展開する欲動の民主主義であるだろう。そんなものが可能ならば。

（1）"Décidévénement, du texte"、『現代思想』青土社、一九九九年三月号、四月号。

（2）芥川龍之介『地獄変・偸盗』新潮文庫、一七〇—一七一頁。

（3）ヴァルター・ベンヤミン『暴力批判論』野村修訳、岩波文庫、三五頁。

（4）芥川、前掲書、一七四頁。

（5）ベンヤミン、前掲書、四三頁。

（6）同書。

（7）Jacques Derrida, *Force de loi*, Galilée, 1994, pp. 93-94. 堅田研一訳『法の力』法政大学出版局、一九九九年、一一九—一二〇頁。なお、訳文には変更あり。

「法措定暴力」と「法維持暴力」との差異と反復、「差延的汚染」から出発して、フロイトの『人間＝男モーセと一神教』を読み直すことができるであろう。起源の暴力の残すトラウマと、それを隠蔽する伝承を形成する歪曲と隔離の暴力である。その際にも、フロイトのこの作品については、次のテクストが必見である。下河辺美知子「集団のトラウマという発見——『モーセと一神教』と埋葬された記憶」『トラウマの声を聞く——共同体の記憶と歴史の未来』所収、みすず書房、二〇〇六年、四九—七七頁。エドワード・W・サイード『フロイトと非-ヨーロッパ人』長原豊訳、平凡社、二〇〇三年。Samuel Weber, "Doing Away with Freud's *Man Moses*", in *Targets of Opportunity—On the Militarization of Thinking*, Fordham University Press, 2005, pp. 63-89. [前田悠希訳「フロイトの『人間／男モーセ』を始末する」、雑誌『みすず』二〇〇七年、九月—一二月号]

（8）さらに十全な形で引用する。le désir de faire ou se faire souffrif *pour* souffrir, de tuer ou de torturer, de se tuer ou se torturer à trotuer ou à tuer, *pour* prendre un plaisir au mal pour le mal, *pour* jouir du mal radical [苦しむために苦しむ、あるいは苦しめる欲望、痛み＝悪のための痛み＝悪から心的快楽を得るために、徹底した痛み＝根底悪を享受するために苦しめる、あるいは自らを苦しめる、殺す、あるいは拷問する、拷問し殺すべく必死になり（＝拷問し殺しすぎ）四苦八苦する]である。また「残虐性の可能性」すなわち、la pulsion du mal pour le mal, dune souffrance qui jouerait à jouir de souffrir d'un faire-souffrir ou d'un se-faire souffrir *pour* le plaisir [痛み＝悪のための痛み＝悪の欲動、快楽のために苦しめる、あるいは自己を苦しめることの痛みに苦しむことを享受する様子を見せるような苦痛の欲動]である。Jacques Derrida, *Etats d'àme de la psychanalyse*, Eds. Galilée, 2000, p. 10, p. 12.

（9）エチエンヌ・バリバール「暴力――理念性と残酷さ」安川慶治訳『批評空間』II―13、一九九七年、一五四頁。

（10）同書、一五四―一五五頁。

（11）死刑の問いについては、デリダの次のテクストを参照。Jacques Derrida et Elisabethe Roudinesco, *De quoi deman?*,

（12）バリバール、前掲書、一五八―一六〇頁。

（13）同、一六〇頁以下を参照。

（14）Sigmund Freud, "Zeitgemässes Über Krieg und Tod", in *Gesammelte Werke*, Fünfte Auflage, Frankfurt am Mein, Fischer Verlag, Bd, X, S. 324-340.［懸田克躬他訳「戦争と死に関する時評」人文書院『フロイト著作集』第五巻所収、一九六九年］. "Warum Krieg?", in *Studienausgabe*, Fischer Verlag, Bd. IX, 1997, S. 271-286［高橋義孝他訳「戦争はなぜ」同『フロイト著作集』第一一巻所収］、なお、両論文とも訳文に変更がある場合がある。また引用頁は、（GW X, 328-329, 五、四〇〇）（SA IX, 275, 一一、二四九）の形で本文中に示す。

（15）"Trieb un Triebschicksale", in GW, X, S. 214-215,『フロイト著作集』六、六三頁。なお、フロイトの欲動概念の二義性については、ラプランシュ、ポンタリス『精神分析用語辞典』村上仁監訳、みすず書房、一九七七年、二五一―二六一頁を参照。

（16）ベンヤミン、前掲書、三四―三五頁。

（17）サミュエル・ウェーバーは、論文 'Wartime; Freud's "Timely Thoughts on War and Death"' で、フロイトの Re-präsenz-Repräsentation 概念をカール・シュミットのそれと対比させる中で同様の見解に達している。Sammuel Weber, *Targets of Opportunity—On the Militarization of Thinking*, *op. cit.*, pp. 42-62.

（18）GW X, S. 225, S. 219,『フロイト著作集』六、七二頁、六七頁。

（19）とりわけ、先に言及した『人間＝男モーセと一神教』は、そうした認識論的な議論を提供する場であるだろう。右に上げた文献の中でもサミュエル・ウェーバーは、モーセを巡る「集団トラウマ」を考える上で、「抑圧」から進んで、フロイトの Isolierung［孤立、隔離］の概念に注目している。この概念については、ウェーバーの次の作品をも参照せよ。Sammuel Weber, *The Legend of Freud*, Stanford University Press, 2000, pp. 95-96.

（20）サミュエル・ウェーバーの分析を参照せよ。'Wartime; Freud's "Timely Thoughts on War and Death"' *op. cit.*

（21）アインシュタインの手紙は、例えば次のようなサイトで参照しうる。
http://www.susannealbers.de/04psycho-freud-einstein.html

（22）友情と政治的なるものとの関係という実に壮大な問題系については、ジャック・デリダの大著 *Politiques de l'amitié*,

Eds. Galilée, 1994 [鵜飼哲他訳『友愛のポリティックス』みすず書房、二〇〇四年] を参照する他はない。

(23)『快楽原則の彼岸』、GW XIII 39-40,『フロイト著作集』六、一七三—一七四頁、岩波書店『フロイト全集』一七、九一—九二頁。

(24) GW XIII 41,『フロイト著作集』六、一七四—一七五頁、『フロイト全集』一七、九三頁。

(25) GW XIII 58,『フロイト著作集』六、一八五—一八六頁、『フロイト全集』一七、一一一—一一二頁。

ここには、リビドー概念と性的差異とを構想するフロイトの「男性中心主義」が潜んでいるが、それでもサディズムの性的機能に関するここでの議論は男女に関わらず妥当すると考えてよい。それにもかかわらず……バリバールは、前に引用した論文「暴力——理念性と残酷さ」の注でこう書いている。「本質的に攻撃的あるいは加虐的な男性の性欲という「フェミニスト」的観念(決して一般化されるものではないが)は、それ自体パラノイア的である。この観念は、男性の性からあらゆる両価性を剝奪すると同時に、性的な行為を根本的に集団的で露出症的なもの、非個人的で非「私的」なものとして思い描いている。しかし、ほかならぬこの過剰は、現代の残酷さ、および「性関係」がそのまま「戦争目的」となるような戦争形態の出現の条件のいくつかへの道にわれわれを導きかねない。この戦争形態は、世界的な現象である男性の制度的優位性の深刻な問題と軌を一にしている」。その通りだ。問われるべきは、男性女性の「本質」ではなく社会の性的構成原理である。「こちらは民主主義的話し合いを提案しているのに、それを拒否し続ける奴は暴力で叩き潰す=犯すしかない」。戦争の男性原理!「男が戦争によって守るべき女性と子供」さらには「親」という男性原理が戦闘する両方を支配していることを知っていればこそ、女性の強姦が戦術になりうるのだ。イラク戦争の中で発覚した、アメリカ人女性兵士による、すくなくともその女性が参加したイラク人男性への性的虐待に対して、「イラク社会の男性中心主義の告発」といった正当化から、「普遍的人間として赦されない虐待ないし拷問」という批判への批評のヴァリエーションは、戦争の男性原理から思考しない限り、無限の動揺を繰り返すだけである。

(26) GW XIII 58,『フロイト著作集』六、一八六頁、『フロイト全集』一七、一一二頁。

(27)『快楽原則の彼岸』、GW XIII 47,『フロイト著作集』六、一八〇頁、『フロイト全集』一七、九九頁。

(28) «Spéculer—sur «Freud»», *in La carte postale—de Socrates à Freud et au-delà*, Flammarion, 1980, p. 426 et sq.

(29) GW XIII, S. 12,『フロイト著作集』六、一五六頁、『フロイト全集』一七、六四頁、および GW XIII, S. 14-15,『フロイト著作集』六、一五八頁、『フロイト全集』一七、六六—六七頁。

(30) René Major, *Au commencement la vie la mort*, Eds, Galilée, 1999, pp. 148-149.

(31) GW V, S. 94,『フロイト著作集』五、五五頁。

(32) このコンテクストでマジョールは、ヒトラーの『我が闘争』を引用している。「[自己]保存本能は(アーリア人において）最も高潔な形に達した。それは自ら進んで固有の私を集団性へと従属させ、時が求める折には、それは自我を犠牲にするまでにいたる」（Major, *op. cit.*, p. 150）。

（33）Major, *op. cit.*, p. 149.

（34）Major, *op. cit.*, p. 149-150.

（35）Major, *op. cit.*, p. 150.『戦争はなぜ？』でフロイトは、当時ソ連で起こっていたことについても言及している。「ボルシェヴィキたちも、物質的欲求の満足を保証し、さらに共同体への参加者たちの平等を作り上げることによって、人間の攻撃性を消滅させることを望んでいる。我はそれが一つの幻想であると見なす。それに向かって彼らはこの上なく周到に武装し、外部者のすべてに対する憎悪によって彼らの味方たちを最少ならず結束させている（SA IX 283, 二一、二五八）。さらにナチスドイツに対するフロイトの反応については、マジョールの同書 pp. 151-153 を参照せよ。

（36）Jacques Derrida, «Spéculer...», *op. cit.*, p. 432.

（37）*Au commencement...*, *op. cit.*, pp. 149-150.

（38）エマニュエル・カント『人倫の形而上学』吉澤傳三郎・尾田幸雄訳、理想社『カント全集』第一一巻、一九六九年、二七七頁。

（39）例えば、René Major, *La démocratie en cruauté*, Eds, Galilée, 2003, pp. 30-31 を参照。

（40）数ある中から一つだけを挙げる。Jacques Derrida, «Le «Monde» des Lumiières à venir (Exception, calcul et souvrainetê)», in *Voyous*, Eds. Galilée, 2003, p. 203 et sq.

（41）エマニュエル・カント「永遠平和のために」小倉志祥訳、理想社『カント全集』第一三巻、とりわけ二三七頁以下を参照。

第三部　暴力の神話学

暴力神の系譜

篠田知和基

1　はじめに

神の慈愛や許しといった観念は人間中心主義の都合のいいもので、本当の神は恐ろしい。人はその神の指でひねりつぶされる惨めな一匹の蟻だ。

原始、生きることは戦いだった。人はきびしい自然、恐ろしい猛獣、そして餌にするべき獣と戦って勝ち抜かなければならなかった。またときには人間同士で獲物やテリトリーをめぐって争うこともあった。

本来の「神」はその自然の恐ろしい力であり、人はそれを慰撫するために儀礼や神話をつくりだした。神像も最初は隕石であったり、ソアノンという木の棒であったりした(1)。それに顔をかき、衣装をきせ、名前をつけてゆくにつれて、性別が生じ、物語ができた。

人間が自然の中になんとか位置をしめたあとは、とにかく食べ物を確保することが緊急だった。草原の獣であれ、浜辺の魚介であれ、山の幸であれ、芋のたぐいであれ、いつまでもその食べ物があたえられることを人は祈った。それらを生み出すものは大地であり、果樹であっても、一番はっきりして、目にみえるものは仔を生みおとす動物の雌であり、卵を産む鳥や魚の雌だった。豊穣の母性の信仰がうまれる。はてしなく生み出す豊穣の女神、狩の獲物を保障してくれる獣たちの主がおおいなる女神の形で崇拝される。それは、いわゆる「縄文のヴィーナス」や「石器時代のヴィーナス」といわれるもので、巨大な腹と乳房をもった像であらわされた。「ヴィーナス」といっても美しいものというより、おおいなる生産力をあらわすもので、むしろ恐ろしい力の表現だった。(2)

やがて、牧畜や農耕がはじまれば乳をだしてくれる雌牛が世界の養い親としての崇拝をうけるようにもなる。(3)

狩猟時代でも、農耕がはじまっても、食べものを獲得するには獲物を殺さなければならず、また、芋であれば、細かく切って土に埋めれば大地がそれを再生してくれた。細切れにしたり、殺したりすることで、豊穣が与えられた。このころの神話では豊穣には殺害が不可欠に結びついていた。穀物であってもやはり種を地中に埋めれば春になると芽生えてきて、実がなった。食物を生み出すためには食物の女神を殺さなければならない、豊穣の女神は同時に死をつかさどる女神であり、貪り食う口だった。また、ときには芋を切り刻んで土に埋めるように、女神を殺して埋めるとそこから五穀が生ずるという神話も生まれた。(4) 女神のほうもしかし、人をとらえては貪り食うのだった。果樹も獣も貪欲に水や草を貪っておおきくなり、やがて、実りをもたらしてくれた。果樹の根方に動物を殺して埋めることも人は学んだ。女神―死―豊穣のサイクルを実現する祭式が殺害の祭りだった。(5)

恐ろしい自然、おおいなる女神、芋や穀物の死と再生のサイクル、それらがひとつのイメージになって人の祈願の対象となり、おさな子を抱いた女神が信仰され、そのおさな子が成長すれば女神の愛人となって女神に種をさずけた。しかし、父親の観念はなかなか生まれなかった。女神は愛する青年を必要としたが、その青年は永遠に若いほうがよかった。年をとってくれば殺して若いものととりかえるのだった。それ以上に毎年の豊穣を保障するためにも女神の愛人は年毎に殺されるようになった。女神の周辺にはつねに死の影が揺曳した。

あるいは精子の観念がない時代には、女神につかえる祭司は、性的に女神を支配することのないように去勢された。ほかの女に手をださず、ひたすら女神につかえるには去勢をして女神にすべてを捧げることが要求された。

キュベレに愛されたアティス、あるいはその女神につかえる祭司たちは祭りの狂乱のなかでみずから去勢し、あるいは死んでいった[6]。

大いなる女神の信仰は血なまぐさい犠牲をともなっていた。なんといってもそれは死と再生の女神なのである。

男性の太陽神が天空を支配するようになるのは、地上の人間たちが王をいただくようになってから、その地上の支配のシステムを神々の世界に投影するようになってからだった。しかし、そうなっても、神には恐ろしい死のイメージがつきまとった。神の裁きも恐ろしいものだった。ひとりの罪人をさばいて、ふさわしい罰をくだすのではなく、人類すべての上に、火の雨をふらせ、世界をほろぼす大洪水をおくり、あるいは人を見境なしに貪り食う猛獣をはなった。「神」というものが本来そのような恐ろしい自然の脅威だった以上、それは当然だった[7]。「神」そのものが暴力的な観念だったのだ。しかもそれは、かならずしも人間的な合理的理性で理解できるものではなく、神の怒りはときに理由のわからない暴力や気まぐれのようにもみえるものだった。原初の神話には神々が突如として怒り狂って人間を踏み潰し、世界を破滅させるような暴力的な場面がみちみちている。

2　ライオン女神

神の怒りはどのようにしても人間には制御できない洪水や噴火や地崩れのような大災害としてもあらわれたが、人類を貪り食う猛獣としてあらわされることもあった。エジプトでは、それはセクメトと呼ばれた雌ライオンだった。太陽神ラーが人類の非行・悪徳に腹をたてて、それを罰するために娘のハトホルを上ナイルの沙漠地帯に送ったのだ。ハトホルは男女両性のライオンの姿になりそれにあわせてセクメトという名を名のって勇躍して砂漠へむかい、人間をみつけしだい捉えては血をすすり、肉を貪り食った。遠方にいるので「遠い女神」とよばれ

図1　男根を屹立させたライオン女神セクメト
（リュシ・ラミ『エジプトの神秘——甦る古代の叡智』田中義廣訳、平凡社、1992）

図2　セクメトを説得するトート
（クリスチアヌ・デローシュ＝ノブルクール『エジプト神話の図像学』小宮正弘訳、河出書房新社、2001）

新刊

マルクス哲学入門
——動乱の時代の批判的社会哲学

ミヒャエル・クヴァンテ著
桐原隆弘／後藤弘志／硲智樹訳

重鎮による本格的入門書

マルクスの思想を「善き生」への一貫した哲学的倫理構想として読む。複雑なマルクス主義論争をくぐり抜け、社会への批判性と革命性を保持しつつマルクスの著作の深部に到達する画期的読解。

購入はこちら

四六判並製240頁　定価3080円

顔を失った兵士たち
——第一次世界大戦中のある形成外科医の闘い

リンジー・フィッツハリス著
西川美樹訳　北村陽子解説

戦闘で顔が壊れた兵士たち

手足を失った兵士は英雄となったが、顔を失った兵士は、醜い外見に寛容でなかった社会にとって怪物となった。塹壕の殺戮からの長くつらい回復過程と形成外科の創生期に奮闘した医師の実話。

購入はこちら

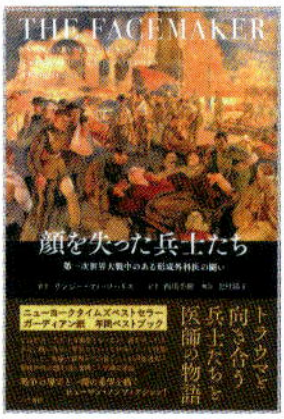

四六判並製324頁　定価4180円

お土産の文化人類学
——地域性と真正性をめぐって

鈴木美香子著

身近な謎に丹念な調査で挑む

「東京ばな奈」は、なぜ東京土産の定番になれたのか？　そして、なぜ菓子土産は日本中にあふれかえるようになったのか？　調査点数1073点、身近な謎に丹念な調査で挑む画期的研究。

購入はこちら

四六判並製200頁　定価2640円

て恐れられたが、それはまた「遠ざけておきたい」女神という意味でもあった。やがて、人間たちはその恐ろしさに耐えられなくなり、神の宥恕をねがった。神々はそこで、シューとトートを使者としておくり、セクメトに殺戮をやめてもどってくるように要請した。あるいは大量の酒を赤くそめて、血のようにみせ、セクメトに飲ませて酔い潰して連れ戻したとも言うが、ふつうは、使者たちが上ナイルでセクメトをみつけて、説得して船にのせてナイルを下ったことになっている。その際の説得の主役はトートで、彼はトキの姿もとるが、サルにもなり、このときは後者、それも普段は威厳のあるマントヒヒだが、このときは、貧弱な尾長サルの姿で説得をした。[8] トートは言葉の魔術をしっている知恵者である。うまくセクメトを宥和して、ナイルを下る船にのせたときは、温和なハトホル、あるいは太陽の目の姿になっていた。[9]『死者の書』などに描かれた絵ではサルが太陽の目ウジャトをささげもって船にのっている様子が描かれる。

これは季節としてはちょうど乾季が終わり、雨季になるところで、ナイルの水量もふえ、やがて、下流を豊穣な泥で埋める洪水がおとずれるころだった。乾季の沙漠の上にてりつける太陽はライオンであらわされ、恵みの雨はハトホルであらわされた。ハトホルはまた乳をしたたらせる雌牛としてもあらわされる。

プリギアの女神キュベレがライオンに乗り、あるいはライオンに守られた玉座にすわっているのも、太陽の激しさをライオンであらわし、[10] それを支配する大女神としてキュベレをあらわしたものである。インドでもドゥルガ、カリは、ライオン、あるいは虎や豹にのってあらわされる。これはそもそも虎の皮のふんどしをしたシヴァ神の破壊力をあらわしたものとされる。シヴァの本質シャクチが外形化してドゥルガなどの女神の形をとるのだ。このシヴァの妻はハトホル＝セクメトと同じように、殺戮の霊としてカリの姿になる。このばあいは、肌の色も真っ黒になる。なお、ドゥルガもカリもシャクチの具体化とされる。シャクチは世界の根源的なエネルギーで万物を焼き尽くす激しい力である。「私からすべてのものが生まれる。私を無視するものは破壊される。[11]」

ドゥルガはハトホルが「遠い女神」となったように「近づきがたいもの」と呼ばれる。[12] また「恐ろしいもの」

ともよばれ、破壊する火をあらわす。それはカンディ、すなわち「怒り」の形をもとる。[13]時の形象としてはカリ、あるいはマハカリとして、頭蓋骨の首飾りをつけ、死体にのって現れる。[14]「カリはすべて存在するものをのみつくす至高の夜である。[15]」「時」と「死神」の同一化はヨーロッパ中世でもみられた。[16]ケルトでも戦の神は女神である。[17]

3　ワギナ・デンタタ

アメリカ先住民の世界で語られる歯のはえた性器、ワギナ・デンタタも、ライオン女神のひとつの表現だった。[18]性交する男を食い殺す女神である。これを「男根的女神」ということもある。セクメトも男女両性のライオンとして、男根を屹立させた姿で描かれる。

日本の山姥も貪り食うおおいなる二つめの口をもっていた。「山姥と山の子鬼」という昔話はその二つめの口を「子鬼を食う下の口」と表現する。[19]

山姥が峠にすんで、旅人を貪り食っていたとすると、ギリシャでは怪物たちの母エキドナがそれに相当する。彼女はヘラクレスが馬の群れをおってきたときに、その群れをひそかに盗んでいた。もちろん、つぎつぎに貪り食うためである。峠をとおる牛馬を貪り食う恐ろしい女神であれば山姥との共通性はあきらかだ。はてしなく貪り食って、はてしなく怪物たちを生み出すのである。生み出すために貪り食うのは、牛馬であっても、あるいは英雄の精気であっても同じことだ。エキドナは性的な怪物で、馬を返すのを条件にヘラクレスに性交をせまる。そこからスキタイ族その他がうまれる。北方のセルポルニカも乳のたれさがった恐ろしい老婆で、森をとおる青年をおいかけて謎をだし、とけなければ性交をせまる。森の主であり、自然の豊穣力の恐ろしい面をあらわしている。そもそもエキドナは大地女神ガイアの娘で、自然神なのである。

これら、人食いの妖怪は往々にして蛇としてあらわされる。頭の天辺に口があるという「食わず女房」の本性は魚や蛇だというのが臼田甚五郎の考え[20]だが、おおいなる貪る者が蛇であるのは世界的な想像である。「食わず女房」はじつは二つめの口で大飯をくらう。

ライオンをしたがえた獣たちの主のもうひとつの表れが蛇を両手にもった蛇女神であり[21]、あるいは蛇の姿であらわされたイシスである。

女の腹のなかから蛇がでてきて男を食い殺す昔話がギリシャにある。ギリシャでは古代でもアルテミスへの犠牲をわすれて婚礼をあげたところ、初夜の床のなかの花嫁が蛇にかわっていたという話がある（アドメテスとアルセスト）。

あるいはエムプーサ、ハルピュイアなどの翼をつけた女の妖怪は子供をさらう。さらって貪り食うのである。子供を生む大地女神、あるいはアルテミスなどの出産をつかさどる神の反対の面をあらわしている。日本ではウブメである。ウブメのばあいは自分が産褥で死んで（あるいは死児を生んで）かわりに産婦や新生児をおそうのである。地上に生まれる子を一日一〇〇〇人くびり殺そうとさけんだイザナミも同じである。イザナギと一緒にいたときはひたすら国生み、神生みにいそしんでいたが、ひとたびその仲を引き裂かれると、もっぱら死の女神になる。

原初の女神はどこでも性器を誇示してみせる。インドの神殿に描かれた豊穣の女神は女陰の割れ目を

図3　カリ
（ハリー・オースティン・イーグルハート『女神のこころ』矢鋪紀子訳、現代思潮新社、2000）

はっきりとあらわしている。それは隠すべきものであるどころか、逆にそれこそ、あらゆるものを飲み込み、そしてそこから生み出してくる神聖な豊穣の口であり、信者におおきくひろげて顕示するものだった。そして事実、いまでもそこにおまいりする善男善女はそこをなでてお祈りをしている。そのためにそこだけつやつやと光っている。ウズメ、バウボ、そしてハトホルが性器を誇示して太陽や豊穣女神を甦らせる働きをするのは、「生み出す口」の顕示だった。(22)

その性器はまた人を貪り食う恐ろしい猛獣としての女神の本質を象徴するものだった。ワギナ・デンタタはたとえば、中世のヨーロッパの地獄絵に描かれる「地獄の大口」のように、恐ろしい歯のはえた口を大きく開けて、人々を飲み込もうとしているのである。「地獄の大口」は大女神をその性器、あるいは口だけであらわしたものである。

この原初の恐ろしい女神の力をいかにとりこみ、建設的な豊穣力とするかに各地の文明の、あるいは神話の工夫があった。そのひとつが司祭、あるいは女神の愛人の「去勢」である。

4 去勢

クロノスによる父親ウラノスの去勢は母親ガイアによって示唆される。父性的暴力の否定であり、生み出すものとしての母性の優越の確保だった。

クロノスもゼウスによって駆逐される。彼自身も去勢されて冥界へおくられたとも考えられる。ゼウスだけが、去勢の運命をまぬかれたかのようにも見えるが、彼はクロノスによって飲み込まれる運命にあった。そのかわりに母親のレアが石を赤子といつわってクロノスに飲み込ませた。彼の次に世界の主権をにぎるとされるディオニュソスもティタンたちによって八つ裂きにされる。「二度うまれた神」と呼ばれるのは、死んで甦った神の意である。八つ裂きは全身的去勢といっていい。ディオニュソス祭で、男根をかついで練り歩くのは、やはり、男根の切除に相当する。八つ裂きにされて心臓だけとりだされてゼウスがそれを飲み込んで生まれなおしたというのだが、八つ裂きにされたときに男根はなくなっているのである。

アティスの去勢は女神キュベレに仕えるためだった。[23] あるいはそれはこの大女神を祭る狂乱の祭式で神官たちがつぎつぎにみずから性器を切り取って女神に捧げることの起源をかたる神話であるともいう。女神が唯一最高の存在であるためには、男女両性をもっているとともに、男性神を殺すなり、去勢するなりして、その力を否定しなければならない。[24]「去勢」のテーマが「男女両性性」のつぎに現われ、暴力的祭式の形となる。ジラールがもっとも「暴力的な」神というディオニュソスがミケランジェロの有名な像のように女性的にあらわされるのは、その狂乱の祭りで、男性が引きちぎられ、殺されることによるのだが、また、その秘儀で、巨大な男根が盆にのせて覆いをかけて登場することとも関連する。[25] 女たちが巨大な男根を神のかわりにかついで練り歩くのも、神の力を男根に集約したというより、神の男根をきりとって、彼を女たちの祭りに引き入れたことからきているともいえる。[26]

女神の暴力的な力は、「生み出すもの」としての女神のなかの男性性だった。インドの暴力的豊饒性シャクチが、リンガとヨニの結びついた形としてあらわされてゆくには、父神の男根を切り取って石像として独立させる必要があった。女神の力を崇拝するために司祭が男根を切り取って女神に捧げるのである。

ところで、大地女神にしても農耕の女神でも種を地中に埋めて春の再生を期待するように、はてしなく生み出すためには、その原料としてはてしなく貪り食わなければならない。豊穣の女神は同時に死の女神になるのである。

5　冥界の女神

死の女神はひとり神である。そもそも幸せな神々の家庭などというものはありえない。女神ははじめから単性生殖によって混沌から生まれている。そして男を性的に暴行しては食い殺す。それを世界の中心から疎外して死の国へおいやったときから、彼女は生殖の機能をうしなってただ恐ろしい死の女神になる。そのかわりに地上の生命を保証するシステムを考えなければならなくなる。イザナギはそこで、彼の力であたらしい世界の支配力、すなわちアマテラスとスサノオを生み出して彼もトコヨへさってゆく。あたらしく生まれたアマテラスとスサノオのカップルは「うけひ」によってのこりの神々を生み出し、その子供たちに地上を統治させようとする。そのシステムにスサノオが異議をとなえ、乱暴狼藉をはたらいて、今度は彼がネノクニにおいやられる。イザナギ、イザナミのばあいの反対である。はたしてそれがイザナギ、イザナミの天の御柱のまわりの回り方の逆転のようによい結果をもたらすのかどうか。スサノオも天の斑駒《ぶちごま》をさかはぎにするという反対の行為をして高天原をおわれる。

ここでこの神話について「記紀」が口をとざしている秘密、あるいは「その後」を考えると、母の国をあこがれてネノクニにおわれた彼は結局、そこでイザナミに抱かれるのである。(27) イザナギが一目みて怖気をふるって逃げ出した恐ろしい姿の女神を、スサノオはそれこそ憧れの母として抱きしめる。おおいなる暴力神である彼にはこわいものはない。(28) 女神もまた、しっかりと抱きとめる。ヨミノクニ、ネノクニ、ハハノクニは入り口はちがっていても底では通じている。要するに地下の世界である。その奥底へもぐっていったスサノオは蓼科の人穴の奥底に春日姫をみいだした甲賀三郎のように、冥界の母神にであい、死のまぐあいをしたのである。スセリヒメが彼の娘として与えられたのだから、その母親もいたのである。[29] しかし、地下の国にいかなる女神がいたかというと、イザナミしかいないのである。スセリヒメはスサノオとイザナミの子である。まさに、恐ろしい貪る口としての女神と暴力神としてのスサノオが暴力性の極限としての死の世界でむすばれる。

地上では単性生殖で生まれたアマテラスが単独の女神として世界を統御する。おさな神が彼女にしたがう。ニニギである。ニニギの天下りのときはアマテラスの分身であるウズメが彼を補佐する。というより、メソポタミアの女神イナンナと愛人タンムーズのような女神とおさな神のカップルを構成する。ウズメはしかしサルタヒコのほうへおいやられ、ニニギはコノハナサクヤヒメをえらびとる。[30]

ニニギはオホクニヌシに国譲りをせまる。じっさいにはタケミカヅチら、ニニギの先触れをした恐ろしい神がその大いなる力を示して脅迫するのである。トートがセクメトを説得したような言葉の魔術はここではでてこない。単純な力比べである。オホクニヌシの息子のタケミナカタが抵抗するとねじ伏せ、投げ飛ばし、手も足もでないようにする。タケミナカタは諏訪まで逃げて行って「遠い神」になる。

イザナミ、アマテラス、コノハナサクヤヒメと世代をくだるにつれて女神の暴力性は減少する。ニニギがコノハナサクヤヒメをイワナガヒメのかわりに選んだというところには、死の要素が入り込むと同時に、生のはかなさを受け入れるという非暴力の文化的原理が主導的になる。地上を永遠に支配するのではなく、わずかな生の時間にコノハナサクヤヒメのように瞬間の美をたのしみ、そのあとは死の支配に身をゆだねる。一種の死との契約である。絶対的な暴力性が社会的契約によって統御され、力より美がえらびとられる。

ニニギにしたがって、彼のわがままを制御する五人の「摂政」はたとえばヴェネティアの集団統治制をおもわせる。専制君主のかわりに契約により、死や幽世との間の均衡を確立し、集団で社会の秩序をうちたてるシステムがはじまる。本来ならそこで、原初の粗暴な暴力性は統御されるはずだが、じっさいにはなかなかそうはならない。ニニギはさんざんわがままを言って手こずらせる。まだ女神の時代なのである。

アマテラスの地上支配を可能にするものが、スサノオのネノクニ下りであり、オホクニヌシの幽世への隠遁である。いずれも男性神の去勢にあたる。[31]

しかし、幽・明の双方を統べている大女神を想定すると、それはイザナミ以外にはなく、ネノクニに下ったスサノオがイザナミの配偶神となったかとも想像される。出雲に去ったオホクニヌシが幽世の司祭者になったというのも冥界の女神をまつる役目をしているのであるとすれば、それに対してニニギの支配などというのも、片々たる地上の片隅の一地方の統治でしかなく、生死をこえた大世界を統べているのは、オホクニヌシやスサノオに祭られた冥界の女神イザナミなのだともいえる。原初の女神は世界中で、冥界へ下って、そこから天上、地上、地下の全世界を支配する。

それをより明らかに示しているのがエジプトのオシリスの神話であろう。彼は兄弟のセトによって八つ裂きにされて棄てられるが、イシスがそれをつなぎ合わせて復活させる。ただ、男根だけはナイルの魚に飲み込まれてみつからない。かわりにイシスが粘土で男根をつくってつぎあわせる。そしてオシリスは冥界の王になる。イシス、あるいはハトホルがおおいなる女神として世界に君臨するには、配偶者たるオシリスが男根をうしなって冥界へ去る必要があった。

ウラノスもクロノスによって去勢されてタルタロスに落とされる。オシリスが冥界の王となるのとおなじく、冥界の天空神となるのである。そのクロノスもやはりゼウスによってタルタロスへおろされる。

6　暴力神

幽世では去勢された神々が大母神をまつっている。しかし、地上では父親を殺したあと、母親の支配も脱した青年神が、本来女神が統御していた自然の暴力をなにものにもおさえられないまま現すようになった。ゼウスの雷もそのひとつだが[32]、主として嵐を司る神であるスサノオ、トールがそれにあたる。あるいはイザナミの死の原因となったカグツチもそのひとつかもしれない。知性や秩序より、ひたすら暴力と破壊に専念する神々である。シャクチをみずからのうちに取り込んだシヴァのような神であれば、そこには破壊と建設が共存する。しかし、欠如によって生まれた神にはそのような統一が求められない。暴力が暴走する。暴力神としてのシヴァはしばしば男女両性であらわされ、インドではアーリア人の到着まえから崇拝されていた古来の神であるとされる。彼の中の生産力であるシャクチが外在化すればドゥルガ、あるいはカリになる。したがって、母親が欠落するために生じた暴力ではなく、破壊と再生をともにあらわす、男女両性の始原の神だが、ダニエルーのみるように（前出書）、これをディオニュソスと同一視すれば、あきらかに母親セメレーを失った孤児であり、ヘラによって狂気をおくられてインドまでさまよった母親探し、自分探しのおさな子である。シヴァにもそのような母親欠落による暴力の暴走の面があろう。ディオニュソスもシヴァも牛にのっているときは文化的な様相をしめすが、豹や虎に乗っているとき、あるいはその毛皮を身にまとっているときは、制御されない恐ろしい力をしめしている。死をもたらす時の破壊力をあらわすときはマハカラとしてあらわれるが、より明確には黒い女神カリの姿をとる。火葬場につねにおり、死者の地下世界を支配する。その点ではスサノオとも、オシリスとも共通する。そこから夜の太陽、冬の太陽であるディオニュソスとつらなるのである。そして、その暴力的な面だけではなく、創造的な面をあらわすドゥルガの相をもあわせもったとき、シヴァはその狂気や破壊的暴力を創造と統治にふりむけることができる。しかし、シヴァがつねにそのような総合的な形であらわれるとはかぎらず、女性的要素を欠落させた恐ろしい破壊力としてのみあらわれることもまれではない。

そしてはじめからそのような両性をもっていない青年神が父親を駆逐し、母神はすでに冥界に去っているときは、ひたすら暴力のみをふるうあらたな専制者となり、彼をさらに駆逐するつぎの世代があらわれなければ、世界は力の論理だけがまかりとおるようになる。

7　トリックスター

この状態を修復するのがトリックスターである。スサノオのところへ行ったオホアナムチも、その場合、トリックスターとして働いている。この話はヨーロッパではＡＴ３１３の昔話「悪魔の娘」として知られる。頭の回転のはやい少年、あるいは青年が「悪魔」をやりこめる。

女神が暴力性をうしなったあと、（ここでは女神は白鳥処女として登場する。スサノオのばあいはその娘スセリヒメである）、甘やかされた暴力神の支配をトリックスターがくつがえす。ギリシャではヘルメスである。ヘルメスが亀をつかまえて楽器をつくる。それをアポロンがとりあげて、音楽の始まりになる。文化が始まる。そのはじめはトリックスターのいたずら、あるいは遊戯である。ここで遊びがうまく機能すれば暴力にはならない。アメリカ先住民のトリックスターであるコヨーテが木にのぼって回転しながらおっこちる「遊戯」にふけっている。その遊戯がなければ、彼の好奇心にしろ、ありあまるエネルギーにしろ、より破壊的な暴力の形をとってあらわれただろう。そのエネルギーを遊戯という文化的な形に誘導するシステムが文化を形成してゆくのだ。シヴァでいえば舞踏である。シヴァはおどりながら男女両性性を回復する。またシャクチと合一していないとシヴァはただの形骸だともいわれる。「シャクチなしには震える力さえない(33)」ディオニュソスは信女たちと恍惚のうちに踊り狂いながら原初の力をとりもどす。あるいはナクソス島でアリアドネと結ばれるのもトリックスター的な衝動である。悲しみに沈んでいた乙女がおもわずわらいだすような滑稽さを演ずる神はデメテールをわらわせたバウボとも同じ性格をもっている。バウボ、ウズメもトリックスターなのである。アマテラスの不在という状況をウズメというトリックスターが滑稽でみだらな所作、あるいは舞踊で救うのである。スサノオの暴力によって破壊された秩序がウズメの踊りで修復される。また逆にトリックスターの卑猥なおどりや、そのいたずらを社会がおもしろいもの、滑稽なもの、既成秩序のいかがわしさを告発するものとみなすかぎりにおいて、それは社会的機能をもたされ、建設的に機能する。(34)

8　価値の転倒――「オシリスは黒い神(35)」

トリックスターは、地上の秩序を転倒させる。専制者の権威をひっくりかえしてあたらしい秩序を生みだす点では建設的だが、いわゆる「文化英雄」ではないトリックスターは、おおむね、秩序を混乱させるだけで満足し、彼自身はとおい世界へ去って行く。(36)オホクニヌシがトリックスターの性格をもっていたなら、彼が出雲へさったのもかならずしも神として祭られるためではなく、地上の秩序を壊乱させたことで満足してイザナミのいる世界へ帰ったのだともいえる。スサノオも高天原で乱暴狼藉をしてネノクニへいったのはおなじことだ。彼は暴力神であったことはたしかだが、その行動はただの暴力ではなく、アマテラスの宮殿で「屎《くそ》まり散らしき」というのはどうみてもトリックスターのいたずらだ。(37)馬の皮を機織屋にほおりこんだというのも、いろいろ解釈はされているものの、基本的にはしなくともいいいたずらである。ただ乱暴をしたくなってあばれまわったというのではなく、いたずらをしているのである。その結果どうなったかというと、この世が真っ暗になった。本来、太陽にてらされているべき世界が真っ暗になったのだが、それはイザナミの世界からみれば、あたりまえの状態である。闇の国と光の国があったのが、ひっくりかえって、光の国が暗くなったのだ。

それはとりもなおさず、光の国というものの束の間性、仮象性をあらわしているのだ。その仮の世である地上をおさめるのは、表面的には生まれたばかりのおさな子でもいい。本当の世界は闇の世界なのだ。[38] スサノオは地上的価値観ではろくなこともせず、乱暴をはたらいただけのようだが、実はそのような狭い価値観を彼は超えているのである。この世で何の役にもたたない遊戯やいたずらにふけって、世界が混乱した後、自分は別世界へ去ってゆくトリックスターを人々は恨めしげに見送り、あるいは苦々しげに非難する。しかし、彼らトリックスターたちには地上のことなどどうでもいい。地上が暗くなったといって大騒ぎをするのは、彼ら、本質的なものをもとめるものたちには滑稽なだけだ。

エジプトのファラオンは代々、ホルスの生まれ変わりである。ということはすなわち、地上におろされたおさな子であり、無力な神である。おおいなる神は黒い神、オシリスであり、そしてただの黒い石であるイシス＝キュベレである。ウラノス、クロノスもみずからの子によって地獄へおわれたのではなく、地上という片々たる土地をおさな子にゆずって、おおいなる冥界でさらにおおいなる母神、「死」につかえているのである。三つの頭をもったヘカテもそのおおいなる母神のひとつのあらわれか、司祭でしかない。恐ろしいものは目にみえない。目にみえる世界で権力をたもっているようにみえるものは、幽世に去ったおおいなるものが残していった抜け殻をまとった案山子のようなものにすぎないことを、世界の神話はかたっている。

地球の内奥にはげしく燃え滾るマグマがうずまいているように、冥界には恐ろしい女神が君臨する。そのかたわらには去勢司祭となったかつての暴力神がつかえている。地上の王はその暴力神の投影であり、あるいは残していったおさな子である。地上の文化はそのような仮の権威に反抗するトリックスターの無償の遊戯からなりたつ。そのいたずらっ子の「暴力」がときに暴走するのはそれがよってくるところのおおいなる神の力への畏怖が人々の心から消え去っているからである。異議申し立て、反抗期の暴力、そういったものをとりこんで建設的な原動力とするのが文化だが、地上の権威や社会的常識だけに盲従すれば、それへの反逆はただちにおさえつけなければならないものとなる。しかし、その背後によりおおいなる闇の力があることを認識する文化では、地上の秩序への反逆はごくあたりまえのこととしてうけとめられる。

恐ろしい神、黒い神を意識のはての闇のなかに押しやって忘れたつもりになっているとき、その恐ろしい原理からやってきたものがTrouble-fête（秩序壊乱者）として、本当の価値を顕現しようとする。それをほむべき再生のための革新力とみとめず、アナーキスト、暴力者として抹殺しようとするのが現今の物質崇拝のプチブル社会である。

（1） Alice Donohue, *Xoana and the origine of Greek Sculpture*, Altanta, Ga: Scolars press, 1988.
（2） Sharukh Husain, *La grande Déesse-Mère*, Taschen, 2006 ほか。ただし日本、オセアニアでは牛の乳をのむ習慣はなかった。そのかわりに海の幸、山の幸という観念が生じた。とくに海がおおいなる母性として人をやしなってくれた。しかし、それはもちろん、同時に人をのみこむ恐ろしいものでもあった。
（3） エジプトの天空神ヌートは雌牛である。北欧でも世界樹に相当するような「世界牛」アウドムラがいた。D・リーミング、M・リーミング『創造神話の事典』松浦俊輔他訳、青土社、一九九八年。
（4） 果実や芋を採取する文化と、穀物栽培文化、それも焼畑と水田や小麦で、それぞれに異なった神話をもっていてもよさそうであるが、いわゆる「ハイヌウェレ神話」はそのどの文化にも見られる。
（5） 以上、M・エリアーデ『世界宗教史』荒木美智雄他訳、筑摩書房、一九九一年、吉田敦彦『小さ子とハイヌウェレ』みすず書房、一九七六年など参照。
（6） M・J・フェルマースレン『キュベレとアッティス』小川英雄訳、新地書房、一九八六年、またエスレフは大母神信仰では去勢が太古から実践されており、男性の性的エネルギーを制御する方法だったという。Jacques Esrev, *La femme symbole*, Arma Artis, 2003, p. 99.

(7) ロミリーは「神は恐ろしいものだ」と断言する。「やさしさを見出すにはキリスト教までまたねばならない」Jacqueline de Romilly, *La Grèce antique contre la violence*. Ed. De Fallois, Paris, 2000, p. 107.

(8) イザベル・フランコ『エジプト神話』(未訳) Isabelle Franco, *Nouveau Dictionnaire de Mythologie egyptienne*, Pygmalion, 1999. および Françoise Dunand et als, *Dieux et hommes en Egypte*, A Colin, 2002.

(9) 太陽神ラーが自分の目をくりぬいてセクメトにしたともいう。ただ、「太陽の目」はそれ自身、独立した神で、ラーやセクメトの本質の表れであるとも言う。

(10) 灼熱の地の太陽はインドの火の神アグニなどとおなじく、万物を焼き滅ぼす恐ろしい力として認識された。

(11) ニチャボダナンダ『インドの神話と宗教』Nityabodhananda, Swami *Mythes et religions de l'Inde*, Maisonneuve et Larose. 1967. より。なお、カリについてダニエルーは「信者に尽くす恐ろしい神で、崇拝しないものは滅ぼし、その功績を無にする」とも言う。La déesse Terrible, dévouée à ses fidèles, détruit ceux qui ne l'adorent point et réduit leurs mérites en cendres, Alain Daniélou Mythes et dieux de l'Inde. Ed. du Rocher, 1992, p. 399.

(12) Mookerjee, Ajit *Kali, la force au féminin*, Thames & Hudson, 1995.

(13) ヨーロッパの先史時代にも洞窟のライオン女神がいたとシャルック・フサインは見る (Shahruks Fusain, *La Grande Déesse-Mère*, Taschen, 2006)。

(14) 「ついで恐ろしい時の火(マハカラ)となり、最後の時に全世界を焼き尽くす。(以下略)」Devenu ensuite feu du Temps puissant (mahakala) lequel, à la fin d'un cycle cosmique, consume tous les mondes, il anéantit sous forme de suprême Sujet, les constructions limitatrices. Enfin, recouvrant son universalité, ce feu cosmique devient maintenant un ardent brasier qu'attise encore un vent furieux, car sans un tel vent, jamais le feu ne pourrait consumer le Sujet universel.

Hymnes aux Kali La roue des énergies divines Institut de civilisation indienne, 1975, p. 123.

(15) A・ダニエルー『シヴァとディオニュソス』(未訳) Alain Daniélou, *Shiva et Dionysos*, Fayard, 1979, p. 413.

(16) E・パノフスキー『イコノロジー研究』浅野徹他訳、筑摩書房、二〇〇二年。

(17) モリグー。北欧のヴァルキュリーも本来は戦いの女神であろう。ギリシャのアテネも同じである。「ケルトの女神たちは母神の機能において認められる。狂乱の祭儀を捧げられる豊饒の女神マハは戦の女神になる。(以下略)」les déesses celtiques peuvent être considérées comme des fonctions de la déesse mère. Telles sont Macha, la déesse de la fertilité, en l'honneur de laquelle se pratiquaient des orgies et qui devint déesse de la Guerre, puis Anu, dont les collines du comté de Kerry en Irlande sont les seins, Brigitt, déesse de l'Abondance et du Mariage, qui est devenue la sainte Bride

chrétienne. (Rawson, *Primitive Erotic Art*, Weidenfele & Nicolson, 1973, p. 44.)

（18）R・アードス、A・オルティス編『アメリカ先住民の神話伝説』松浦俊輔他訳、青土社、一九九七年。

（19）日本では昔話のなかに原神話的なあらあらしい力の表現がみられる。いわゆる昔話の残酷さである。タニシ息子を下駄で踏み潰すと立派な若者になる。猿婿も残酷に谷川に突き落とされる。そのもとには猿神退治がある。神は人身御供を要求する恐ろしい存在で、神殺しが文化をうむ（六車由美『神、人を喰う』新曜社、二〇〇三年）。

（20）臼田甚五郎『天人女房その他』櫻楓社、一九七三年。

（21）クレタのテラコッタで作られた蛇女神は、むしろ蛇巫女だという説があるが、神であれ、神につかえる巫女、神官であれ聖性を表現するときには同じことになる。いや、これはやはり、ライオンを両手にもつかわりに両手に蛇をもった獣たちの主の造形である。

（22）もちろんアイルランドのシーラ・ナ・ギーグもある。イシスもスカートをもちあげて性器を露出した姿であらわされることがある。（デュナン『イシス信仰』未訳）。バウボの像で、性器に足をつけたものがある。（ドヴルー『バウボ』（未訳）Georges Devereux, *Baubo: la Vulve mythique*, Paris, Godefroy, 1983.）。

（23）Camby, Philippe, *De l'étreinte à l'éternité, les rituels de l'extase en Orient et en Occident*, Le Relié, 2001, p. 165.
アティスはそもそもアグディスティスという男女両性の怪物の男根を切り取ったところから生まれている。そこから杏がはえ、その実をニンフが食べて妊娠したのだ。ところで、アグディスティスはキュベレと同一であるという説もある（神津春繁『ギリシャ・ローマ神話辞典』岩波書店、一九六〇年、およびEsrev, Jacques, *La femme symbole*, Arma Artis, 2003, p. 97.）

（24）司祭がみずから去勢したのは、おおいなる神である女神に同一化するためだったと、エスレフは言う。前掲書、九七頁。

（25）René Girard, *La violence et le sacré*, Grasset, 1972.（『暴力と聖なるもの』古田幸男訳、法政大学出版局、一九八二年）。

（26）ディニュソス祭の男根奉御についてはFrontisi Ducroux, Françoise, *Le dieu-masque: une figure du Dionysos d'Athènes* ēd la Dēcouverte, 1991 参照。

（27）スサノオの母親コンプレックスについては吉田敦彦は『日本神話』PHP研究所、二〇〇六年などで、オホゲツヒメ殺しに注目して「母殺し」をしているとみる。ただし何度「母殺し」をしてもついに決定的な「母はなれ」はできなかったとし、日本人の理想の母、アマテラスは永遠であるとも言う。また根源的な大母性はスサノオがあらわしているとも見る。スサノオが母殺しをくりかえしながら、究極的に大母にひきよせられ、むしろそれと一体化してしまうのは、その「母殺し」が本当の母をさがす過程での「偽の母」の排除にあたり、オホゲツヒメについても、食べ物をあたえられながら、それを「きたなし」とみなすのは、「あしき母」、にせの母であるとみていたことをあらわしていると考えられるのではないだろうか。

(28) ポセイドンがゴルゴーンを愛して天馬ペガソスを生ませたように、本来のおおいなる神には「恐れ」といった感情はないのである。

(29) エキドナを愛したヘラクレス、ゴルゴンを愛したポセイドン、冥界にのがれたデメテールを馬の姿で犯したゼウスなど、地底の闇のなかで進行した粗暴な愛の物語が思い浮かぶ。

(30) ニニギの性格を分析したひとはいないが、男勝りのウズメに補佐され、コノハナサクヤヒメをみそめるとすぐに嫁にしたいといい、姫にそえて姉のイワナガヒメも送られると、これを醜いといって追い返して、死なせる。さらにイワナガヒメが一夜ではらんだというと、自分の子ではないという。姫はそこで産屋に火をつけて子をうんで、潔白を証明するが、一夜をともにしただけで、あとは姫とは接しなかったので、これをもってみるに、性的に未成熟であったのか、興味がなかったのか、いずれにしてもいささか異常であろう。ほかの女にこころをうつしたという記述はなく、ほかの子もしられていないから、ニニギは生まれてすぐに天下りさせられ、日向についてすぐにコノハナサクヤヒメをあたえられたものの、女性をどうしていいかもわからないでいたようにも思われ、またその姉を追い返すところ、姫の妊娠をうたがうところ、いずれも思いやりの欠如した性格を思わせる。もっとも一書では姫のほうで、ニニギを嫌って床をともにしなかったという。

(31) オシリスが男根をうしなって冥界の王となるように、男性神が冥界へ下るのは去勢的な行為であり、それにたいして大地の女神が地底にこもるのは、その本来の性格を誇示するものでしかない。飲み込むものと飲み込まれるものの違いである。

(32) ケレーニイはゼウスも「童子神」であると言っている。K・ケレーニイ、C・G・ユング『神話学入門』杉浦忠夫訳、晶文社、一九七五年、九〇頁。

(33) 「シヴァの宗教」R. Bhatt, *la religion de Siva*, ed. Agamat, 2000 および、Nityabodhananda, Swami *Mythes et religions de l'Inde*, Maisonneuve et Larose, 1967.

(34) ポール・ラディン他『トリックスター』皆川宗一他訳、晶文社、一九七四年。

(35) アンドレ・ブルトン『秘法十七番』入沢康夫訳、人文書院、一九九三年。

(36) オホクニヌシは名前からすればおおいなる国土創建者であるが、神話ができあがる過程での断片的な語りからみると、彼はスクナヒコナとともに道化的遊戯にふけり、あるいはコヨーテ的な誘惑者としてあらゆる女を征服し、結局は秩序の擁護者であるタケミカズチによって駆逐されるのである。

（37）スサノオをトリックスターととらえるのはネリ・ナウマン（『哭きいさちる神＝スサノオ』桧枝陽一郎他訳、言叢社、一九八九年）であり、また吉田敦彦や河合隼雄（河合隼雄ほか『日本神話の思想――スサノオ論』ミネルヴァ書房、一九八三年）である。吉田はレヴィ＝ストロースに従って「バイトゴゴ」という観念をひいて説明する。

（38）たとえばアニメ『もののけ姫』のメッセージをみる。「いのちをあたえるとともに、命をすいとりもする」シシカミを一本歯の足駄をはいて傘をかついだトリックスターであるジゴ坊が間接的ながら殺すと、まさに世界の壊滅がおこるが、まもなく世界は再生され、あたらしい秩序がうまれる。世界には破滅が必要であり、原始林も巨木におおわれた極相にいたれば、やがて森は崩壊し、巨木が倒壊してあかるくなった地面にあたらしい樹木がはえだす。地球の歴史は破壊と再生のくりかえしなのだ。それを促進するのがトリックスターである。

ヘシオドスに現在《いま》を読む

――暴力・争い・正義・ジェンダー

饗庭千代子

1 はじめに

暴力、争い、犯罪そして戦争の渦巻く混迷した現代社会にあって、われわれが、人類破滅に向かって転がり落ちていくような恐怖感、危機感を抱くようになって久しい。人類学や動物学的見地から暴力や攻撃性についての分析研究がなされ、地球規模で反戦運動が繰り広げられ、非暴力化への取り組みが試みられているが、暴力阻止のための有効な切り札はまだ見つかっていない。

紀元前七〇〇年頃に、ギリシアの叙事詩人ヘシオドスはわれわれと同じ経験をしていた。詩人の生きている時代を、争い、不正、暴力など諸悪蔓延する「最悪の時代」だと嘆き、悪の根源を探ろうと、人間の世界を含む宇宙全体のメカニズムを解き明かしつつ思索を重ね、平和で秩序ある正しい人間の道を模索していたのである。それを叙事詩の形にまとめ上げたものが、『神統記』と『仕事と日』である。『神統記』では、宇宙の始源から神々の生誕、そしてゼウスの統治確立までを、カオスからコスモスへのプロセスとして示し、『仕事と日』では人間の世界に目を転じ、正義と暴力を対置させて人間の営みを説く。当時流布していた神話・伝説をパラダイムとし、ひとつの構想の下に系統立てただけではなく、宇宙規模のグローバルな視点に立って、深い洞察力で人間について思索をめぐらせていく。世界最古の文学作品『イリアス』『オデュッセイア』の作者ホメロスとちがって、ヨーロッパ文学史上はじめて作者が作品の中に顔を出したとされるヘシオドスの叙事詩は、思想の書でもあるのだ。ヘシオドスの作品を読むとき、二七〇〇年以上も遠い過去の世界と、われわれの生きているこの世界とにあまりにも暗合する点が多いこと、そして、詩人の言葉がリアルに現代人に迫ってくることに驚かされる。確かに科学、技術、文化、経済などあらゆる分野で、人類は古代人の想像を絶する進歩を遂げた。驕慢な人間たちは、ヘシオドスにとっては不可侵であった自然にまで触手を伸ばし、意のままに操ろうとさえしている。ところが、世界中で戦争が絶えることはなく、不正ははびこり、暴力や策略の応酬は際限なく続き、われわれはヘシオドスと同じように「今が一番悪い時代だ」と憂えているのである。この事実を、われわれはペシミスティックにもオプチミスティックにも受け止めることができる。世界平和とか、暴力や犯罪のない社会などというのは実現不可能な永遠の課題なのか、あるいは、それでも人類は滅びることなく、この地球上に存続し続けてきたことに希望があるのか。神話や伝承に立ち返ってみることでその答えを見つけることができるかもしれない。

本稿では、二つの作品に描き出されたヘシオドスの世界を丹念に読み解き、ヘシオドスの目で宇宙的観点から人間と人間を取り巻く力について考察し、われわれの現在に迫ってくるものを見据え、未来の可能性を探ってみたい。

2　宇宙にはじめて生じたのはカオス

天地万物の生成についての創世神話は世界中いたるところで伝えられていて、地域、民族によってまったく発想が逆になっている場合もある。たとえば、最もよく知られている『創世記』では、初めに在った「神」が「ことば」を発して天と地を創造するのだが、ギリシア神話では大地が神を生むことになる。神や人間より先に自然、原点は自然(1)であるということが、ヘシオドスの宇宙観、人間観を貫いていると思われる。

さて『神統記』によれば、初めには何もなく、そこにカオス（裂け目）が生じ、そこからまず大地《ガイア》、大地の深奥タルタロス、エロスが順に現れ、カオスも含めたこれら四つの存在が原初神となる。

カオスとはJ・P・ヴェルナンによれば、中性の言葉で、境界のないあいまいな混沌とした空隙である。(2) その内にはあらゆる創造の可能性が秘められている。宇宙で始めて明確な形を持つ存在が大地であり、その深い奥底にあって、地獄のような場所として神話にたびたび登場するのがタルタロスで、そこは再びカオスとつながっている。大地というのは形あるものではあるが、実は測りようもなく奥深く、大きく、一元的に定義できない存在であることが冒頭で示唆されている。エロスは、何かと結びついてその内にあるものを外へ突き出す機能を持つものとして現れ、後に、二つのものを結びつける力、愛を司るおなじみのエロスへと変わるのである。

さてカオスは単独で夜《ニュクス》を生み、夜《ニュクス》からは本稿の重要なテーマとなる諸悪がつぎつぎ誕生する。こうした夜《ニュクス》の子孫以外の宇宙の万物はすべて大地《ガイア》が生み出すことになる。まず、単独で天《ウラノス》と海《ポントス》、山々を生み、次に天《ウラノス》、海《ポントス》と交わって、つまり生殖によって、天《ウラノス》と海《ポントス》を頂点とする神々の二つの族を生み増やしていく。このプロセスに欠かせない重要な機能を果たすのがエロスである。

『神統記』において「星散乱《ちりぼ》える天《ウラノス》」「大浪荒れる不毛の海ポントス」と扱われている(3)ことからもわかるように、ギリシア神話・伝承において重要視されているのは天《ウラノス》であり、神々の世界で華々しく活躍することになるのは天《ウラノス》の系譜に属する神である。これら二つの神族の特性はあらゆる点で対照的で、能動的、攻撃的で策に長けた神々を輩出する天《ウラノス》のグループに対し、海《ポントス》の系譜には温和で優しく、正直で真実を告げる神々が連なっている。いずれも大地《ガイア》が単独で生み出したものであり、もともとは大地《ガイア》の内で平衡を保っていた二つの原理である。それが

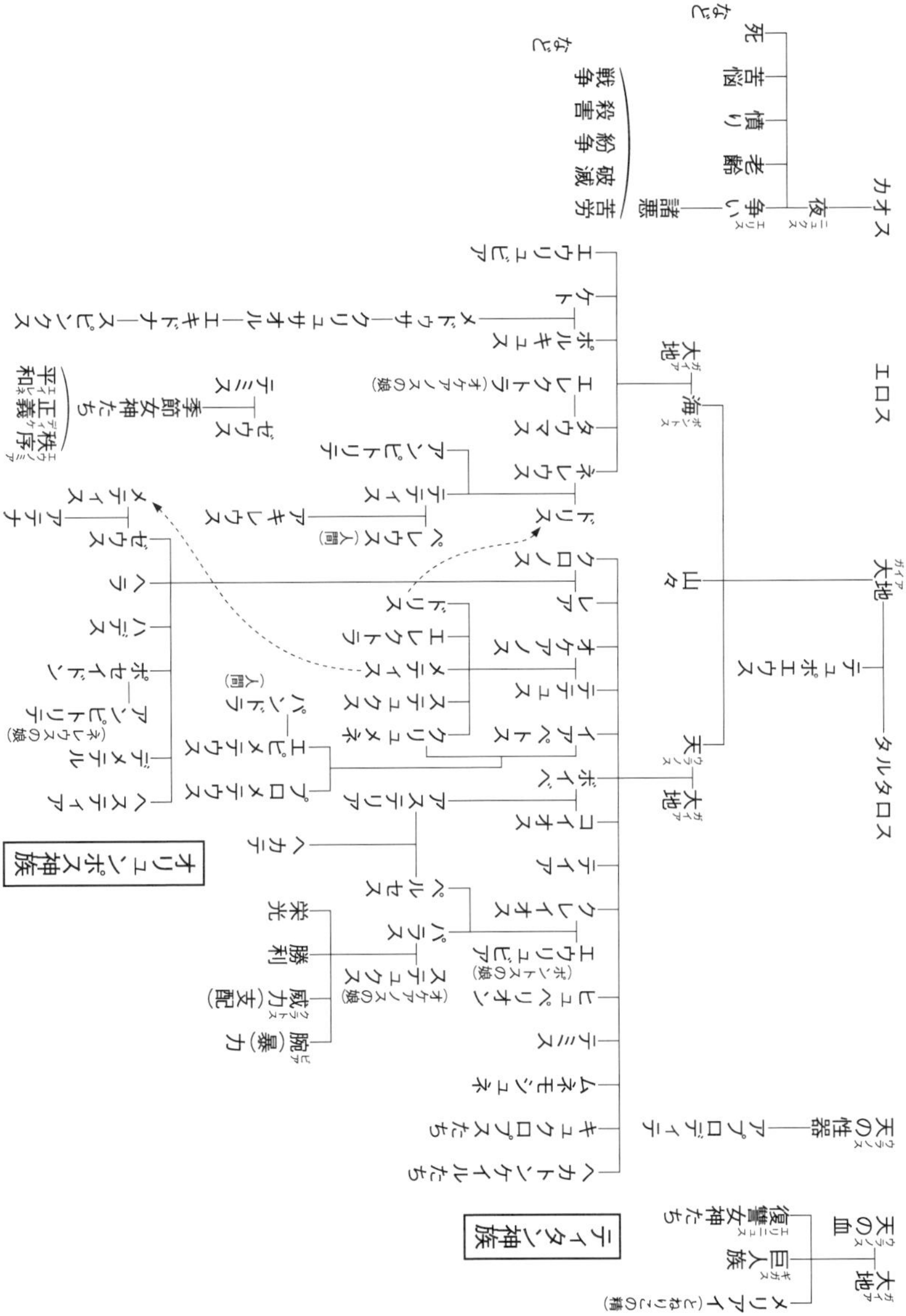
カオス
エロス
大地《ガイア》
タルタロス
夜《ニュクス》
争い《エリス》
死
苦悩
憤り
老齢
など
諸悪
苦労
破滅
紛争
殺害
戦争
など
テュポエウス
山々
海《ポントス》
天《ウラノス》
大地《ガイア》
天の性器《ウラノス》
アプロディテ
天の血《ウラノス》
大地《ガイア》
復讐女神たち《エリニュス》
巨人族《ギガス》
メリアイ（とねりこの精）
エウリュビア
ケト
ポルキュス
エレクトラ（オケアノスの娘）
タウマス
ネレウス
ドリス
メドゥーサ
クリュサオル
エキドナ
スピンクス
アンピトリテ
テティス
ペレウス（人間）
アキレウス
クロノス
レア
オケアノス
テテュス
イアペトス
ポイベ
コイオス
テイア
クレイオス
エウリュビア（ポントスの娘）
ヒュペリオン
テミス
ムネモシュネ
キュクロプスたち
ヘカトンケイルたち
ティタン神族
ドリス
エレクトラ
メティス
ステュクス
クリュメネ
パンドラ（人間）
エピメテウス
プロメテウス
アステリア
ヘカテ
ペルセス
パラス
ステュクス（オケアノスの娘）
栄光
勝利
威力《クラトス》（支配）
腕力《ビア》（暴力）
ゼウス
季節女神たち
テミス
平和《エイレネ》
正義《ディケ》
秩序《エウノミア》
ゼウス
メティス
アテナ
ヘラ
ハデス
ポセイドン
アンピトリテ（ネレウスの娘）
デメテル
ヘスティア
オリュンポス神族

図1　神々の系譜図

エロスの力で外に突き出されて二つの存在となり、そのうちの一方の原理で宇宙の秩序が整っていくことになる。

3　最初の暴力――仕返し

この節と次節ではウラノス―クロノス―ゼウスの三世代交代が、いずれも子が父を倒して権力を争奪する形で行なわれていることを中心に見ていく。

大地《ガイア》は天《ウラノス》と交わって大洋神《オケアノス》をはじめ一八神を産むが、ウラノスは「子どもが生まれる片端からみな大地の奥処に隠して[4]」しまった。これは天《ウラノス》が「子どもたちを憎んでいた」ため、あるいは「旺盛な性欲にまかせて四六時中大地《ガイア》に覆いかぶさっていたため、子どもたちは外に生まれ出ることができなかった」のだと解釈されている。子どもを詰め込まれた身体的苦痛と、自分の産んだ子に対する残酷な仕打ちに耐えかねてガイアは復讐を企てる。母の苦しみを救おうと実行役を買って出た末子のクロノスは、母が作り出した最初の武器、大鎌で父ウラノスを去勢し、兄姉を光の世界へと解放したのである。天《ウラノス》はクロノスに報復を予言しつつ大地から離れ高所に身を落ち着けた（図2）。

切り取られたウラノスの男根は海へ投げ捨てられ、精液と海の泡からアプロディテが生まれる。今度は男性性器から生殖によることなく世にも美しい女神が生まれたわけである。また性器の血の滴を大地《ガイア》が受けて、復讐の女神エリニュス、戦士ギガス、とねりこのニンフたちが生まれる。とねりこは、血を流す槍の柄となる木である。ヘシオドスがこのあとで、夜《ニュクス》から争い・不和の女神エリス（図3）をはじめ諸悪を具現する神々を誕生させていることは、暴力や争いの起源を考える上で示唆的である。エリスは、二つの存在の調和と結合をはかるエロスと対になる概念で、結合したものを引き離す力を包括し、エリスから戦争、殺害、労苦などが生まれる。

図2　父ウラノスを攻撃するクロノス（中央）壺絵に基づく素描

図3　エリス（黒像式杯、前575—525頃、ベルリン美術館）

図4　子どもを喰うサトゥルヌス（クロノス）（ゴヤ　1820—23、マドリード、プラド美術館）

　天と地を引き離し、兄姉を救い出したクロノスは、神々の王となって世界を支配することになる。しかし兄弟のうち、奇怪な容姿を持ち強力で粗暴な存在であるキュクロプス（一眼巨人）とヘカトンケイル（百手巨人）をタルタロスに再び閉じ込めてしまった。姉のレアとの間に男女六神をもうけたクロノスは、子どもたちに支配の座を奪われることを恐れ、生まれたわが子をつぎつぎに呑み込んでしまう（図4）。悲嘆にくれるレアは末子ゼウスを産む段になって、大地《ガイア》と天《ウラノス》に知恵を授かり、クレタ島の洞窟でひそかに出産した。クロノスには石を呑ませて難を免れる。「束の間に成長した」ゼウスは、ガイアの「思慮深い示唆」[5]を受け、吐剤を偽ってクロノスに与えて、呑み込んだ兄姉たちを吐き出させたのである。ゼウスと兄姉計六神がオリュンポス神といわれる神々の第三世代である。この後ゼウスは腕力と策略を存分にふるって熾烈な戦いを繰り返した末、反対勢力を倒して主神となり王座を不動のものとする。

　このように暴力と争いは神々の誕生とともに発生している。最初の暴力行為である天《ウラノス》の去勢は、与えられた苦痛に対する仕返しであったから、旺盛な性欲動に突き動かされて大地《ガイア》の最初の支配者になろうとしたこと、つまり天《ウラノス》の性暴力が起源にあったといえるだろう。そのために子どもたちは生まれ出ることができず、産む性である大地《ガイア》の力が否定された。そのことに対するノーが仕返し・復讐という形の暴力の連鎖の始まりである。クロノスが父親に働いた暴力は、母親の苦痛を取り除き、神々の世代交代を可能にした実りある行為でもあるが、同時に新たな暴力によって償われなければならない残虐な行為であった。さらに、クロノスは支配を維持するために自分の子どもたちにも暴力を働くという二重の罪を犯す。レアの策略は自分の産んだ子どもと父親とに加えられた二つの暴力に対する二重の仕返しであった。こうして暴力や争いは繰り返され、そのたびに増幅されていく。

4　神々の戦争――平和と秩序実現のために

本節では、ヘシオドスが賞賛するゼウスの支配はどのようにして確立したのかを見ていきたい。

ゼウスを長とするオリュンポス神族とクロノス率いるティタン神族の力は拮抗しており、彼らは支配権をめぐって長期にわたる戦いを余儀なくされた。『神統記』(6)には残酷な力と力の応酬が生々しく描かれている。果てしなく続くと思われたこの戦いに終止符を打ち、ゼウスに勝利をもたらすのは、大地《ガイア》の忠告にしたがってタルタロスから救い出したキュクロプスとヘカトンケイルである。ティタン神族でありながら、その怪物性ゆえに恐れられ、グループから斥けられていたのであった。彼らから贈られた、雷電、雷光、雷鳴という強力な武器のおかげで、ゼウスは宿敵ティタン神族を倒してタルタロスに閉じ込めることができたのである。

しかし今度はガイアが、タルタロスと交わってギリシア神話中最強の怪獣テュポエウスを産み、ゼウスに差し向けた。例の三種の武器を用いてこれをも討ち果たしタルタロスへと送る。ヘシオドスは触れていないが、ウラノスの性器の血の滴をうけてガイアが産んだ巨人族《ギガス》との戦いも伝えられている。ゼウスが最も苦戦を強いられた戦いで、神や怪物ではなく、人間の英雄ヘラクレスの助けを得て勝利した。

こうして敵をことごとく倒したゼウスは、当然クロノスに代わって王位につくのだが、それはあくまでオリュンポスの神々に懇請されて、つまり望まれて統治者になるという民主的な体裁をとる。それを神々に促してゼウスが王位に就くよう根回ししたのはまたもや大地《ガイア》であった。ウラノスからクロノスそしてゼウスへと三代にわたって繰り返された叛乱交代劇は次第に手の込んだものになり、それとともに暴力や争いの構図も複雑になってくる。ひたすらガイアと交わることだけを求め、不安も疑念も抱かなかった丸腰のウラノスとちがって、クロノスは支配者になるという野望を抱き、王座を奪われることへの恐怖から暴力行為に及んだが、策を用いる術はまだ知らない。ゼウスは腕力もさることながら智略に長け、敵をも味方につけることができた。しかしウラノスやクロノスの轍を踏まないためにゼウスにはまだなすべきことが残っている。

5　ゼウスの戦略――平和と秩序維持のために

請われて神々の王となったゼウスの火急かつ最大の課題は、叛乱と争奪による世代交代の連鎖を断ち切ること、統治を永続させることであった。ゼウスの失墜はすでにガイアによって予言されていたのだから。

まず、これまでの戦いにおいて功労のあった神々に栄誉と特権を分配して治世の組織化を図る。敵方の神であっても、ゼウスに味方したもの、あるいは終始一貫して中立の立場を貫いたものを重用することも忘れなかった。たとえば、ゼウスに寝返ったティタン神ステュクスの子支配《クラトス》と腕力《ビア》を側近に取り立て、中立を保った女神ヘカテには大地、天、海に対してそれまで持っていた以上の特権を与え、常に敬意を払った。

体制の基礎固めをしたゼウスは、自他ともに完璧な支配者と認められるよう自身のヴァージョンアップに心を砕く。支配者は全能であるべきで、自身を超える存在があってはならないのである。自分に欠けているものがあれば補完しなければならない。そのための最も有効な手段は結婚である。ゼウスは最初に、明知、思慮、予知能力を備えた女神メティスを妻にする。メティスが妊娠すると、彼女の変身能力を利用して呑み込み、メティスの

図５　ゼウスの頭から誕生するアテナ（黒像式香膏容れ、前570年頃、パリ、ルーブル美術館）

胎内にいたアテナ女神を頭から生むのである（図５）。妻にするだけでなく呑み込むことで、メティスの能力は紛れもなくゼウス自身の能力となった。さらに、呑み込んだ胎児を産むことによって、女の産んだ子に支配権を奪われるというあの悪の連鎖を断ち切ることができただけでなく、子どもを産むという女だけが持つ機能を我が物にしたのである。

ここで三世代神話を、子どもの閉じ込め、呑み込みに焦点をあてて少し別の視点から見ておきたい。ウラノスは女が産んだ子どもを女の腹に押し込め、クロノスは女が産んだ子どもを呑み込んで、吐き出した、つまり男から産みなおした。そしてゼウスに至っては正真正銘男が子どもを産むのである。これは産む性の優位性に対する男性の潜在的な願望を示している。はるか古代にまず母権制社会があった、と主張する立場からは、ギリシアの三世代神話は母権制から父権制への移行期を示している、そしてさらに、母権制がもっとも自然に適った社会形態であったのなら、父権制という自然に反した体制を打ち立てるためには暴力という代償を支払うことが必要だったのだと論を進めることもできる。

さて、二番目にテミス（掟・秩序）を娶り、三人の季節女神《ホライ》（平《エイ》和《レネ》・秩序《エウノミエ》・正義《ディケ》）をもうけるといった具合に、ゼウスは女神や人間の女とつぎつぎ交わって、強力であるだけではなく、知的、道徳的に完全無欠の支配者となって宇宙全体に君臨することになる。『神統記』執筆の主たる目的は、このゼウスの王権を、人間の世界の規範となる唯一正しく善きものとして示すことであった。

ところで、『神統記』に描出された、無秩序から秩序、争いから平和への道筋すなわち、ゼウスの支配確立のプロセスはそのまま、人間の世界における国家統一や体制樹立の過程に重なる。国家や体制は自然に生まれたものではなく、大きな力の働きでむしろ自然に逆らって作り上げられたのであり、したがってその安定維持にもまた力の行使が不可欠となるのである。A・モンタージュは「国家のない社会は概して戦争を好まないということ（中略）が単純な事実のようである」と報告している。(7) ヘシオドスは、このことに、つまりゼウスが確立した平和や秩序、そして正義の孕んでいる矛盾に思い至ったであろうか。

『仕事と日』についての考察に移る前にここで、原初に大地《ガイア》が生んだもうひとつの神の系譜と、神々の世代交代において陰で采配をふるってきた「大地《ガイア》」の力についてまとめておきたい。

6　もうひとつの神族

宇宙全体の平和・秩序・正義の具現者としてヘシオドスが讃えるゼウスの王国は、反対勢力をことごとく力で押さえつけ、地下に閉じ込めて排除することで成立し、維持されている。さらに遡って、一連の叛乱交代劇はすべて、大地《ガイア》が最初に生み出した二つの神族のうちの一方である天《ウラノス》の系譜の間でだけ繰り返された。ゼウスの王国で機能しているのは、次々と異種を排除し、淘汰した末のひとつの原理だけである。正反対の原理を体現していたもうひとつの神族である海《ポントス》の系譜は、『神統記』でも他の神話・伝説においても、登場回数の極めて少ないマイナーな存在であるが、争いや暴力、攻撃を考える上で重要なテーマを与えてくれる。

『神統記』で語られているこの神族の系譜[8]を整理すると、海《ポントス》の子孫は、海神と怪物の二つのグループに分かれる。海神たちは「温和、誠実、公正」な性質と予言変身の能力を持っており、それは大地《ガイア》と海《ポントス》の長子で海の老人と呼ばれるネレウスから、ネレウスと、ウラノスの孫娘ドリスとの間に生まれた海のニンフ、ネレイデスへと受け継がれる。エーゲ海の海底で平穏に暮らしているとされる彼らに関してはたとえば、ヘラに海中に投げ落とされたヘパイストスを救う、イアソンとテラモンの争いを諫める、海を鎮めるなど、他の神や人間の窮地を救う伝承が伝えられている。結婚によって天《ウラノス》の神族と交わり、新しい世代を生み出していくことにもなるのだが、海神の機能がゼウスの兄ポセイドンに取って代わられることに象徴されるように、海《ポントス》の原理は、天《ウラノス》の原理に組み込まれて吸収されていくという形をとる。彼らは争いや戦いを好まず、予言、変身の切り札を用いてそれを回避しようとする。たとえ正当化された戦いであっても、自分たちの能力や知恵をそのために使うことはしない。攻撃されたり、意に反する行動を強いられた場合には、のらりくらりとかわしたり、姿を変えたり、逃げの姿勢を貫く(図6)。ゼウスやポセイドンが、変身の術、策略や嘘、腕力を駆使して支配体制を打ちたて強化していくのとは対照的である。

いまひとつの怪物グループは、ネレウスの弟妹が交わって生み出した、天《ウラノス》の血筋をまったく受け継がない系譜である。ゴルゴン、エキドナ、スキュラ、スピンクスなどギリシア神話に登場するおなじみの怪物たちだ(図7)。そのほとんどが女の怪物で、ヘラクレスやベレロポンといった天《ウラノス》の流れにつながる英雄たちによって退治され、彼らの偉業功績に貢献することになる。[9]ウラノス神族とまったく反対の原理を具現するポントス神族は、ゼウスの権力体制に組み込まれて存続していくか、切り捨てられて滅びるか、いずれにしても表舞台からは姿を消すことになる。

ジェンダーの観点から、原初に生まれたこれら二つの原理を男性原理、女性原理とみなし、次第に男性中心社会に進行していく古代社会の状況を反映した伝承であると考えることも可能であろう。そうすると、攻撃性、暴力性はまさに男性の特質ということになる。それを証明する研究結果も報告されているが(10)、男女の差異は人間間の差異ほど大きくないという立場をとる筆者としては、主流と傍流という、ジェンダーを超えた普遍的な対立原理ととらえたい。そしてこの二つの原理の間には無数の、存在の数だけ個性があるのである。

もし出発点から逆転していたら、つまりポントス神族が主流であったらどのような世界になっていたか、国家は生まれていたか、永遠の秩序と平和が実現していたであろうか。そもそも秩序というものも、今われわれが抱いている概念とは異なっていたにちがいない。文化人類学者のフィールドワークの報告に見られるような、まっ

図6　ヘスペリスたちの園へ行く道を教えるようネレウスに迫るヘラクレス（赤像式ヒュドリア、前5世紀、ロンドン、大英博物館）

図7　メドゥサ（ゴルゴンたちの一人）の首を切るペルセウス（セリヌンテC神殿メトープ、前530―510頃、パレルモ国立美術館）

たく攻撃性がなく平和に暮らしている未開民族の社会(11)のようなものだろうか。価値観や生活のリズムがまったく異なった、われわれが経験したことのない、想像すらつかない社会になっていたことは確かだ。

図8　オリュンポスの神々と巨人族の戦におけるガイア（赤像式キュリウス、前410―400、ベルリン美術館）

7　大地《ガイア》の力

『神統記』に描き出された王位継承神話の主人公は男神たちであるが、その交代劇に深くかかわって重要な役割を果たしていたのは、万物を生み出した大地《ガイア》であった。『神統記』と、ヒッタイト、バビロンなどの近東の王位継承神話の類似が研究者によって指摘されているが、大地《ガイア》に類する存在は近東神話には見られない。ヘシオドスそして古代ギリシア人にとって大地《ガイア》、神、人間はどう位置づけられていたのだろうか。

　三世代神話を大地《ガイア》の働きを軸にして見直すと、まず天《ウラノス》の去勢を自ら武器を製作してクロノスに命じ、次にクロノスの子呑みを阻止するために策を謀り、ティタン神族打倒の秘策を授けてゼウスを勝利に導いた。ところが怪物を自ら産み出してゼウスに差し向け、さらに、去勢されたウラノスの性器の血の滴りを受けとって産んだギガスをけしかけてゼウスに苦戦を強いた（図8）。そしてまたゼウスを王に推すようにと、他の神々に働きかけ、メティスを呑み込むというアイデアを与えてゼウスの全能化に手を貸す。男神たちの争いと暴力の連鎖を仕掛けたのは常に女神である、ということになるのだ。生産と破壊を繰り返す一連の不可解な、矛盾した大地《ガイア》の行動をどう解釈すればよいのか。

誰もが抱くこうした疑問に対して、原始母権制の名残である、大地《ガイア》はギリシア人侵入以前の土着の神を象徴するものであるなど、研究者たちはそれぞれの分野から分析考察を試みている。ここでは作品に忠実だと思われるヴェルナンの大地《ガイア》像を取り上げて考察を加えてみたい。大地《ガイア》は天上界と地下界タルタロスの中間、それもどちらからも等しい距離に位置しており、天上の光の世界と地下の闇の世界の、正反対の二つの要素を体現する存在だと言う。本稿第2節で触れたように、タルタロスは「路広の大地の奥底にある曖曖たる[12]」世界で、そこは再びカオスとつながっている、とヴェルナンは考える[13]。したがって大地《ガイア》ははっきり区別のつかないあいまいなカオス的要素も併せ持つ。天空の光輝く世界を住処とする神々を生み出した大地《ガイア》は、キュクロプスやヘカトンケイル、テュポエウスなどいずれも醜悪な容姿、強力な武器、凶悪な性格をもった怪物の母でもあり、もともと天も海《ウラノスポントス》も内包していたのであった。世界にある根源的な対立原理を具現する存在なのである。恣意的、背理的に見えるガイアの行動は、自身の内で保たれている二面性のバランスが脅かされることに対する自然な反作用だと考えられないだろうか。つまり何かひとつの力だけが支配的になろうとするときに平衡原理が働き、行き過ぎを抑制するのではないか。

大地《ガイア》は単に大地母神の枠におさまりきらない、測りがたく大きな、何者も拉ぐことのできない存在なのである。神や人間をも、宇宙のすべてをその懐に包み込んでいる存在、恵みも災いも与える自然という言葉におきかえてもいいだろう。久保正彰は、ガイアを普遍不滅不動の真の力の根源であるとし、いつの日かゼウスの没落する日が来るかもしれないと述べている[14]。ゼウスが、大地の奥の闇タルタロスに閉じ込めた敵は不死身である。

8　神から人間へ――労働

ヘシオドスは思索の対象を人間の世界に移し、『仕事と日』を著した。作者自身が生きている「今」を、争いが絶えず、不正が横行する「最も悪い」「生まれてきたくなかった」時代と嘆き、「なぜ」と問い「人間はどう生きるべきか」を模索する。ヘシオドスが絶賛するゼウスの整序世界と人間の世界はどう関係付けられるのか、悪い時代を改善する手立てを、未来への希望を詩人は見つけることができたのだろうか。

ヘシオドスは人間の歴史を、黄金、白銀、青銅、英雄、そして詩人が生きている鉄の五時代に分けている。起源の黄金時代がおおよそ人類の誕生期にあたるだろう。そのころ古代ギリシアの豊沃な地方メコネで神々と人間は共生していたという。『神統記』におけるクロノスの時代である。まだ女は創造されておらず、人間（男）の起源について『仕事と日』には、ただオリュンポスの神々によって作られたとある。ヴェルナンは、自然に大地から現れたと記しているが、一般にはプロメテウスが泥土から作ったという説が有力である。黄金の時代には、大地は自然にあり余るほどの実りをもたらしたので、労働の必要はなく、人間は病も知らず、悩むことも苦しむこともなく楽しく暮らし、眠るように死んでいった。大地と人間、神と人間そして人間同士が調和して平和に暮らしていたのである。自分の子どもをつぎつぎ喰らった暴君クロノスは豊穣の神として尊敬されてもいたという。

次の白銀の時代の種族は、傲慢《ヒュブリス》をもつはるかに劣った人間で、神々を蔑ろにする。ゼウスの主権確立に至る長い争いの時代、その後の体制作りの期間にあたる。神の世界を整序したゼウスは人間との関係調整にも手をつけるのだが、そのなりゆきが人間の運命を大きく変えることになった。

ヴェルナンによればこのころ神と人間は競合していた。競合の折衝を任されたのがプロメテウスである。プロメテウスはティタン神であるが、オリュンポス神族との戦いでは中立を貫き、予知能力を持ち、智略にかけては「ゼウスと互角に張り合うほど[15]」であった。ゼウスはプロメテウスの能力を買っていたが、その分警戒心も強かった。プロメテウスの中立はあいまいということであって、秩序立てられ一元化されたゼウスの体制に潜む反体制の種でもある。以後の複雑なゼウスとの関係は周知のとおりである。ゼウスは彼に犠牲の牛の分配を任せた。プロメテウスは人間に与して、外見と中身を反対にし、人間に食用になる肉のほうを与えた。欺かれた仕返しにゼウスはこれまで人間が自由に使うことができた麦と火を隠してしまう。動物と違って人間は生肉を食することができない。プロメテウスは火を盗み人間に与える。麦を隠されたために、人間は労働によって糧を得なければならなくなった。このことが人間の世界における争い、暴力を生むことになる。人間の数が増えて食糧が不足したことが戦争の原因になったという歴史的事実と重なるが、もっと遡ればそれは神々の争いに端を発しているのだ。

ところで、メティスを呑み込んで明知の神になったゼウスであるから、プロメテウスの企みをすべて察知していたはずである。したがって、人間との競合解決のためにプロメテウスを選んだのは結果を見透かした上でのゼウスの策略であったことになる。ゼウスは、自分の子に王位を奪われることを恐れたように、神々と共生している人間たちの力を恐れた。しかし闘争心も武器も持たない人間に攻撃を仕掛けるわけにはいかない。そこでプロメテウスを利用して、神々と人間たちの王の名に悖らぬ、正義にかなったやりかたに見せかけて、人間との差別化に成功するのである。

9　神から人間へ――パンドラ

次にゼウスは、火を盗まれた仕返しとしてまだ神々と共生していた人間たちのもとに人類最初の女を贈った。女神に似せて造られたパンドラは、ゼウスが受け取った犠牲の肉と同じように、外見は美しく魅力的に、中身は「牝犬の心と不実の性」(16)をもった性悪女に仕立てられた。兄プロメテウスの忠告を無視してエピメテウスが、つまり人間ではなく神が妻に迎え入れたことが災いの始まりである。パンドラは、ゼウスが封をして持たせた瓶を好奇心に駆られて開け（図9）、中に閉じ込められていたあらゆる禍悪を人間の世界に撒き散らし、あわてて蓋を閉めたので希望《エルピス》だけが瓶の中に残った、というのがパンドラ神話の概要である。瓶に入っていた禍悪とは、原初のカオス―夜《ニュクス》―争い《エリス》に連なる悪の系譜である。パンドラのこの一連の行動を仕掛けたのはもちろんゼウスである。このときから人間は男と女の二種類になり、存続していくためには男と女が交わることが必要となった。女は災禍の因ではあるが人間に不可欠の存在となり、生きる糧を得るための苦しい労働と同じように、逃れようのない運命として人間に課せられたというわけである。

図9　諸悪の入った箱を持つパンドラ（ハリー・ベイツ、彫刻、ロンドン　テート・ギャラリー）

『仕事と日』で語られるパンドラ神話の解釈をめぐっては、ヘシオドスの意図を測りかねて、古今東西多くの研究者たちが推論を交えて諸説を唱えている。ここでは瓶に残った「希望《エルピス》」に焦点を絞り、その善悪、閉じ込めの意味を考えてみたい。ゼウスが人間に罰として与えたのだから「希望」は「悪いもの」である、あるいは悪をすべて外に出し、ひとつだけ残したのは「善いもの」だから、など、どの説をとってもどこかで論理が行き詰まってしまい、研究者たちは頭を抱える。神話を理詰めで議論すること自体意味がないことかもしれないが、行き詰まるところに何か意味が隠されているのではないか。古代ギリシア人は善悪両方の希望観を持っていたようである。『仕事と日』の別の箇所にみられるように、「空しい」[17]とか不確かなものとみなされている場合もあれば、悲しみ、苦しみの癒しとなり、人間を奮い立たせる善きものとして描かれていることもある。そして久保正彰は、善き希望が「競争や戦争をそそのかす動機ともなる」と指摘している。[18] つまるところ希望とは善にも悪にもなりうる、いいかえればあいまいなものではないだろうか。このように考えると、瓶の中には善悪が混在していたということになる。実際『イリアス』には、各々災いと幸いが入った二つの瓶の中身を、ゼウスが混ぜて人間に送ったとある。[19] 瓶の蓋を開けたとき災いも幸いも外へ飛び出した。だからこそ詩人には「なにがしかの善きこともあるであろう」[20]と思えるのである。次に、瓶の中に「閉じ込めた」ことを人間の「統御可能」とみるか「統御不可能」と受け止めるかである。解き放たれたことによって諸悪が人間の避けられぬ運命になったのであるから、瓶に封じ込められたものは当然人間の支配下にあると考えられるであろう。ゼウスは、糧を隠したが労働を与えたように、善悪あわせもつ希望《エルピス》だけを残して、幸、不幸を人間の手に委ねたのである。

　したがって、それを運んできたパンドラは必ずしも人間に災いだけをもたらしたのではない。古い説話では大地母神として崇められていたパンドラ像を、女性嫌いのヘシオドスが作り変えたとする説もある。もっともヘシオドスが女性嫌悪の詩人であったとする通説には反論もあるのだが。[21] 久保正彰は壺絵やパンドラという名前の由来、[22] アリストパネスの古注を論拠にパンドラ＝大地《ガイア》説を支持する。人間の世界におけるパンドラは、本稿でみてきた大地《ガイア》と同じような破壊と生産の力をあわせ持つ善悪混在の存在と言えるであろう。

五時代の二番目白銀の時代に人間の条件は一変した。三番目の青銅の種族はゼウスが最初に造った人間で、略奪と殺戮に明け暮れる恐るべき暴力集団であった。四番目の英雄時代も戦争の時代であるが、ヘシオドスは青銅の時代よりも正しく優れた種族の時代であると位置づけ、英雄の戦いに価値を認めているように見える。五時代は必ずしも、よく言われるような人間の堕落の下降の歴史ではない。ここで一時上昇しているし、青銅の時代と五番目の鉄の時代の優劣もつけがたい。廣川洋一は「ヘシオドスにとって善い戦い、価値ある殺戮などない、だから英雄の種族もすべて滅びる運命にあるのだ」と言っている。「より」が付け加えられたことにむしろ「当時の聴衆の心理を読み取るべきだ」と解釈する。英雄の時代挿入は、民衆に人気のあったホメロスの英雄讃歌を意識してのことで、ホメロスへの批判がこめられたアイロニーであるとも述べている。[23]しかし『神統記』と『仕事と日』を読む限り、ラディカルな反戦、反暴力主義者としてのヘシオドス像は見えてこない。「より」は、厭戦家ではあるが、青銅の種族の争いと、英雄の種族の戦争を同等に扱うことに詩人自身抵抗があったことの表れであろう。古代から、いやそれよりさらに古い時代から、争いや攻撃、暴力は忌むべき行為でありながら、正義、平和、秩序、自衛のためという大義名分が冠せられれば、価値ある行為として許され、名誉さえ与えられてきた。

『仕事と日』におけるヘシオドスが、争いや暴力の抱えるこの矛盾に突き当たって揺らいでいたことは確かである。作品の冒頭で、『神統記』ではひとつであった争い《エリス》を二つに分けているのである。今、詩人は五番目の鉄の時代にいる。「こんな時代に生まれたくなかった」と思うほど悪い時代である。ゼウスに麦を隠されたせいで、人間は汗を流して大地を耕さなければ糧をえることができず、パンドラが瓶の蓋を開けたために、争いの子孫である諸悪が人間の世界に満ち満ちている。これが人間に与えられた運命である。黄金時代に戻ることはもうできないのだ。生きていくためには労働に精を出し、病や不正と闘わねばならない。競って農耕に励めば収穫も増え、農業技術や品種の改良も進み、社会は豊かになり繁栄する。それもエリスの力ではないのか、エリスには「忌わしき戦いをはびこらす残忍なエリス」と「人間にとって益あるエリス」の二つがある、人間が「悪いエリスに惑わされないように、善きエリスにしたがって励む」ならば理想の社会になる、詩人はそう考えたのである。(24)

この考え方はまさに「暴力生得説」を展開するK・ローレンツの理論の原点をなすものである。人間が本能として持っている攻撃性をスポーツなど有効な代替物に向けることで、攻撃欲を無害化し、闘争を回避できるかもしれない、さらに攻撃性向けなおしの効力として、科学、経済、文化などあらゆる分野の発展向上を期待できるだろうというのである。(25) これに対して「暴力学習説」の立場をとるA・モンタ一ギュは「スポーツが人間の攻撃性を吸収するというのは迷信」だときめつけ、「実際には攻撃性を強化する」と反論する。(26)

確かに人類の進化と発展は競争によってもたらされたと言える。争わない海神の生き方を徹底すれば食糧にも事欠く事態になるかもしれない。しかし説得力があるように見える二つのエリスの考え方には大きな落とし穴がある。エリスは二つではなくひとつであり、その中での善悪の境界線は「あいまい」、あるいは「ない」のである。瓶に残った「希望《エルピス》」と同じように、善きエリスは悪しきエリスに変わる危険性を常に孕んでいる。自分の富を増やそうと他と競って仕事に励むことは怠惰より望ましいが、それが嵩じて他を押しのけ傷つけることになれば、国と国の戦争にまで発展しかねない。ヘシオドスは現実を見据えつつさらに模索を続ける。

11　時機と適度

悪しきエリスを排し善きエリスに従って励むことの困難を解決するには、人間の行動の規範を明確に示すことが必要である。ヘシオドスはそこに正義を据え、「正義の道を踏み外さぬ者たちの国」を「平和の気に満ち、飢えも災禍もなく、人々は田畑の稔りを享受し、多くの幸に恵まれる」未来の理想の国とした。ツキュディディスは『農耕詩』において黄金時代を理想に掲げているが、ヘシオドスにとって、黄金時代は労働も正義も無用の、自身が生きている世界とは基盤の異なったまったく異質の世界であった。

それではこの正義というものをヘシオドスはどう捉えていたのであろう。弟のペルセスに向かって「正義に耳を傾け、暴力は一切忘れ去れ(27)」と諭しているように、詩人は正義と暴力をはっきり対立する概念として示している。ところが現実には、正義の名の下に暴力が行使され幾多の戦争、紛争が繰り返されているのだ。その上恐ろしいことに誰もが各々の正義を持っている。暴力は不正にはちがいないが、正義が暴力や争いの免罪符にもなるのなら、それを規準に人間の行動を律することは意味のないことだ。どのような状況でも通用する正義の共通項を、日々の人間の営為に直接結びついた形で教示できないものか。

廣川洋一は『仕事と日』に、「時機」「時宜」の意味を持つ、ホライ（季節）の形容詞形が頻出することに注目し、「このことがヘシオドスの意図する『正義』の全容とはいかないまでも、『正義』の観念のもっとも根底的なものを示唆しているのではないか」と指摘する(28)。この言葉は、耕作、播種、伐木、航海、結婚など、日々の仕事についてだけではなく、人生訓にまで広く用いられている。何事も時機に適っているか否かを目安に行動することを説き勧めているのである。適した時機とはすなわち、季節のめぐり、自然の営みにあわせるということにほかならない。『神統記』では、ホライはゼウスと二番目の妻テミス（掟）との間に生まれた三人の季節女神であり、そのうちの一人が正義の女神であった。このようにヘシオドスの二つの作品は見事な環をなしており、そのつながりの中に置いてみると、パズルを解くように、詩人の意図した「正義」も次第に明白になってくる。

ヘシオドスはさらに「桝目正しく量って」「節度を守って動く舌」「仕事を適正にすすめよ」と量、方法、程度に関しても、限度を超えないこと、適度であることを教訓として掲げる。紀元前五世紀に興隆をみるギリシア悲劇において、限度を超え、行き過ぎたために、どれだけ多くの人間が不幸な運命をたどることになるだろう。へシオドスの「正義」は、航海についての教えの最後を締めくくる一節「程らいということを心して守れ、何事につけ適度が一番善い」に集約される(29)。

ヘシオドスの理想とする正義の国の構想は、正義を、時機に適うこと、限度を知ることと読み替えることでより明快に示された。それは自然の摂理に沿って生きるということである。『神統記』では宇宙の始まりは神ではなく自然であった。本稿で見てきたように、自然とは、神も人間も含めてすべてを生み出し、包み込み、すべてを、ゼウスでさえ突き動かす、解明しつくせない大きな力をもっている大地《ガイア》に象徴される。大地《ガイア》は主流の神も傍流の神も、また種々の怪物も産み、わけへだてなく慈しむ。人間にとって恵みも災いも与えるが、絶妙の平衡感覚を常に働かせる自然、その営みに照らし合わせることを基本姿勢に生きよということなのだ。それは、傍流や怪物など、軽視し、あるいは排除してきたものの原理を調合することの勧めではないか。

12　競争と共生——結びにかえて

ヘシオドスは「今が最悪の時代」と嘆いているが絶望することはなく、未来に向けて理想の人間社会を構想する。それは、人類の楽園であった黄金時代を取り戻すことでも、現にある世界を破壊し、転倒させることでもない。人間は労苦なしには生きていけないこと、自身が今生きている国家や体制というものが、自然に逆らって暴力によって成立したこと、を引き受けなければならない人間の条件として、悪しきエリスを排し、善きエリスを活かす、競争と共生への道を模索し、答えを見つけたのであった。そのことを第一義に生きるなら、ゆるやかでしかない進歩、おだやかな繁栄と引き換えに、悪しきエリスの活動を鎮め、希望が野望に変わるのを抑えることが可能になる。

しかし至極もっともだと思われる、「時機と程度の適正」を守ることが、いかに困難であったかは、現代社会の状況がよく物語っている。極端な言い方をすれば、暴力や戦争を土台にして、非暴力、非戦を実現しようというパラドックスを常に抱えているのだ。おろかな存在である人間にとって生易しいことではない。それでも、三〇〇〇年近くの間、いやもっと長い間、人間は常に平和を願い、争いや犯罪、暴力のない社会を夢見て努力を重ねてきた。だからこそ少なくとも殺し合いの果てに滅亡したのではなかった。それに、かつては海賊として名を馳せた民族が世界で有数の福祉国家を作り上げている例もある。われわれも「絶望はしていない」。それがパンドラの瓶に残された希望《エルピス》の意味であろう。

（1）ホメロスは大洋《オケアノス》、アポロドロスは天空《ウラノス》をすべての神々の祖としている。
（2）Jean-Pierre Vernant, *L'Univers Les Dieux Les Hommes* Editions du Seuil, 1999, p. 17.
（3）廣川洋一訳『神統記』岩波書店、一九八四年、一二六―一三二行。
（4）同書、一五六―一五七行。
（5）同書、四九二―四九四行。
（6）親に「手を上げる《ティタイノ》」者という意味でウラノスがティタンと呼んだ。
（7）アシュレイ・モンターギュ『暴力の起源』（福井伸子・久木亮一訳）どうぶつ社、一九八二年、二六二頁。
（8）廣川洋一訳、前掲書、二三三―三三六行。
（9）ゼウスとアルクメネの息子ヘラクレスが退治したヒュドラ、ラドン、ネメアのライオン、プロメテウスの大鷲。ゼウスとダナエの息子ペルセウスが退治したメドゥサ、ポセイドンの息子とされるベレロポンが退治したキマイラ、など。
（10）リチャード・ガンダム、ディル・ピーターソン『男の凶暴性はどこからきたか』（山下篤子訳）三田出版会、一九九八年。男性が女性より暴力的な気質をもっていることを、チンパンジーの行動分析や犯罪の性差についての統計を用いて説明している。
（11）アシュレイ・モンターギュ、前掲書、二五七―二六一頁。

(12) 廣川洋一訳、前掲書、一一九行。
(13) Jean-Pierre Vernant, *op. cit.*, pp, 16-17.
(14) 久保正彰『ギリシア思想の素地』岩波書店、一九七三、一六頁。
(15) 廣川洋一訳、前掲書、五三四行。
(16) 松平千秋訳『仕事と日』岩波書店、一九八六年、六七―六八行。
(17) 同書、四九八行。
(18) 久保正彰、前掲書、一五三頁。
(19) 呉茂一訳『イーリアス』第二四巻、五二七―五三一頁(呉茂一・高津春繁訳『ホメーロス』筑摩書房、一九六四年、三〇七頁)。
(20) 松平千秋訳、前掲書、一七九行。
(21) バハオーフェンは『母権論』(岡道男・河上倫逸監訳、みすず書房、一九九一年―一九九五年)において、ヘシオドスが女性讃歌の詩人であったことの根拠を示している。
(22) パンドラという名前を「すべての神々が贈物(禍としての女)を与えた」ではなく「すべてを贈る者」と解釈する。
(23) 廣川洋一『ヘシオドス研究序説』未来社、一九七五年、一七五―八四頁。
(24) 松平千秋訳、前掲書、一一―二九行。
(25) コンラート・ローレンツ『攻撃』(日高俊隆・久保和彦訳)みすず書房、一九七〇年、三六三―三六五頁。
(26) アシュレイ・モンターギュ、前掲書、二六六―二六九頁。
(27) 松平千秋訳、前掲書、二七四―二七五行。
(28) 廣川洋一、前掲書、一四七頁。
(29) 時機、適度に関する記述は、下記に見られる。松平千秋訳、前掲書、三〇七行、三四九―三五〇行、四二一行、四五〇―四七二行、五六九―五七〇行、六一五―六一七行、六三〇―六三一行、六四一―六六五行、六七八―六八一行、六九四―六九七行、七二〇行。

図版出典

図1 『神統記』(前掲)の系譜図および、『ギリシア・ローマ神話事典』(マイケル・グラント、ジョン・ヘイゼル、西田実他訳、大修館書店、一九八八年)をもとに筆者作成。
図2 マイケル・グラント、ジョン・ヘイゼル、前掲書、二四五頁。

図3　Karl Schefold, *Gods and Heroes in Late Archaic Greek Art*, Cambridge University Press, 1992, p. 203.

図4　井上靖・神吉敬三・高階秀爾『世界の名画Ⅰ　ゴヤ』中央公論社、一九七二年、作品Ⅰ、一五頁。

図5　松島道也『図説ギリシア神話〔神々の世界〕篇』河出書房新社、二〇〇一年、八七頁。

図6　マイケル・グラント、ジョン・ヘイゼル、前掲書、三九四頁。

図7　松島道也『図説ギリシア神話〔英雄たちの世界〕篇』河出書房新社、二〇〇一年、四四頁。

図8　John Boardman, *Athenian Red Figure Vases The Classical Period*, Thames and Hudson, 1989, p. 150, fig. 289-1.

図9　マイケル・グラント、ジョン・ヘイゼル、前掲書、四一六頁。

ギリシア悲劇における暴力と女性なるもの

上村くにこ

1 ギリシア悲劇がいまを語り出す

ギリシア悲劇は今世紀にはいって、ますます現実味を帯びている。それは前四世紀につくられ、まったく忘れ去られた時代をへて、一九世紀以来がぜんリアリティを獲得してきた。一九世紀にはアンティゴネが時代精神を反映する人物像として注目をあびていたが、(1) 二〇世紀後半からは、親族を殺すメデイアやオレステス、クリュタイメストラ、ヘラクレスなどが時代の問題意識と重なっているように思える。

ドイツの劇作家ハイナー・ミュラーは、自身メデイアやヘラクレスを主人公とした劇作を書いた理由を次のように説明している。「神話とは集団でくりかえす体験である。それは人の見る夢と同様、いくらでもヴァリエーションがある。(2)」現代人は親族殺しを神話によって追体験するというわけである。

ギリシア悲劇を現代の状況に反映させる試みは、ヨーロッパに最も顕著で、毎年無数の演劇、舞踊、そして映画が製作されている。この傾向は最近になって、ウズベキスタンやイラン、インド、韓国などの中近東やアジアにおいても顕著にみられるようになった。その筆頭をゆくのは日本であろう。日本のどこかで、かならず悲劇が上演あるいは企画されているといっても過言でないかもしれない。観世寿夫、鈴木志郎、蜷川幸雄、宮城聡などの前衛的演出家たちはギリシア悲劇からインスピレーションを得て、演劇界に新しい旋風をまきおこしてきた。

なぜギリシア悲劇は現代人にアッピールするのだろうか？

ギリシア悲劇は「暴力は本当に悪なのか」あるいは「殺人はなぜいけないのか」といった根本的モラルを問う。政治体制においても経済体制においても、その基盤は実はたいへん脆いものだという実感に浸され、「なぜ暴力がなくならないのか？」「なぜ親を殺してはいけないのか？」という根本的問題の答が見えなくなっている現代人の心に、そのラジカルさが新鮮に写るのであろう。戦争はもとより、ＤＶやいじめなどの日常的暴力が報道されるのを見ていると、加害者と被害者の区別は困難をきわめ、暴力には被害と加害があざなえる縄のように深くからみあう構造をもつことが実感されるようになった。

ギリシア悲劇のメインテーマは暴力であるといってもいいだろう。そこには政治的暴力や、戦争の暴力、家庭内の暴力など、あらゆる暴力が含まれている。本論の目的は、この暴力が女性なるものとどのように結びついているかを解明することである。

まず悲劇がどのように生産されたかを研究することによって、ギリシア悲劇が前五世紀の政治状況を直接的に反映している政治劇であることを確認し、そのことを踏まえたフェミニストの悲劇分析を紹介する。

次に、ギリシア悲劇が、当時の政治を深く反映する一方で、神々や死者、祖先への畏怖という古い価値観がそこに深く根づいていることに注目する。ギリシア悲劇は、新しい合理的価値観を標榜する存在と、古い神の存在を守ろうとする価値観との激しい対立をテーマとしている。目に見えない「超越的なもの」と、政治体制や法律を確立しようとする新しい価値観との、息づまる正面衝突が展開されているのである。このような対立のなかで、神話や叙事詩とはちがって、女性が前面に躍り出て重要な役割を果たすことに注目し、それが狂気や死とどのように結びついているかを明らかにしたい。

2　ギリシア悲劇の政治性について

「ギリシア悲劇は政治劇である」

ギリシア悲劇研究は、今まで主に人間と神の関係を心理的に追求する文学的立場で分析されてきた。しかし一九七〇年後半から九〇年代にかけて、悲劇を当時の社会状況とあわせて、社会心理学的にアプローチしようという研究がフランスを中心に目立つようになった。ジャン＝ピエール・ヴェルナン、ピエール・ヴィダル＝ナケなどがその代表である。考古学研究の成果と悲劇研究をリンクさせて、ギリシア社会と劇との関係を明らかにする動きもでてきた。

ギリシア悲劇は国家的な祭りとして意図的に振興されたものであり、アテナイ市民がどのような社会の掟を共有すべきかという政治的なメッセージが、劇の中に強くこめられている。悲劇は「あるべきアテナイ市民」のモデルを舞台の上で提示する役割を担っていたわけである。そのためには逆説的だが、悲劇が書かれた時代の現実的な人物像を登場させるのではなく、神話的人物を使う必要があった。喜劇とは正反対に、リアリズムは極力避け、神話上の人物を登場させて、暴力が噴出するさまを過激に描写したほうが目的にかなっていたのである。

ギリシア悲劇が誕生したのは、ウオルター・ネッスルによればギリシア神話をアテナイ市民の目で問い直し始めたときであり、悲劇が死んだのは、ヴィダル＝ナケによれば、悲劇詩人アガトン（前四四六－四〇二年）が、登場人物を神話上の人物から借りるのをやめて、まったく新しい人物を創造したときであるという(3)。たしかに悲劇は、紀元前五世紀前半から急激に興隆し、ペロポネソス戦争によるアテナイの衰退とともに、四世紀前半から急速に落ち目になった。たった一〇〇年のあいだに誕生からピークにまで上りつめ、やがて衰退までの行程を突っ走った、特異な文学ジャンルなのである。

その原因のひとつは、悲劇はそもそもの誕生から、アテナイの国家行事として政治家たちの指導のもと企画されたことにある。古代の碑文によると、前五三四年ころにテスピスと呼ばれる詩人の作品がアテナイで上演されたとある。彼は悲劇コンテストのはじめての優勝者であったらしく、このときをもって悲劇上演のはじまりとする説が有力である。このころアテナイは僭王ペイシストラトスの全盛期であり、上演の後援や出資をしたのはペイシストラトスか、その一族であった。

『プルターク英雄伝』によれば、アテナイ民主制の創始者といわれるソロンは、このころすでに老境に入っていて、余暇と酒をたのしんでいたが、テスピスが芝居を作り、自ら演じているのをみて、芝居が終わったあと「こんなに大勢の前であのように大きな嘘をついて恥ずかしくないか」とテスピスにむかっていったという。それに対してテスピスは「遊びだから咎められることはない」と答えた。ソロンは杖で地面を叩いて「こんな遊びをかように褒めたり尊重したりしていると、やがて契約の中にも遊びを認めるようになるぞ」と叫んだという(4)。

このエピソードは、僭王ペイシストラトスに対するソロンの批判の実例としてあげられている。ペイシストラトスは言葉づかいが巧みで、貧しい者にも敵にも優しそうに見えるが、それは芝居にすぎないとソロンは見抜いていたが、悲劇はペイシストラトスのお先棒をかついで、民衆を騙すために嘘をならべる政治的な仕掛けなのだというソロンの考え方をプルタークが紹介したものである。

悲劇はソロンの心配をよそに、アテナイの興隆に伴って、さらなる発展をとげる。アイスキュロス、ソポクレスという二大詩人が出現し、政治家たちも悲劇上演には援助を惜しまなかった。ソポクレスとほぼ同い年である将軍ペリクレスは、前四四二年劇場の客席を改造して、木造りから石造りに強化した。やがてメカネと呼ばれる起重機が作られる。起重機のアームの先にゴンドラが取り付けられ、俳優がそれに乗り込んで、舞台のうえの宙を飛ぶというような大仕掛な装置もつくられるようになった。最後の三大悲劇詩人と呼ばれるエウリピデスは、この機械を利用して「デウス・エクス・マキナ」（機械じかけの神）と呼ばれる技法を多用した。大詰に神が突然出現して都合よくすべてを解決してしまうやり方は、プラトン、アリストテレス、それにニーチェなどの現代人にも評判はたいへん悪いが、スペクタクル的要素によって舞台に活力を与えたことは確かである。

前三三八年から前三二六年までアテナイの財務長官を務めたリュクルゴスの時代は、悲劇の最盛期と考えてよい。彼はディオニュソス劇場の大改造を敢行して、舞台の大部分を石造りとした。舞台の奥行きも深くなり、観客の収容数も一万四千人から七千人と大規模なものとなり、入退場口には前五世紀の著名な詩人の彫像が飾られた。ちょうどおなじころ、同様に大規模な大劇場がペロポネソス半島の東に位置するエピダウロスにつくられた。

「悲劇とは全国マラソン大会のようなもの」

ジョン・ウインクラーは「ギリシア悲劇を研究すればするほど、現代の演劇とは程遠いということが実感できる」という。[5] 今日の私たちにとって、演劇とは切符が手に入りさえすればいつでも見物でき、見る側の人間と上演する側の人間は、ほぼ無関係である。隣に座る人とも無関係である。しかもたいてい上演は夜である。いっぽう古代悲劇は野外だから上演時間は朝か昼間の時間帯である。しかも階段式の観客席は全て指定席になっていて、アテナイ市民は一〇の部族にわかれて座る。今日でいえばスポーツのスタンド席に雰囲気が似ているかもしれない。その他に来賓や観光客、そして七日間の大ディオニュシア祭を利用してやってくる農民のための席もある。たぶん観客は男ばかりであったろう。

大ディオニュシア祭は、現在の暦でいうと三月末から四月にかけて行われる祭りで、酒の神ディオニュソスの聖なる植物である葡萄の木が芽ぐむころ、五日間（前夜祭と後夜祭を入れると一週間）にわたって行われる大きな祭である。外国からの使節や観光客などもやってくるインターナショナルなものであった。

まず前夜祭では、制作プロデューサーであるコレーゴスや俳優、コロス、詩人などのお披露目がある。翌日、つまり初日はまず犠牲祭から始まり、次に青年合唱隊五組と、少年合唱隊五組のコンクールが続く。悲劇の競演は二日目に始まって四日目まで、三日間かけて行われる。一日につき、一人の作家が作った悲劇が三本と、そのあいだにサチュロス劇が一本、合計四本が上演されることになる。三日間を合計すると、三人の詩人による悲劇が九本、サチュロス劇が三本上演されたわけである。戯曲一本につき二時間かかるものとして計算すると、朝早くから夕刻までぶっ続けで上演しなければならない。

劇場は朝七時開場、八時から開始しなければ間に合わない。お昼は弁当持参か、売り子が売り歩く弁当を買って食べながら見ただろう。ひいきの俳優への拍手があったり、下手な芝居へはブーイングもあっただろうから、かなり猥雑な雰囲気になることもあっただろうと推察される。

戯曲はどのように選ばれたのだろうか。それはアルコン(執政官)たちが選考した。出場がきまると詩人たちは必要な数のコロスを要請する。それに応じてアルコンはコロスを分配し、制作プロデューサー(コレーゴス)を任命する。一二月末までには予選が終わり、ディオニュソス神殿一帯で練習が始まると、一般市民は立ち入り禁止となった。

最終日には優勝者を決める審査会があって、受賞式が続く。優勝詩人の記念碑を建てるかどうかなどもこのときに決められた。審査会のメンバーはどのように選ばれたかというと、過剰とおもわれるほど民主的である。アテナイの市民は一〇の部族に分けられているが、その各部族が数人の審査員の候補者をあげる。その名を記した紙を入れた一〇の壺からアルコンが無作為に一枚ずつ引き出す。一〇枚すべてを開票するのではなく、そのうち五枚だけを、無作為に抽出する。こうして選ばれた審査員たちが投票して優勝者を決める。審査基準はどこにあったのだろうか。必ずしも芸術的な価値だけではなかっただろうと思われる。審査結果は、上演関係者の意向、政治的配慮、そしてサクラを含めた観客の反応など複雑な要素がからんでいたと思われる。

さてここでこの大事業の財政を担った制作プロデューサー(コレーゴス)について説明しよう。入場料だけでは祭の経費をまかなうことはとうていできない。悲劇は市民ならば全員が見に行かねばならない国家行事ではあったが、入場料は二オボロス、平均的な日給の三分の一程度である。そのうえこの金額を払えぬ者のためには、国庫が肩代わりをして支払う。さらに観劇のために仕事を休まなければならないので、日当を払ったという。

これらの莫大な経費の大部分をまかなうヴォランティアが毎年募られ、アテナイの富裕市民たちがそれに応じた。彼らはコレーゴスと呼ばれ、俳優への出演料、衣装代、大道具や小道具の舞台装置など、上演にかかるすべての費用を負担した。その金額は三万ドラクマくらいだったと推察されている。アクロポリス神殿建築のために雇われた石工の日当が一ドラクマであったことを考えると、この金額がいかに莫大かを想像できるだろう。

このような負担を引き受ける市民はどんな栄誉をえたのだろうか。たとえ自分が援助した詩人が優勝しても、その代償は常春藤《きずた》で作った冠だけだったという。物質的な栄誉はこのようにきわめて質素であったが、実質的な優勝者はコレーゴスだと誰もが認めていた。この無形の名誉こそが、市民が最も高く評価するものだった。それゆえコレーゴスは、豪華な衣装を用意し、観客や審査員にアッピールするための出資を惜しまなかった。コレーゴス役を引き受けるのは、裕福な市民の名誉ある社会的義務という考え方が定着していたのである。ペリクレスやアルキビアデスなども、コレーゴスになったという記録が残っている。

次に俳優について見てみよう。初期は戯曲の作者である詩人が、俳優として自作を演ずることが多かったが、前四四九年ころから俳優は独立した職業として認められるようになった。俳優はもちろん男性ばかりで、女性役も引き受ける。戯曲中の登場人物がいくら多くても、俳優は三人しか登場しなかった。主役を引き受ける第一俳優だけは一人一役だったが、第二俳優は、二役も三役も引き受けた。第三俳優にいたっては、五、六の役を引き受けたと思われる。扮装を変えながら、舞台に休まず登場し、長いセリフを朗々と歌い上げる、体力と記憶力を必要とする仕事だったと思われる。前五世紀の壺絵を見る限り、俳優は思いのほか活発な動きをしたらしい。女役を演ずるために、衣装は全身を覆っていたと思われるが、しかし動きやすい服装である。ここでサチュロス劇を演じた俳優群像を二列に並べて描いている壺絵を見てみよう（図1）。上段中央にひげのない女性化されたディオニュソスとパートナーのアドリアネが描かれている。壺絵では、面白いことに神話上の人物と舞台を降りた役者群像が同じレベルに描かれている。そのすぐ右隣りには、女役を演じる男の俳優が、脱いだ仮面を右手にしたまま、羽根を生やしたエロスの方に顔をむけている。壺絵では男性は茶色の地色のまま、女性は白色の釉薬を塗るというふうに、はっきりとジェンダーを分けて描かれる。この俳優の場合、肌の色は男性色だが、衣装や髪型は女性として描かれている。手にしている仮面は女性色である。一般的に衣装は、ギリシアの当時のファッションにくらべると豪華で袖のあるところなど、エキゾティックだったと推察できる。仮面については、いつから舞台でつかわれるようになったか、どんな宗教的意味があったのかなど、不明な点がたくさんある。壺絵を見る限り、リアルな仮面である。前四世紀のものと思われる壺絵には、下着姿の俳優が衣装をつけようとしているところが描かれている。右手に老人の仮面、左手に剣を持ち、長靴を履いている。これをみるかぎり、衣装はそれほど誇張されたものではなかったといえる（図2）。

さて、つぎにコロスについて調べてみよう。コロスとは五人から一〇人くらいの集団で、歌ったり踊ったりする舞踏合唱隊である。よくも悪くも常軌を逸した主人公と、観客の立場に立って対話する重要な役を担う。コロスは俳優と違ってプロではなく、一般市民が演じた。コロスが負うべき負担はずいぶんと重かった。三本の劇で歌い踊るために、三ヵ月以上続く練習に耐えねばならない。当日は早朝から夕刻まで、舞台の上に出ずっぱりになるのだから、その運動量はマラソン選手以上のものだったかもしれない。その上美しく揃って斉唱するためには、歌詞や節まわしを完全に覚え込まなければならないのだから、記憶力も必要だったろう。苦労の多いこの役をヴォランティアでひきうけることは、アテナイ成人男子にとって大いなる誇りであったという。この栄誉はアテナイの男性市民にしか許されていなかったのである。

ここまでギリシア悲劇には政治劇という側面があるということを、悲劇の制作過程から確認してきた。悲劇は

図1　サチュロス劇を準備する俳優たち。ナポリ考古学博物館、前5世紀後半。

図2　仮面をもつ役者。破片　マルティン・フォン・ワーグナー美術館（ヴュルツブルグ市）前4世紀後半。

アテナイという都市国家の理想とアイデンティティーを高揚するための、国家事業だったのである。

フェミニズムによる悲劇分析

ギリシア悲劇がこのように国家高揚の政治的役割を果たしていたという解釈が圧倒的になってくると同時に、ギリシア悲劇の政治性を分析するフェミニストの分析にも新しい風が吹いた。市民と非市民、男性と女性というように、二項対立を最大限に押しすすめるシステムを正当化し強化するためのイデオロギーが、悲劇の構造に細部にわたってはりめぐらされていることが明らかになってきたからである。

悲劇の題材は、ほぼすべてギリシア神話から題材が採られている。神話では伝統的に男の事業である戦争と冒険に物語が集中している。しかし悲劇に書き換えられると、武勲や英雄の業績は背景に退き、テーマの大部分は家族内部の闘争に集中するようになる。メデイアやクリュタイメストラ、エレクトラなど、神話では二次的な役割しか持たなかった女性が、悲劇では主人公に躍り出る。この女性たちは、ポリスの秩序に逆らい、激情にかられて暴力をふるう「あってはならない女性」のモデルを過剰な形で提示する。なぜこのような「恐怖印」の女性が悲劇で作られたのだろうか?

アメリカの古典学者フロマ・ザイトリンは、悲劇は男性への教育的イニシエーションの役割を果たしていると位置づける。ディオニュソスの聖域で、「他者としての女性モデル」を過剰なかたちで模倣し、ふだんは禁止されている恐怖や憎悪の感情を体験することによって、逆に完璧な男性性を体感できるのである。アテナイの青年や成人たちは、コロスで女役を演じたり、女性を演じる男性を見ることによって、演劇が提示する正反対の男性性を実感するように仕向けられるというのである。

悲劇がディオニュソス神殿の境内で上演されたということも重要である。一日だけ男女役割の交換をする祭りがしばしばあったことが報告されている。宗教的背景のもとで、男性たちが自分たちの男性性を確認するために、

「あってはならない女性」を演じるというわけである。

このことを例証するために、ザイトリンはエウリピデスの『バッコスの信女』を援用する。物語は次のように展開する。

テバイの町の女たちは、異国からやってきたあやしい教祖ディオニュソスに夢中になって女性の居場所である家を捨て、キタイロンの山を駆け巡るようになった。狂乱した彼女たちは群をなして野生の動物を素手で捕まえ、生きたまま引き裂き、血まみれの生肉を喰らうありさまである。信者の群れの中にはテバイ王ペンテウスの母親であるアガウエも混じっている。それを憂えたテバイ王ペンテウスはディオニュソスを捕獲させて尋問するが、逆にディオニュソスにそそのかされて、女装して山の中に入り、狂乱する女たちを見物にでかける。気の狂ったアガウエは、高い樅の枝にまたがって隠れている息子を見つけると、ひきずり降ろしてバラバラに引き裂き、首を引き抜いてしまう。息子の首を杖の先にぶらさげ、「若くきれいな若獅子」をしとめたといって、町まで凱旋して自分の父親に自慢するが、やがて正気にもどったところで国を追放されるところで劇は終わる。

ザイトリンはまず、ディオニュソスに女性ジェンダーが貼り付けられているという点に注目する。劇の冒頭でペンテウスはディオニュソスを「にやけた面体の異人(6)」と呼び、さらに「黄金色の髪に香水をただよわせ、頬は薄紅、みだらな目つきをしている(7)」とディオニュソスを侮蔑する。ディオニュソスはアテナイ市民にとっては、二重の意味で他者である。女性的な外見をしているゆえに、ジェンダー的な他者である上に、異国リュディアからやってきた外国人であるという点でも他者である。壺絵に描かれたディオニュソス像を見ると、悲劇が全盛になった前五世紀ころを境に、髭を生やした男性的姿から(図3)、長い髪の頭に蛇をリボンのように巻いた女性的な姿に変わったことが認められる(図4)。

ディオニュソスの女性化と、ペンテウスのへたくそな女装を較べてみよう。ディオニュソスが女性性を身に帯びれば帯びるほど、絶大なパワーを増すのに対して、ペンテウスが女装すると判断力を失い、ディオニュソスの言いなりになる。「男が女になる＝弱体化する」ということが、いやというほど強調される。

劇を見る観客は、神ならぬ男性が女性化することの危険を身にしみて実感する。そのいっぽうで女性のヒロインは著しく男性化する。アガウエは「機織る筬も踆も捨て」、つまり女性の仕事である家庭の仕事を捨て、「素手で獣を狩るというたいそうな仕事をしてきた」と自慢する。[8] アガウエは息子の首を杖に突きさしてテバイの町に意気揚々と帰ってくる。素手による獣の退治は、神話では英雄の中でもヘラクレスやテセウスなどの最高の英雄にだけできることであった。それを悲劇では女性がいとも簡単にやってのける。これもディオニュソスの吹きこんだ狂気のせいである。

悲劇ではアガウエだけではなく「男のようになった女性」が大活躍する。エレクトラしかり、クリュタイメストラしかり、メデイアしかり、アンティゴネしかりである。しかし女性のアンチヒーローには救いがない。どこにも行き場がないのである。彼女は行動し、破壊し、破損する以外はない。あるときは男性を救うが、そのことによって女性自身の道がひらけることは決してないのである。

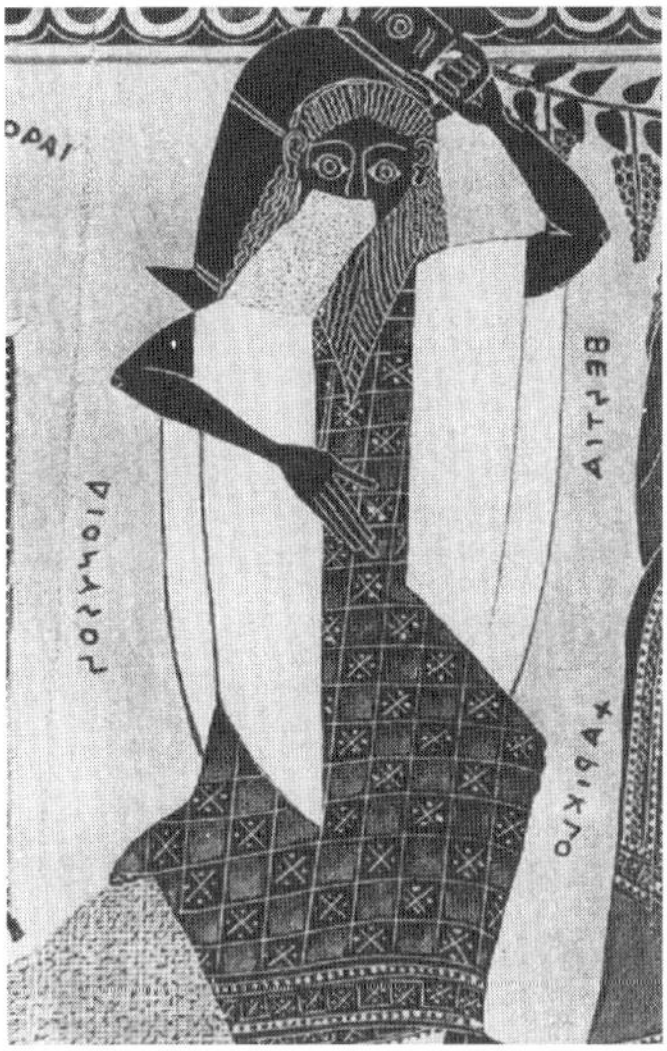

図3　男性的なディオニュソス。フィレンツェ考古学博物館、前575年。

図4　女性的なディオニュソス、ボストン美術館、前350―340年。

したがって男女役割交換は五分五分ではなく、悲劇は女性の男性化のほうに念を入れて微にいり細にいり描いていることにザイトリンは注目する。この非対称こそ悲劇の特徴であり、男性を教育する機能を演劇が果たしていたのだと彼女は強調する。(9)

3　ギリシア悲劇における狂気と暴力のジェンダー

政治劇なのに、現代人はなぜ悲劇に衝撃を受けるのか？

ここで疑問が起きる。もし悲劇の目的が、このように政治的・教育的なメッセージだけにあるとしたら、時代とともに悲劇は古くなるはずである。それなのになぜ現代に通じるリアリティが保たれているのだろうか？

フランスの古典学者ニコル・ロローは、ギリシア悲劇は政治劇であると同時に「反政治劇」であると指摘した。もし政治劇ならば、アゴラ（政治的議論が繰り広げられる広場）で上演されるのが最適であろう。実際テラピスの時代はこのアゴラで上演された。しかし前六世紀から前五世紀にかけて、アゴラからアクロポリス東南のディオニュソスの神域に移った。劇の上演中に架設スタンドの崩壊事件がおこったのが原因といわれる。ロローはこの事件が直接の原因であったとしても、この移動には深い意味があったと主張する。ちょうどおなじころ、立法会議もアゴラから離れてプニックスの丘に移動した。政治の中心と演劇の中心がほぼ同時にアゴラから分離したのである。政治と演劇とは依然深く結びついているが、同時にこのときから決定的な分離の過程を踏み出したことを暗示しているのではないかというのである。

どこがどう分離したのか？　演劇は、政治の場とはまったくちがったアングルから政治を扱う。正反対の目線で政治を見直すのである。たとえば初期の演劇では、コンクールがはじまる直前に、戦争孤児が舞台の上で紹介され、称揚されるという慣習があった。この事実は演劇と政治が密着していることを示している。しかしこの風習はしだいになくなっていった。このような政治的な追悼の会で戦死を悲しむ方法から分離し、悲劇は政治が求める正義や公平さではなく、死者たちが支配する別の世界、復讐の女神エリニュスが支配する世界を創造していったのである。その例として、ロローはソポクレスの『エレクトラ』をあげる。父を母に殺されたエレクトラも一種の戦争孤児と考えられるわけだが、彼女は父の死を悼むことを決してやめないと誓う。

ええ、ええ、わたしはいつまでも
お父様の死を嘆き哭《な》いてやむものか。
夜は星の瞬き
昼はこの陽の光を仰ぐ限りは。(10)

劇の最後で確かに復讐は完成するが、エレクトラの悲しみに出口はない。目的が達成されても、エレクトラの悼みに解決の糸口はなお見えてこない。

このように主人公は、ポリスのイデオロギーがよしとするもの（平和裏に統一された民主主義、満場一致、多数決等）を否定し、破壊的な暴力行為を行う。このような行為をするのは、アイアスやヘラクレスという男性が狂気を吹き込まれて行う場合もあるが、圧倒的に女性であるのは、アテナイ社会では女性は市民とは認められていないのであるから、自然なことだといえる。ロローが「悲劇とは女性形の政治」というゆえんである。(11)

女性が悲劇で主人公として表にでるのには、もう一つ理由がある。ペリクレスの追悼演説などを見てもわかるように、政治の場では死は美化されるが、ディオニュソスの神域では死がむき出しに表現される。女性は死者を清め、葬式で重要な役割をにない、いっぽうで出産し、出産にたちあう。女性は男性よりもはるかに死と誕生に近い存在であるから、悲劇では主役にならざるを得ないのである。舞台は市民が公平と正義を求めて集まって議論する場ではなく、「いずれは死ぬ身」の人間たちが集まって正義について議論する場と化す。

ロローは悲劇で発せられる声のなかに、アポロン的な「言葉《ロゴス》」と、死の世界に属するディオニュソス的な「叫び」の対立があることに注目する。叫びは、はっきりとメッセージを伝える言葉ではなく、意味をなさないうめきや喪をふくんだ声、死の世界から立ち上がってくるエリニュスの声である。

この対立をカサンドラの例で見てゆこう。カサンドラはアポロンの巫女で、アポロンの愛を受けるふりをして予言の能力を与えられたが、結局アポロンを拒んだ。その罰として、正しい予言をしても誰もそれを信じないという呪いをうけた。エウリピデスの『トロイアの女』では戦争に負けたトロイアの女たちの運命が扱われる。中でもカサンドラはギリシア方の総大将であるアガメムノンの愛人として、ギリシア方に連れてゆかれる嘆きを、アポロン配下の女神であるムーサの保護をうけて、見事な言葉《ロゴス》を操って歌う。しかしその半ばに至って突然嘆き節をやめて次のように歌う。

そのほかさまざまの醜いことはもうお話ししますまい。願わくばムーサの神も、よからぬことは語り給わぬことを(12)

それから気の狂ったような叫びが次に続く。

そなたらが連れ去ろうとするのはカサンドラならぬ、復讐の女神の一人であることを忘れないようにおし(13)。

これを聞いてカサンドラに同情をよせるコロスたちはその意味がわからず、うろたえるだけである。ギリシア方の使者タルテュビオスにいたってはこんな気狂い女を愛人とする御主人（アガメムノン）の気が知れぬわ、とぼやくありさまである。しかし観客は二人がギリシアに到着するやいなや殺され、さらにそれが連鎖的な殺人をひきおこすことを知っている。観客はたしかにカサンドラは復讐の女神エリニュスのさきがけ的存在となるだろうと納得する。ここに到って観客だけが、カサンドラのセリフがアポロン的なロゴス性とディオニュソス的叫びの二重性を帯びているのを感じて怖気をふるうというしかけになっている。

アイスキュロスの『アガメムノン』に登場するカサンドラも、同様の二重性を担わされている。トロイアからギリシアのアルゴスに連れてこられたカサンドラは戦車から降ろされようとして門前に立てられているアポロン像を認める。アポロンに呼びかけるその言葉は意味不明で、アポロン的要素をすっかり奪われている。

オトトトトイ、ポポイ、ダア(14)

カサンドラは目前に迫った自分とアガメムノンの運命をアポロン的な予言力で見透し、それをアルゴスの長老《おとな》から成るコロスたちに説明しようとするが、誰もその言葉を理解することができない。

何にそう急《せ》き立てられて、どの神の力を受けて、
そうしたわけもわからぬ不吉なことをしゃべくるのか。
しかもその恐ろしい句を、忌まわしい響きにあわせて
声高な節で歌い上げるとは(15)。

カサンドラは「私はちゃんとギリシア語で話しているのに」と嘆く。

悲劇ではこのように、アポロン的なロゴスの世界と、ディオニュソス的言葉の時限をこえた世界からの叫びが、わかちがたく絡みあっているのである。

死者を位置づけられないとき、人は狂気に陥る

精神病理学者の渡辺哲夫は、『死と狂気』のなかで、親や子供を殺すほどの重篤な精神疾患の患者は、死者を死者として適切に認識できない。死者をきちんと位置づけられない時、人は狂気に陥ると指摘した。(16)

日本人の死者とのかかわりかたと、西洋人の死者とのそれの違いは、つとに指摘されるところである。西洋では、死者は記憶として残るのみで、その記憶がなくなれば死者はなんの意味もなくなると考えられている。逝ってしまった死者と生き残った者を結ぶのは個人の記憶のみである。個人が残した芸術作品や業績を大切にし、壮麗な建造物や、記念碑によってそれを永遠に留めようとする。名もなき死者については、滅亡した民族への愛着というようなこと以外では振り返られることはない。

しかし日本には、無量無数の先祖の死者が、それほど遠くないところにいて、その人たちは私たちに深い愛情をよせてくれているという考えが深く根づいている。名もなき死者たちは、時には怒ったり祟ったりすることもあるが、供養されることを喜び、生きた者を援助してくれる。死者＝「仏さま」に敬意と思いやりを日常的に捧げるという土着的風習はいまでも脈々と生きている。

ヒロシマの被爆者を治療したフランス人の医師の手記を読んでいて、「日本人の医者が、もう死んでしまった被爆者を、敬意と愛情をもって扱っているのをみて、びっくりした」と書いてあったのを読んで、私のほうもびっくりしたことを覚えている。

私たちには、死者（祖先）は近くの山か海に渡るだけであまり遠くに行かず、子孫の日常の様子をみていてくれるという強い感覚がある。肉親の死者は、もちろんその固有性をもちつつ（顔をもちつつ）、私たちのすぐそば

に暮らしているが、時間の流れとともに、祖先という顔のない集団に合流する。しかし同時にその顔を失うことはない。

一方に仏教の影響によって、死者は「仏」となって抽象化し、十万億土の彼方にいってしまうという考えも日本人の中には強い。柳田國男はこの仏教的な考えは日本の土着感覚になじまぬものと糾弾した。[17] 私たちは遠い祖先を阿弥陀如来として抽象化し、具体的な祖先は往生せずにいつも自分たちの身近にいると感じている。私たちはこの微妙な二重構造を使い分けつつ、遠い死者と近い死者を人生の中に位置づけてバランスをとっているのではないか。

ギリシア悲劇における死体の役割

ギリシア悲劇の背景となるギリシア人の死者観には、このように便利な二重構造はない。死者たちは暗い地下で、いけにえの動物の血をすすりながら、辺獄（リンボ）のようなところで目的もなくふらついていると考えられていた。死者は生者と具体的に愛情関係を結ぶこともできないし、また神として抽象化されることもない。

悲劇では、あたかも死体が主役であるかのようだ。たくさんの死体が舞台に登場する。エウリピデスの『ヘレネ』のように死者が登場しないほうが例外的なのである。死体を登場させるためにエクキュクレーマと呼ばれる装置まで作られたほどである。エクキュクレーマとは死者を観客に見せるために考案された、人間一人が乗れる程度の大きさの廻り舞台のような回転装置である（図5）。この上に乗せられた死者を、生者たちがどう位置づけるかについて激しい対立がおき、それがまた新しい葛藤を生む。このくりかえしが悲劇を動かしてゆく源動となるのである。

ここでエウリピデスの『ヒッポリュトス』を見てみよう。テセウスの妻パイドラは義理の息子ヒッポリュトスを心ならずも恋してしまい、心労のあまり病床に臥してしまう。心配する乳母に、パイドラはつい秘密を打ちあ

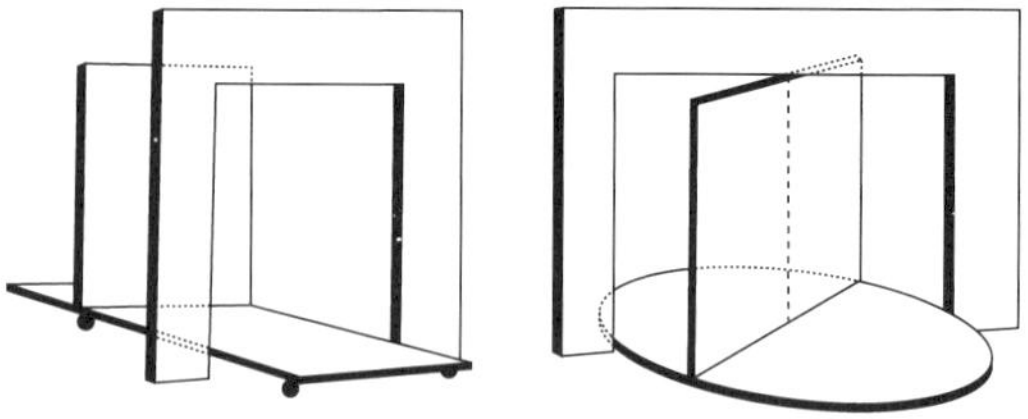

図5　エクキュクレーマ（M. ビーバーの図案）。

けてしまう。乳母はよかれとの思いからヒッポリュトスに彼女の恋心を知らせる。反恋愛の女神アルテミスを信奉するヒッポリュトスは、彼女の恋を激しく非難する。それを知ったパイドラは、恥ずかしさと絶望のあまり首をくくって死ぬ。そのときパイドラは心の弱さから、自分の死の原因は義理の息子の凌辱にあるとほのめかす遺書を残す。パイドラの死体がエクキュクレーマにのって登場する。

遠出から帰ってきて妻の死を知った父と息子は死体のまえで激しく対立する。死体が手にしていた書板の書きおきを見て、夫は息子が妻の閨を汚したと信じ込んだからである。二人は長々と激論をくりひろげ、ヒッポリュトスは宮殿から追い出される。家を出た直後ヒッポリュトスはポセイドンの起こした嵐に巻き込まれて瀕死の重傷を負い、運ばれてもどってくる。女神アルテミスが登場して、父にヒッポリュトスが無実だったことを教えるが、時すでに遅く、息子は父の腕の中で死ぬ。エクキュクレーマのうえに二つの死体が置かれて劇は終わる。

五つの死体が登場する劇もある。エウリピデスの『救いを求める女たち』である。テバイ攻略に敗北した七人の将軍たちの母や妻が、夫や息子の死体を取り戻してもらえるよう、アテナイへと助力嘆願にくる。アテナイの王テセウスはそれを聞きとどけて武力によりその亡骸をとりもどしてくることに成功する。こうして舞台に七つの棺がずらりとならべられる。うち二つは空である。悲劇の見所は五人の妻からなるコロスとその子供たちが歌いあげる嘆き節である。薪が積み上げられ、火葬がはじまる。その嘆きがクライマックスに達したところで将軍カパネウスの妻エウアドネが炎の中に飛び込み自殺する。父の死を悲しむ子供たちと、息子の死を嘆く母の役をするコロスとのコンモス（対話）がそれにつづく。

子供たち　それは皆消え去りました、もうありません、
　　　　　ああ　父上よ　消え去りました。
コロスたち　それはみな　屍焼く火の灰にまみれて
　　　　　大空のはてに消え去りました、
　　　　　翼に乗って　ハデスの国につきました。
子供たち　父上よ、あなたの子らの
　　　　　嘆きの声が聞こえませぬか。
　　　　　いつの日か楯を手にして
　　　　　晴らせましょうか——、
コロス　　そなたの血の恨みを——。
　　　　　吾子よ、その日が待ち遠しい(18)

死体は焼かれ、消滅しようとしている。しかしこのことによって、問題は消滅するどころか、生者の混乱はさらに激しくなる。生者は死者に心を奪われ支配されている。エウアドネのように、火の中に飛びこんで問題をおしまいにするか、そうでなければ、母であるコロスや子供たちのように、復讐を誓って、新たな流血を願うよりほかない。エリニュスの支配する世界に完全に取り込まれるのである。

アイスキュロスの『供養する女たち』は、父アガメムノンの仇を討つために、母クリュタイメストラを殺す息子オレステスの物語である。劇の半ばで、エクキュクレーマにクリュタイメストラとその愛人アイギストスの死体が乗せられて登場する。二人を殺したオレステスは集まってきた観衆に対して、自分の殺人行為がいかに論理的に正しいかを述べたてようとする。

でもまだ正気でいるうちは、私は味方の者に叫んでいうのだ、
私はいかにも母親を殺したが、けしてそれは、正義にもとってはいないのだ、って[19]。

しかし「黒っぽい衣を着て、髪いっぱいに蛇がまといついている」女たちの幻影が目に入ると、オレステスは錯乱し、理論《ロゴス》はとぎれ演説を中断せざるを得ない。そしてわけのわからない叫びをあげつつそこら中をのたうちまわる。アポロンに狂気を祓ってもらうためにデルポイの神殿めざして長い旅に出るところで劇は終わる。

このように、死体をまえにエリニュスとロゴスのあいだで激しい葛藤があるのが悲劇の常道である。ひとつだけ葛藤を生まない死体がある。『トロイアの女』に登場する、ヘクトルの幼い息子の死体である。ギリシア兵はこの幼な子を母アンドロマケから無理やり引き離し、崖から投げ落としたのである。髪皮はむけ、手足はちぎれ、骨がむき出しになった死体の傷を、ヘカベは「ただたどしい医者の真似ごと[20]」といいながらぼろきれで結わえ、ありあわせのもので葬送する。つつましい限りの、しかし心のこもった葬式によって、生者は死者に魂を通わせる。こうして息子や孫が皆殺しにされ、自分の町が炎のなかで滅亡するという破滅のなかで、ヘカベはそれにしっかりとむきあう勇気をもつ。このような融和は、悲劇では例外的と言わねばならない。

暴力・狂気のジェンダー

神はデウス・エクス・マキナとして劇の冒頭か最後に現れるだけで、決して主役になることはない。しかし主に劇の冒頭か大詰めに端役で登場することがある。ここで悲劇に登場する神々のうち、暴力をつかさどる神々を研究することにしよう。暴力的神には、男性的ジェンダーを帯びた暴力の神と、女性的ジェンダーを帯びた神の二種類があることにまず注目したい。

まず男性的暴力神は、アイスキュロスの『縛られたプロメテウス』の冒頭に登場する。その名もビアー（暴

力）と呼ばれる神で、兄弟であるクラトス（権力）とペアを組んで、ゼウスの走り使いをしている。劇中ではゼウスをだまして人間に火を与えたプロメテウスを、黒海の極北の岩に永劫に磔とする刑罰の執行を監督する悪役をになう。饒舌なクラトス（権力）に対して、ビアー（暴力）は劇を通じて、だんまりを通し、一言も発しないのは意味深い。私が見た億土点の二〇〇五年度の演出では、ビアーは長い竿をもったスキンヘッドの大男で、ときどき竿を床に打ち付けて大きな音をたて、観客を震え上がらせると同時に笑いを誘っていた。

男性形の暴力はこのように、権力者の従順な伴侶として、肉体的・身体的暴力を表象する。それは単純でわかりやすく、ユーモラスに仕立てることも可能である。しかし女性形の暴力は底なしに恐ろしく、人の心に深いトラウマを残す精神的な暴力である。その神の名はエリニュス（復讐の女神）。恐ろしい外見をもち、肺腑を抉るようなうなり声を繰り出す。有無を言わさぬ圧倒的な影響力を登場人物に振るい、暴力的な破壊に人間を追い込む。アイスキュロスの『慈しみの女神たち』には、コロスたちがエリニュスに扮して登場する。コロスたちは自分の暴力を自慢して次のように歌う。エリニュスはまず家庭を壊し、まるで天災のようにあたりに暴力を振りまく。

家々の　ひっくり返しが　私たちの
選んだ仕事さ、（略）
なに　どんな強いやつだとて、みな
取り殺すのだ、新しい血のためにな。
（略）
さればさ、うんと跳りあがって、
ずっと高くから　ひどい力で
足を踏み下ろす、その勢いは、

逃げ足早い者さえ　倒そう、
しのぎ切れない　禍いをもて。[21]

劇の中にエリニュスが登場するのはこの劇だけであるが、悲劇全体をとおして登場人物たちは、ことあるごとにこの神について言及する。現在残されている三三本の悲劇と三つの断片をあわせて、エリニュスという名は四一回使われ、「復讐の女神」という別名では三一回、計七二回使われている。[22] この数はアポロンとアテナ女神への言及についで重要な数である。[23]

エリニュスは原初的、地母神的な女神で、古代における因果応報の思想が神格化されたものと考えられている。クロノスが父ウラノスの男根を断ち切ったとき、ガイアの上に滴った血からこの女神が多数生まれたといわれている。別説では、ニュクス（夜）から生まれたという説もある。この女神の数は不定であるが、やがて三人ということになり、それぞれにアレクト（休まぬ女）、メガイラ（妬む女）、ティシポネ（殺人に復讐する女）という名がつけられた。

自然のきまりごとを守る女神で、たとえばイオニアの哲学者ヘラクレイトスは「太陽がもしその軌道をはずすようなことがあれば、エリニュスたちが制して正すだろう」といっている。自然の掟は神が決めるもので、人間が介在するべきではないと考えられていた。特に肉親殺し、兄弟殺し、同胞殺しなどの血族殺しに対しては、きわめて厳しい罰を与えた。しかし悲劇のなかでは「良心の呵責という名で、生き残ったものに狂気を吹き込む悪霊」という新しい意味合いを帯び、死者たちの正義を主張する。罪を合理的に裁判で評価するという傾向に抵抗して、もっと古い土着的な血縁に根ざした母性原理に復帰することを要求するのである。

神話によれば、エリニュスは地下世界であるタルタロスの中で、もっとも深い穴（カマス）を棲家とし、その姿はゴルゴンにそっくりである。頭には髪の代わりに長くもつれる蛇を生やし、蛇のベルトやブレスレットをしている。青銅のビョウのついた鞭を持ち、青銅の爪を生やしている。真っ黒な体をして（メランコリアの色である）、こうもりの羽根を生やしている。悪臭がする。悪意をもって人間を脅かし、彼女の姿を見、臭いをかいだものは狂気に陥る。

壺絵には舞台上の名場面をイラストしたものがたくさんみられる。その中でエリニュスがどんなふうに描かれているかを見てみよう。壺絵の画家たちは舞台を見たはずである。しかしイラストは舞台を忠実に再現するのではなく、絵巻物のように、時間の経過を無視して、二つの場面を一つの場面に重ねたりする。まず図6を見てみよう。エリニュスがアポロン神殿まで逃げてきたオレステスを追いつめている図である。右にはアポロン、左にはアテナ女神がオレステスを見守るように立っている。エリニュスはトレピエの上からオレステスに蛇をかざして脅かしている（図7）。別の画家による同じシーンを見てみよう（図8）。オレステスがアポロン神殿の聖石オンパロスに抱きついて救いを求めている。柱の高いところから黒いエリニュスが蛇をかざしてオレステスを脅しているのが図の左端上に見られる。アポロンはオレステスをかばってエリニュスを制止しようとしている。そのそばでデルポイの巫女が両手をあげてパニックに陥っている。

壺絵師はオレステスの母殺しのシーンにもエリニュスを登場させた。母は胸をはだけて、このお乳を吸ったお前が殺せるはずがないと迫っている。母の頭上に蛇をかざしたエリニュスが出現している（図9）。

図10では、オレステスは聖石オンパロスによりかかり、手に剣をもったまま放心状態で座りこんでいる。アポロンがいけにえの豚をオレステスの頭上にかざして、豚の血をふりかけ、殺戮のけがれを浄化しようとしている。いっぽう左上には、クリュタイメストラの亡霊が現れて、眠り込んでいる二人のエリニュスを起こそうとしている。左下には、別のエリニュスが目をさまして、母殺しという大罪に驚愕している。これら三人のエリニュスの外見は、神話で語られているほど恐ろしくないことに注目したい。

悲劇として残ってはいないが、兄弟の王位を奪ったアグリオスの物語を描いた壺絵もみられる。白い羽根を生

図6　アポロンに助けを求めるオレステス、大英博物館、前350—340年。

図7　頭にも肩にも蛇をまとい、手に長い蛇をかざすエリニュス、部分。

やした黒いエリニュスが、地下からわきあがってくるところが描かれている（図11）。
棲家である地下から昇ってくるエリニュスとは反対に、空中を飛ぶエリニュスもいる。『メデイア』の大詰で、メデイアが子供を殺したあと龍の引く戦車にのって逃げるシーンを描いた壺絵である。日輪に囲まれた戦車の両脇に、一対のエリニュスがメデイアを見守っている（図12）。悲劇にはまったく登場しないこのエリニュスを、なぜ壺絵師は描きこんだのか？　メデイアがなしとげた峻厳で完璧な復讐を、エリニュスが祝っていると読めないだろうか。メデイアは人間の女性ながら、怒りの強さゆえに、現体制をおびやかす古い女神にまで昇格したと考えられる。

図 8　聖石オンパロスにしがみつくオレステス。左上に黒いエリニュスが蛇をかざす。ナポリ国立考古美術館、前 5 世紀末。

図 9　母を殺そうと刃をふるうオレステス。それを止めようとする母。右上に蛇をかざすエリニュス。ポール・ゲッティ美術館（カリフォルニア州マリブ市）、前340年。

図10　右端にクリュタイメストラの亡霊。眠りこんでいる二人のエリニュスを起こそうとしている。右端のアポロンがオレステス（中央）を浄めようとしている。ルーブル美術館、前390—380年。

図11　アグリオス王を罰するために、地上から昇ってくるエリニュス。大英博物館、前400—375年。

図 12　メデイアの逃亡を見守る一対のエリニュス（左右上端）。フォート・ワース、キンベル・アート美術館、前400年。

図 13　子どもを殺すヘラクレス。右後ろに狂気の女神リュッサ。マドリッド国立考古学博物館、前 4 世紀半ば。

このように女性形の暴力は狂気と深く結びついている。狂気を吹き込まれた人間は、いっきに破壊行為へとひきずられる。狂気を送り出す神は女性である場面が圧倒的である。オレステスの狂気はエリニュスによって、アイアスの狂気はアテナによって、ヘラクレスの狂気はヘラによって送り込まれた。ヘラは直接狂気を送り込むのではなく、リュッサと呼ばれる狂気の女神を送ったことになっている。図13には、わが子を殺そうとしているヘラクレスの右側にリュッサが描きこまれている。右手に鞭をもち、白髪の老女の姿で表されている。老女というイメージは、ギリシアでもっともさげすまれ軽視された表象であったから、狂気のマイナスイメージを強調するには、最適であったと思われる。

以上見てきたように、ほとんどの狂気は女性の神が吹き込むものだが、男神が吹き込む場合もある。ディオニュソスとアポロンは、それぞれアガウェ、カサンドラに狂気を吹き込んだ。両者は、自分に従わない人間どもに復讐するために、みずからの力を使って女性たちを利用したのであって、結局のところ女性は気の毒な犠牲者と考えられる。それに対して、女神が吹き込む狂気は、死者の存在と権利を主張し、生者の世界を脅かし浸食する。

死＝「身体の災害」を体験する

ホメロス叙事詩においても、死はふんだんにあった。戦死である。『イリアス』には英雄の「美しい死」から、ただの兵士の悲惨な死まで、その肉体のどこをどのように攻撃されて死んだかが、解剖学的に説明されている。いかに痛ましかろうと、登場人物は最期の瞬間まで勇壮で男らしい。

それに対して悲劇の中での死は、人間の弱さを究極の形で表現する。悲劇は「肉体の災害」の場なのである。悲劇を「男性による女性のロール・プレイ」とみなすフロマ・ザイトリンは、アイアスやヘラクレスなどの英雄が死を迎えるとき、その身体がいかに女性化＝弱体化されるかを分析している。ソポクレスの『トラキスの女たち』の中で、妻のデイアネイラの浅はかな嫉妬のせいで、ヘラクレスが毒をふくんだ衣をまとって死ぬ場面を見てみよう。
このおれという人間が、以前こんな様子をしているのを見たことがあるとは、誰一人いうことができまい。それどころか、おれはいつでも呻き声一つたてずに苦痛に耐えてきたのだ。それが今度は、今までとは違って、女も同然と露見してしまった、哀れなことだ。(24)

どんな冒険の場面でも男性的であったヘラクレスが、死ぬときは「娘っ子」のようにおんおん泣きながら死ぬ。アイアス、ヒッポリュトスも同様に、女性のように脆く、涙を流しながら死んでゆく。『バッコスの信女』ではテバイ王ペンテウスも、女装するやいなや弱体化し、泣きじゃくって命ごいをしながら死んでゆく。その頭は肩からスッポ抜かれ、手足はちぎられて、これらの肉片を女たちはボールのように投げ上げて遊んだ。

男性が女性化して死ぬとなれば、女性の死の瞬間はどうであろうか。悲劇では男性よりも圧倒的に多くのヒロインたちが死んでゆく。その死に方を分類すると「いけにえ」、「自殺」「他殺」の三種類に分けられる。

まず「いけにえ」である。悲劇では三人の女性がいけにえとなる。エウリピデスの『アウリスのイピゲネイア』において、アガメムノンはアルテミス女神にトロイアにむけて船を出す風を吹かせてもらうよう懇願し、娘イピゲネイアをいけにえに捧げる。エウリピデスの『ヘラクレスの子供たち』ではアテナイを救うために、マカリアがペルセポネに捧げられる。さらにエウリピデス作の『ヘカベ』ではポリュクセネが、戦死したアキレウスの霊を慰めるために捧げられる。彼女たちはすべて剣によって喉を引き裂かれて殺される。家畜の牛や羊とそっくり同じ殺され方である。いけにえには、従順で綺麗な動物として、美しく若い処女だけが選ばれる。彼女たちは共同体のためによろこんで死ぬことを引き受ける。泣き喚いたり、暴れたりは決してしないのである。家畜のような従順さが、いけにえとなる女性の特徴である。

次に殺される女たちを見てゆこう。エウリピデス作の『ヘラクレス』ではメガラがヘラクレスの狂気によって矢に射られて死ぬ。『アガメムノン』のなかでは、カサンドラがクリュタイメストラに斧で切り殺される。『供養する女たち』では、今度はクリュタイメストラが、息子オレステスによって胸を刺されて死ぬ。女性は、殺人者が男であれ女であれ、男性性を象徴する剣や矢、斧などの凶器によって殺される。アイアスやアガメムノンなどの英雄も、やはり男性性を象徴する剣や斧によって死ぬ。殺人という行為は、行為者が誰であれ、被害者が誰であれ、男性のジェンダーを帯びているということがわかる。メガラの死に方は詳しく描写されていないが、カサンドラとクリュタイメストラの死に方は劇の見せ場となっている。二人とも自分の運命に激しく抗議し、抵抗するが、いつかかならずいつか自分の死の仇が討たれることを願って死ぬ。カサンドラは言う。

私はけして、自分自身の挽歌《かなしみうた》を歌おうとは思いません、ただ太陽に祈るのです、この最後《いやはて》の日ざしにむかって、仇を討ってくれる人らが、敵の者に、私を殺した負債《おいめ》をいっしょにはたり取るよう。(25)

クリュタイメストラの場合はもっと威嚇的である。

気をおつけ、母親《おや》の怨みの呪いの犬に用心おし。(26)

悲劇には自殺する女も多い。自殺は倫理的に悪いこととは考えられておらず、むしろ問題を解決する唯一の方法と考えられている。従って男性の自殺と女性の自殺とではジェンダー差がはっきりと見て取れる。アイアスは剣によってわき腹を刺して死ぬ。日本の切腹と同様、男性が死にいたる急所は腹でなければならない。自殺ではないが、エテオクレスとポリュネイケス兄弟の相打ちにおいても、二人は脇腹を切りあって死んだことになっている。[27]
いっぽう女性の自殺は三例が首吊りである。アンティゴネ、イヨカステ、パイドラ。自殺に使われる道具は日常品の紐である。[28] しかしソポクレスの『トラキスの女たち』のデイアネイラと、エウリピデスの『フェニキアの女たち』に登場するイオカステは、自分の胸を短刀で突いて死ぬ。女性に死をもたらす急所は自殺・他殺にかかわらず胸であることに注目したい。命をはぐくむ象徴である乳房が命を失う場となるのである。

殺す母

さて殺人者としての女性は、どのような女性的役割を与えられているだろうか。最も注目したい点は、女の殺人者がすべて母の特性を持っており、殺す相手は家族の首長たる男子あるいは嫡男のみであるという点である。クリュタイメストラは夫が自分の娘イピゲネイアをいけにえとして殺したことをたいへん恨みに思っており、それが夫を殺害した理由であると公言する。彼女は娘のエレクトラと激しく対立するが、娘殺しには至らない。エウリピデスの『ヘカベ』に登場するヘカベは、末の息子がトラキア王に殺されたことを知り、復讐のためにトラキア王の眼を突き、その息子を殺す。またメデイアは夫の裏切りに復讐するために、夫と自分のあいだに生まれた息子を二人とも殺す。あくまで男系家族の根幹を根底から覆すことが眼目である。使用される凶器は、クリュタイメストラの場合は両刃の斧、あとの二人の場合は短刀というように、男性ジェンダーに属するものである。男性的武器を駆使する母の猛々しさを、被害者の男性たちは人間以下の「怪物」「畜生」と表現する。たとえばメデイアの夫イアソンは、妻を「牝の豹」「シケリアのスキュラ」とののしり、[29] ヘカベに眼をつぶされたトラキア王は彼女が「火のように輝く目の犬」に変身するだろうと予言する。[30] ヘカベはギリシアへ送られる途中で死んで、キュノスセマ（犬の墓）という名の半島に葬られたという伝承が伝えられている。たぶん舞台ではヘカベは犬のようなしぐさや、鳴き声をたてたのではないかと推察される。こうしてみるとメディアだけでなく、ヘカベにしろクリュタイメストラにしろ、殺す母親たちは人間であることをやめて、恐ろしいエリニュスの相貌を帯びはじめることに気づく。

4　なぜこのような恐ろしいものを見る必要があったのか？

大勢の市民が莫大な費用や労力を惜しみなく提供する演劇祭で、ギリシア人たちはなぜこのような恐ろしいものを見たのだろうか？　ギリシア人たちは舞台に何を見ていたのだろうか？

アテナイでは立法会議が一〇日に一日の割合で開かれたという。そこでは人々を動かし、納得させるために言葉《ロゴス》が駆使される。人の死を悼む演説さえも、ポリスの理想に裏打ちされたものでなければならなかった。ペロポネソス戦争で戦死した兵士たちを追悼するペリクレスの演説はたいへん有名である。その死は祖国のための尊い犠牲としてたたえられ、戦争未亡人の悲しみは決して表現されるべきではないことが強調される。死は賞賛され美化され、死者は忘れ去られる。生き残った女たちには沈黙が要求される。戦争未亡人がならうべき徳についての有名なくだりを引用しよう。

このたび夫を失うこととなった人々に、婦徳について私から言うべきことはただ一つ、これにすべてのすすめを託したい。女たるの本性にもとらぬことが最大の誉れ、褒貶いずれの噂をも男の口にされぬことをおのれの誇りとするがよい。(31)

このような論理《ロゴス》の中でギリシア市民は生きていた。しかしディオニュソスの聖域で繰りひろげられる悲劇の舞台では、このモラルに真っ向から対立するものが爆発する。ロゴスに対立する叫びと熱狂が舞台を支配する。その叫びの主は、市民ではない女性であり、戦争の重要な要員である戦士を生みながら、その死について沈黙を強いられている母である。その激烈な苦痛と暴力を、男の市民がプロデュースし、創作し、コロスとして演じ、そして観客として眺めたのである。

ニーチェは『悲劇の誕生』で「アポロはディオニュソスなしでは生きてゆけなかったのだ！」と書いた(32)。劇中に展開されるアポロン的なもの＝ロゴスと、ディオニュソス的なもの＝反ロゴスはがっぷり四つに組んで対立し、そのことによってお互い支え合っている。観客は理論《ロゴス》の方に味方しながら反ロゴスから噴き出る錯乱と暴力に怖気をふるったであろう。その恐怖は一方のジェンダーを極端に誇張したり、男性と女性を入れかえたりすることから効果的にかもし出される。観客は「こわいもの見たさ」から、それを見るのを大いに楽しんだだろう。一方でこの恐怖に拮抗して耐える理論《ロゴス》の力強さを頼もしくも感じただろう。今日私たちがギリシア悲劇を愛するのも、現代社会がギリシア社会と同様に、「民主的」制度で固められた現実の閉塞状態の中で、復讐の女神エリニュスが未来からの幽霊として到来して、おおいに暴れまわっていらないものを焼きつくし、やがて「慈しみの女神」に変身して本来のロゴスを復活させてくれるのを見たいと切に願っているからではないだろうか。

（1）ジョージ・スタイナー『アンティゴネーの変貌』参照。海老根宏、山本史郎訳、みすず書房、一九八九年。
（2）ハイナー・ミュラーは『メディアマテリアル』、『ヘラクレス2、5、13』等を書いた。
（3）Jean-Pierre Vernant, Pierre Vidal-Naquet, *Mythe et tragédie, deux*, Édition la Découverte, Paris, 1985 p. 152-153.
（4）プルターク『英雄伝（上）』村川堅太郎訳、ちくま文庫、一九八七年、一四三頁。
（5）John Winkler and Froma Zeitlin, editors, *Nothing to do with Dionysos? Athenian Drama in its Social Context,*

Princeton University Press, Princeton, 1999, p. 4-5.

（6）エウリピデス「バッコスの信女」『ギリシア悲劇』IV、松平千秋訳、ちくま文庫、一九八六年、三五二―三五八、四六七頁。以下アイキュロス、ソポクレス、エウリピデスの引用はすべて『ギリシア悲劇』I～IV、ちくま文庫、一九八五―一九八六年からによる。

（7）同書、二一五―二四七、四六二―四二七頁。

（8）同書、一二三三―一二四〇、五一五―五一六頁。

（9）John Winkler and Froma Zeitlin, editors, *Nothing to do with Dionysos? Athenian Drama in its Social Context*, Princeton University Press, Princeton, 1999, p. 64-96.

（10）ソポクレス「エレクトラ」松平千秋訳、一〇一～一〇六、二二六頁。

（11）Nicole Loraux, *La voix endeuillée, Essai sur la tragédie grecque*, Gallimard, Paris, 1999, p. 28-44.

（12）エウリピデス「トロイアの女」松平千秋訳、三八四―三八五、六五七頁。

（13）同上、四五五―四六一、六六〇頁。

（14）アイスキュロス「アガメムノン」呉茂一訳、一〇七一―一〇八〇、一七六頁。

（15）同上、一一七〇―一一七七、一八三頁。

（16）渡辺哲夫『死と狂気　死者の発見』ちくま学芸文庫、二三六―二四一頁。

（17）柳田國男『柳田國男全集〈15〉』筑摩書房、一九九八年。

（18）エウリピデス「救いを求める女たち」中山恒夫訳、一一三〇―一一四九、四六六―四六七頁。

（19）アイスキュロス「供養する女たち」呉茂一訳、一〇二三―一〇二八、二七二頁。

（20）エウリピデス「トロイアの女」松平千秋訳、一二三一、六九九頁。

（21）アイスキュロス「慈しみの女神」呉茂一訳、三五〇―三八九、二九六―二九八頁。

（22）*Les Tragiques Grecs, Eschyle–Sophocle–Euripide, Théâtre complet*, Traduction nouvelle, notices et notes de Victor-Henri Debidour.Le Livre de Poche, Paris, 1999.

（23）アポロン一〇四回、アテナ二〇四回。

（24）ソポクレス「トラキスの女たち」大竹敏雄訳、一〇六三―一〇八〇、一三六頁。

（25）アイスキュロス「アガメムノン」呉茂一訳、一三二一―一三三〇、一九〇―一九一頁。

（26）アイスキュロス「供養する女たち」呉茂一訳、九二四、二六五頁。

（27）エウリピデス「フェニキアの女たち」岡道男訳、一四〇四―一四二二、三二五頁。

(28) アイスキュロス「テーバイ攻めの七将」高津春繁訳、八八〇—八九〇、三七八頁。

(29) エウリピデス「メデイア」中村善也訳、一三一三—一三五一、一三九—一四〇頁。

(30) エウリピデス「ヘカベ」高津春繁訳、一二六一—一二六七、四〇二頁。

(31) トゥキュディデス「戦史」第二巻四五、『世界の名著5』村川堅太郎訳、中央公論社、一九八〇年、三六三頁。

(32) ニーチェ『悲劇の誕生』秋山英夫訳、岩波文庫、一九八六年、五三頁。

参考文献

『ギリシア悲劇』Ⅰ〜Ⅳ、高津春繁、松平千秋、その他訳、ちくま文庫、一九八五—一九八六年。

Les Tragiques grecs, Eschyle-Sophocle-Euripide, Théâtre complet, traduction nouvelle, notices et notes de Victor-Henri Debidour, Le Livre Poche, 1999.

Nicole Loraux, *La voix endeuillée, Essai sur la tragédie grecque*, Gallimard,Paris, 1999.

Nicole Loraux, *Façons tragiques de tuer une femme*, Hachette, Paris, 1992.

Richard Green, Eric Handley, *Images of the Greek Theatre*, British Museum Press, London, 1995.

Jean-Pierre Vernant, *L'individu, la mort, l'amour, soi-même et l'autre en Grèce ancienne*, Gallimard,Paris, 1982.

Jean-Pierre Vernant, Pierre Vidal-Naquet, *Mythe et tragédies en grece ancienne, I・II*, Édition La Decouverte, Paris, 1986.

John Winkler and Froma Zeitlin, editors, *Nothing to do with Dionysos? Athenian Drama in its Social Context*, Princeton University Press, Princeton, 1992.

John Boardman, *The History of Greek Vases*, Thames and Hudson, London, 2001.

オリヴァー・タプリン『ギリシア悲劇を上演する』岩谷智、太田耕人訳、リブロポート、一九九一年。

ジョージ・スタイナー『アンティゴネーの変貌』海老根宏、山本史郎訳、みすず書房、一九八九年。

ハイナー・ミュラー『メディアマテリアル——ギリシア・アルシーヴ』ハイナー・ミュラー・テクスト集、岩淵達治、越部暹、谷川道子訳、未来社、一九九三年。

ニーチェ『悲劇の誕生』秋山英夫訳、岩波文庫、一九八七年。

渡辺哲夫『死と狂気　死者の発見』ちくま学芸文庫、二〇〇二年。

柳田國男『柳田國男全集〈15〉』筑摩書房、一九九八年。

丹下和彦『ギリシア悲劇研究序説』東海大学出版会、一九九六年。

平田松吾『エウリピデス悲劇の民衆像――アテナイ市民団の自他認識』岩波書店、二〇〇二年。

『ギリシア悲劇全集　別巻　ギリシア悲劇案内』岩波書店、一九九二年。

図版出典

図1　Richard Green, Eric Handley, *Images of the Greek theatre*, British Museum Press, London, 1995. p. 22-23.
図2　Marie-Christine Villanueva-Puig, *Images de la vie quotidienne en Grèce dans l'antiquité*, Hachette, Paris,1992, p. 147.
図3　John Boardman, *Athenian Black Figure Vases*, Thames and Hudson,London.p.43.
図4　J.Michael Padgett. Mary B. Comstock, John J. Herrmann, and Cornelius C. Vermeule, *Vase-painting in Italy, Red-Figure and Related Works in the Museum of Fine Arts*, Museum of Fine Arts, Boston, 1993. p. 98.
図5　『ギリシア悲劇全集　ギリシア悲劇案内』別巻、岩波書店、三一五頁。
図6　Richard Green, Eric Handley, *Images of the Greek Theatre*, British Museum Press, London, 1995.p. 1.
図7　Richard Green, Eric Handley, *Images of the Greek Theatre*, British Museum Press, London, 1995.p. 1.
図8　Thomas H. Carpenter, Traduit de l'anglais par Christian-Martin Diebold, *Les Mythes dans l'art grec*, Thames and Hudson, Paris, 1997. p. 245.
図9　Thomas H. Carpenter, Traduit de l'anglais par Christian-Martin Diebold, *Les Mythes dans l'art grec*, Thames and Hudson, Paris, 1997. p. 245.
図10　Jean-Luc Martinez, *Les dieux grecs, Petit dictionnaire illustré*, Édition de la Réunion des musées nationaux, Paris, 2001, p. 9.
図11　Richard Green, Eric Handley, *Images of the Greek Theatre*, British Museum Press, London, 1995. p. 48.
図12　Thomas H. Carpenter, Traduit de l'anglais par Christian-Martin Diebold, *Les Mythes dans l'art grec*, Thames and Hudson, Paris, 1997. p. 193.
図13　R. Flacelière, P. Devambez, *Héraclès, images et récits*, Édition E.de Boccard, 1966. p. 103.

北原　恵（きたはら・めぐみ）

甲南大学文学部教員。表象文化論、美術史、ジェンダー論。著作・論文に、『アート・アクティヴィズム』『撹乱分子＠境界』（以上、インパクト出版会）、「正月新聞に見る〈天皇ご一家〉像の形成と表象」（『現代思想』2001年5月）、「教科書のなかの「歴史／画」」（『歴史評論』2003年）、「ベネトン広告に見る〈人種〉の構築と多文化主義」（『文化学年報』2003年）、「消えた三枚の絵画――戦中／戦後の天皇の表象」（『戦争の政治学』倉沢愛子他編、岩波書店）、ほか。

港道　隆（みなとみち・たかし）

1953年生。パリ第一大学哲学科博士課程修了。甲南大学文学部教授。専門は哲学・思想史。著書に『メルロ＝ポンティ』（共著、岩波書店）、『レヴィナス　法-外な思想』（講談社）。訳書に『狼男の言語標本』（N. アブラハム・M. トローク、共訳、法政大学出版局）、『アポリア』（J. デリダ、人文書院）、など。

篠田知和基（しのだ・ちわき）

1943年生。東京教育大学大学院修士課程修了。現在広島市立大学教授。専門は比較神話学。『幻影の城――ネルヴァルの世界』（思潮社）、『失われた祝祭――ネルヴァルの生涯と作品』（牧神社）、『土手の大浪――百閒の怪異』（コーベブックス）、『人狼変身譚』（大修館）、『龍蛇神と機織姫』（人文書院）、『日本文化の基本形――○△□』（勉誠出版社）、『動物神話学』近刊、ほか。比較神話学研究組織GRMC主宰。

饗庭千代子（あいば・ちよこ）

1944年生。関西学院大学大学院文学部修士課程修了。現在、関西学院大学、甲南大学非常勤講師。専門はフランス文学、神話論。著書に『フランス文学／男と女と』（共著、勁草書房）、訳書に『男は女　女は男』、『XY　男とは何か』（以上、E. バダンテール共訳、筑摩書房）がある。

上村くにこ（うえむら・くにこ）

編者略歴欄（奥付頁）に記載。

執筆者紹介（論文掲載順）

藤岡淳子（ふじおか・じゅんこ）

1955年生。上智大学大学院博士前期課程修了。大阪大学大学院人間科学研究科教授。博士（人間科学）。臨床心理士。専門は非行臨床心理学。著書に『非行少年の加害と被害』『性暴力の理解と治療教育』『包括システムによるロールシャッハ臨床』（以上、誠信書房）、など。

濱田智崇（はまだ・ともたか）

1973年生。甲南大学大学院人文科学研究科博士後期課程単位取得退学。臨床心理士。甲南大学人間科学研究所博士研究員、大阪経済大学大学院人間科学研究科・帝塚山学院大学人間文化学部非常勤講師。京都大学教育学部在学中の1994年、日本初の男性専用電話相談『男』悩みのホットラインの開設準備に参加、2004年から同代表。共著に『男の電話相談——男が語る・男が聴く』（かもがわ出版）、共訳に『被虐待児の精神分析的心理療法——タビストック・クリニックのアプローチ』（金剛出版）。

千葉征慶（ちば・まさのり）

1957年生。上智大学大学院文学研究科（教育学専攻）博士前期課程修了。現在、富士通株式会社メンタルヘルスサービス部担当課長。神戸松蔭女子学院大学非常勤講師。産業カウンセラー、臨床心理士として、京阪神のコミュニティで「男性セミナー」「働く男のためのストレスマネジメント」講座を担当。共著に『生きがい』（河出書房新社）、『PILテストハンドブック』（システムパブリカ）、『フランクルを学ぶ人のために』（世界思想社）、など。

森　達也（もり・たつや）

1956年生。立教大学法学部卒業。テレビ・ディレクター、映画監督、作家。映画作品に『A』『A2』、著書に『死刑』（朝日出版社）、『僕の歌・みんなの歌』（講談社）、『王様は裸だと言った子供はその後どうなったか』（集英社新書）、『クォン・デ——もう一人のラストエンペラー』（角川文庫）、『ドキュメンタリーは嘘をつく』（草思社）、『日本国憲法』（太田出版）、など。

刊行の辞

叢書〈心の危機と臨床の知〉は、甲南大学人間科学研究所の研究成果を広く世に問うために発行される。文部科学省の学術フロンティア推進事業に採択され、助成金の補助を受けながら進めている研究事業「現代人の心の危機の総合的研究——近代化の歪《ひず》みの見極めと、未来を拓く実践に向けて」（2003～2007年）の成果を7冊のアンソロジーにまとめるものであり、甲南大学の出版事業として人文書院の協力を得て出版される。同じく学術フロンティア研究事業の成果として先に編んだ、『トラウマの表象と主体』『現代人と母性』『リアリティの変容？』『心理療法』（新曜社、2003年）の続編であり、研究叢書の第二期に相当する。

今回発行する7冊は、第一期より研究主題を絞り込み、「近代化の歪み」という観点から「現代人の心の危機」を読み解くことを目指す。いずれの巻も、思想、文学、芸術などの「人文科学」と、臨床心理学と精神医学からなる「臨床科学」が共働するという人間科学研究所の理念に基づき、幅広い専門家の協力を得て編まれる。近代化の果てとしての21世紀に生きるわれわれは、今こそ、近代化のプロセスが生んだ世界の有り様を認識し、その歪みを直視しなければならない。さもなくばわれわれは歪みに呑み込まれ、その一部と化し、ひいては歪みの拡大に手を染めることになるだろう。危機にある「世界」には、個人の内界としての世界、あるいは個人にとっての世界と、外的現実としての世界、共同体としての世界の両者が含まれるのはもちろんのことである。

本叢書は、シリーズを構成しながらも、各巻の独立性を重視している。したがって、それぞれの主題の特質、それぞれの編集者の思いに従って編集方針、構成その他が決定されている。各巻とも、研究事業の報告であると同時に、研究事業によって生み出される一個の「作品」でもある。本叢書が目指すものは、完成や統合ではなくむしろ未来へ向けての冒険である。われわれの研究が後の研究の刺激となり、さらなる知の冒険が生まれることを期待したい。

編者略歴

上村くにこ（うえむら・くにこ）

1944年生。大阪大学博士課程満期退学。パリ第4大学博士取得。博士（文学）。甲南大学文学部教授。専門はフランス文学、神話、ジェンダー論。著書に『恋愛達人の世界史』（中公新書ラクレ）、『失恋という幸福』（人文書院）、『白鳥のシンボリズム』（御茶の水書房）、他多数。訳書に『男は女、女は男』（E. バダンテール、筑摩書房）、など。

Printed in Japan 2008
ISBN978-4-409-34038-7 C3011

暴力《ぼうりょく》の発生《はっせい》と連鎖《れんさ》

二〇〇八年二月二〇日　初版第一刷印刷
二〇〇八年二月二九日　初版第一刷発行

編　者　上村くにこ

発行者　渡辺博史
発行所　人文書院
〒612-8447　京都市伏見区竹田西内畑町九
Tel 〇七五（六〇三）一三四四　Fax 〇七五（六〇三）一八一四
振替　〇一〇〇〇・八・一一〇三

印刷　創栄図書印刷株式会社
製本　坂井製本所

人文書院の好評書

甲南大学人間科学研究所叢書

「近代化の歪み」という観点から「現代人の心の危機」を読み解く

心の危機と臨床の知 5

埋葬と亡霊——トラウマ概念の再吟味
森　茂起　編　二五〇〇円

「トラウマ」研究という極限状況を臨床実践の中心テーマに据えた意欲的な試み。

心の危機と臨床の知 6

花の命・人の命——土と空が育む
斧谷　彌守一　編　二五〇〇円

「花の命」と「人の命」との関係性を軸に、現代日本の感性の変容を読み解く。

心の危機と臨床の知 7

心と身体の世界化
港道　隆　編　二五〇〇円

［オルター・］グローバリゼーションの動きを文化のレヴェルから広く問い直す。

心の危機と臨床の知 8

育てることの困難
高石　恭子　編　二五〇〇円

誕生から子どもが巣立つまで、家族・教育・仕事の今を幅広い視点から共に考える。

心の危機と臨床の知 9

「いま」を読む——消費至上主義の帰趨
川田　都樹子　編　二五〇〇円

戦後の効率主義のなかで、すべてが消費されつくすのか。芸術は抵抗線たりうるのか？

心の危機と臨床の知 10

心理療法と超越性——神話的時間と宗教性をめぐって
横山　博　編　二五〇〇円

昨今のスピリチュアルブームに警鐘をならし、超越性の問題を心理療法のなかに位置づける。

表示価格（税抜）は2008年2月現在のもの